中南财经政法大学会计·财务系列教材

扫码下载各章学习资料

数字化管理会计仿真实训

赵纯祥　主　编
杨　快　李银香　彭　艳　副主编

中国财经出版传媒集团
中国财政经济出版社

图书在版编目（CIP）数据

数字化管理会计仿真实训 / 赵纯祥主编. --北京：中国财政经济出版社，2022.11

中南财经政法大学会计 · 财务系列教材

ISBN 978 - 7 - 5095 - 5331 - 2

Ⅰ.①数… Ⅱ.①赵… Ⅲ.①管理会计 - 高等学校 - 教材 Ⅳ.①F234.3

中国版本图书馆 CIP 数据核字（2022）第 198013 号

责任编辑：温彦君　　责任校对：张　凡

封面设计：陈宇琰　　责任印制：党　辉

数字化管理会计仿真实训

SHUZIHUA GUANLI KUAIJI FANGZHEN SHIXUN

中国财政经济出版社 出版

URL：http：//www.cfeph.cn

E - mail：cfeph@cfeph.cn

社址：北京市海淀区阜成路甲 28 号　邮政编码：100142

营销中心电话：010 - 88191522

天猫网店：中国财政经济出版社旗舰店

网址：https：//zgczjjcbs.tmall.com

固安华明印业有限公司印刷　各地新华书店经销

成品尺寸：185mm×260mm　16 开　16.25 印张　391 000 字

2022 年 11 月第 1 版　2022 年 11 月河北第 1 次印刷

定价：59.00 元

ISBN 978 - 7 - 5095 - 5331 - 2

（图书出现印装问题，本社负责调换，电话：010 - 88190548）

本社质量投诉电话：010 - 88190744

打击盗版举报热线：010 - 88191661　QQ：2242791300

推 荐 说 明

本系列教材为财政部教材编审委员会推荐教材。

财政部教材编审委员会
2006年1月

中南财经政法大学会计·财务系列教材
编审委员会（2022）

总　序

“教材建设是事关未来的战略工程、基础工程，教材体现国家意志”。新时代对会计、审计和财务管理的人才要求越来越高，因此，进一步深化会计、审计、财务管理教育改革，培养满足新时代需求的高素质会计、审计、财务管理人才，是我国高校教育当前的紧迫任务。我们一直努力探索会计学专业和财务管理专业的教育改革，尤其是教材改革问题。早在1982年，我们便对会计学专业主干课程教材进行了改革，提出了一套系统改革方案，经财政部批准后作为财政部部属院校的两套会计学专业教改方案之一实施，并进行了中南财经政法大学（时名湖北财经学院）系列教材建设。

课程改革是关键，教材改革是基础。1993年，为了适应《企业会计准则》《企业财务通则》和行业会计制度与行业财务制度改革，我们改革了会计学专业主干课程体系，启动并出版了第一轮《中南财经大学会计系列教材》。该系列教材在1994年第六届全国书市上被评为最佳畅销套书。各教材也分别获得第二届财政部优秀教材奖，受到广大读者、使用单位和出版界的好评与欢迎。此后，我们于1996年至1997年修订出版了第二版，在社会上产生了广泛和良好的影响。

2000年启动了第二轮《中南财经政法大学会计·财务系列教材》的建设工作，确定出版了十一门课程的教材，其中增加了为非会计学专业和非财务管理专业的本科生组织编写的《会计学概论》《公司财务管理概论》两种教材，从2001年起陆续由中国财政经济出版社出版发行。

从2005年起，我们启动了第三轮《中南财经政法大学会计·财务系列教材》的建设工作。教材编审委员会审定通过并确定了十八门核心课程的教材，从2006年起陆续由中国财政经济出版社出版发行。

从2018年起，我们启动了第四轮《中南财经政法大学会计·财务系列教材》的建设工作。教材编审委员会审定通过并确定了课程体系由主干课程、特色课程、实践实验课程、外专业课程四个模块构成。主干课程的教材包括《会计学原理》《中级财务会计》《高级财务会计》《财务管理》《高级财务管理》《成本会计》《审计学》《财务分析》八种；特色课程的教材包括《会计史》《管理会计》《会计理论》《会计制度设计》《政府会计》五种；实践实验课程的教材包括《会计案例》《财务管理案例》《审计案例》《会计信息系统》四种；外专业课程的教材包括《会计学》《公司财务管理概论》两种。这套系列教材从2018年起陆续由中国财政经济出版社出版发行。

在本轮教材建设中，我们继续坚持多年教材建设“理论与实务并重、兼容并蓄、立足我国、放眼世界、务实创新”的原则，该系列教材具有“科学性、先进性、实用性和易教易学性”等特点：(1) 系统论述会计学科、审计学科和财务管理学科的基本知识、基本理论和基本技能，全面反映我国经济改革和会计、审计、财务管理改革及研究的最新成果，体现教材的科学性；(2) 立足现实，面向未来，体现教材的先进性；(3) 既同国际趋同，又与中国实际相结合，体现教材的实用性；(4) 充分尊重教学规律的要求，体现教材的易教易学性。

需要特别说明的是，2018年起新出版的《中南财经政法大学会计·财务系列教材》，继续得到了中国财政经济出版社以及许多兄弟院校和广大读者的热情支持与帮助，在此一并表示衷心的感谢！同时，我们也真诚地希望会计界、审计界、财务界的专家、学者和广大读者，以及实务界的朋友，提出宝贵的意见和建议，以便再版时修订、完善。

中南财经政法大学会计·财务系列教材编审委员会

2018年6月

前 言

随着“大智移云物”等新技术蓬勃发展，人类社会正在加速进入数字化智能时代。运用先进的技术工具采集、生成、加工和分析数据，激活数据要素潜能，是加快经济社会发展质量变革、效率变革、动力变革的重要引擎。未来，财务人员的工作模式必将向数字化和智能化转型。

在数字化智能时代，管理会计被赋予新的内涵及使命，对于管理会计的人才要求也发生了变化，一般简单的核算、统计与对比分析已经不能满足时代的要求，管理会计人才应该具有较强的信息数据挖掘能力，较强的数据整合和分析能力，为企业管理者提供有效信息，洞察商机，预测未来，提升企业价值创造能力。

近年来，我国管理会计人才培养取得了可喜的进步。党中央把管理会计人才列为急需紧缺人才，并陆续发布《管理会计基本指引》《管理会计应用指引》等一系列管理会计制度，为大幅提升管理会计人才培养质量提供了保障，企业管理会计应用能力日益增强。

然而，目前的管理会计人才培养过程中，对数字化、智能化能力的培养相对滞后。绝大多数高校《管理会计》课程学习倚重于传统教学手段，与管理会计运用大数据工具，为企业规划、决策、控制与评价等领域提供决策的信息和工具支持等实践要求存在一定的脱节。

2021 年 12 月 23 日，财政部发布了《会计行业人才发展规划（2021—2025 年)》，明确提出“需要会计实务工作者深入应用新技术，推动会计工作数字化转型，推动会计数据资源开发利用”“充分利用云计算、大数据、虚拟现实、人工智能等新技术，提供标准统一、内容规范、质量优秀的会计人员教育课程和能力全要素模块课程”。

本书注重理论与实际操作相结合，以管理会计基本理论为基础，以仿真实训案例为载体，以 Python 大数据分析工具为技术手段，通过管理会计工作实践场景，让学生在完成实训任务的过程中，融会贯通管理会计的预测、规划、决策、控制、激励与评价等理论知识体系，提高应用先进技术手段进行大数据分析，提供管理会计信息支持的能力。具体而言，本书包括成本性态分析、变动成本法、本量利分析、标准成本法、短期经营决策、全面预算管理和长期投资决策等实训单元，每个单元不但包括基于Python工具解决管理会计问题的详细演示，而且包括仿真实训案例的拓展演练。整体上，本书具有以下特点：

第一，仿真性。根据《会计改革与发展“十四五”规划纲要》提出的“推进管理会计在促进企业有效实施经营战略、提高管理水平和经济效益等方面发挥积极作用”的要求，本书精心选择企业管理决策问题，并根据教学需要进行优化，设计了一系列逼真的管理会计实践情境，让学生自己搜集、加工和输出决策信息，克服了传统教学中直接给出相关数据的弊病。

第二，融通性。企业经营管理问题的解决需要综合运用管理会计多模块知识，而传统课堂是分模块孤立地给学生讲授。本书在设计案例时，十分注重多模块知识融通结合，锤炼学生综合运用能力。例如，我们设计了变动成本法和完全成本法分别结合标准成本法的案例，让学生掌握完全标准成本法和变动标准成本法，领会成本差异分析和结转的管理启示。

第三，先进性。本书致力于培养学生使用Python工具完成管理会计任务的能力，使学生未来能将先进的数据科学工具熟练地应用到日常工作当中，每一个仿真实训任务都附有详细、易懂的代码及注解，能有效帮助学生快速理解任务解决方案和程序编写思路，并通过“案例实训演练”栏目进行拓展训练，引导学生从套用代码进阶到随机应变地编程，独立解决更多实际问题。

本书是教育部“产学合作协同育人”项目《新道云管理会计仿真实践教学研究》的研究成果之一，由赵纯祥担任主编，杨快、李银香和彭艳担任副主编，在编写过程中吸收了许多国内外管理会计学者和实务专家的学术观点，得到了新道科技股份有限公司专家的大力支持，在此表示衷心感谢。

本书可以作为财务管理专业、会计学专业、工商管理类专业高年级本科生教材，也可以作为高等院校会计专业硕士、工商管理硕士等管理类研究生教材，还可供经济管理人员、管理会计人员自学使用。

由于水平有限，书中难免存在疏漏和不足之处，敬请各位专家和读者批评指正。

编者

2022年8月于中南财经政法大学

目 录

第一单元

虚拟仿真实训软件基础

一、实训目标

- 了解 Python 的基本功能和应用优势
- 掌握 Python 安装和虚拟仿真环境搭建
- 熟悉 Python 各种数据类型和特点
- 掌握 Python 常见运算符和控制语句
- 熟悉 Python 常用模块的特点并掌握其安装步骤

二、Python 快速上手

（一）Python 简介

Python 是一门简单易学且功能强大的编程语言，它拥有丰富的高级数据结构，并且能够用简单而又高效的方式面向对象编程。Python 优雅的语法和动态类型，再结合它良好的解释性，使其在大多数平台的许多领域成为编写脚本或开发应用程序的理想语言。学习 Python 之前，首先要明确一点：Python 是一门编程语言，这就意味着，从原理上来说它能够完成其他编程语言能够做的所有事情，就数据分析、非线性动态系统的建模和仿真等而言，大多数情况下，相同功能的 Python 代码会比 MATLAB 代码更加简洁易懂。此外，Python 支持命令式编程、函数式编程，完全支持面向对象程序设计，语法简洁清晰，并且拥有大量的几乎支持所有领域应用开发的成熟扩展库，它能够完成很多 MATLAB 不能做的事情，如开发网页、开发游戏、编写爬虫来采集数据等。总体上，Python 的优势在于开发效率，便于以最短的代码完成一个任务。

本书致力于讲述用 Python 进行管理会计信息加工处理这一部分功能。在企业管理会计实践中，大量的数据是以二维列表的形式出现的，虽然 Excel 拥有直观的工作界面、出色的数据处理和计算功能以及丰富的图表工具，但在实现重复性工作的自动化和批量化处理方面，Python 有 Excel 难以企及的优势。

第一，Python 简单易学。相比 Python 而言，VBA 的语法更加复杂和冗长，理解起来也更加困难，而 Python 的语法知识简单，代码也很简洁，所以对初学者来说 Python 更容易学习。

第二，用 VBA 对当前 Excel 工作簿中的内容进行操作会比较方便，但对多个工作簿或不同格式文件的控制就要比 Python 复杂，例如，批量修改某一文件夹下的 Excel 工作簿名，用 Python 会方便很多。因此，使用 Python 能让自动化办公的实现范围更广、过程更轻松。当数据量很大时，Python 的处理速度更快。

第三，Python 提供了非常完善的基础代码库，覆盖了网络、文件、GUI、数据库、文本等大量内容，用户通过编写简单的代码就能直接调用这些模块实现复杂的功能，快速解决实际工作中的问题，而无须自己从头开始编写复杂的代码。也就是说，用 Python 编写程序，许多功能不必从零编写，直接使用现成的库即可。简单来说，就是能“拿来就用”，这也是 Python 最大的一个魅力。

第四，除了内置的库外，Python 还拥有大量的第三方库，也就是别人开发的，供用户直接使用的库。Python 就像胶水一样，可以把多种不同语言编写的程序融合到一起，实现无缝拼接，更好地发挥不同语言和工具的优势，从而满足不同应用领域的需求。

因此，Python 程序看上去简单易懂，初学者学习 Python 不但容易入门，而且一旦深入进去，就可以编写非常复杂的程序，解决非常复杂的问题。可以预见，未来 Python 将会成为科学领域编程语言的主流，学习使用 Python，将使会计、财务工作人员如虎添翼。

（二）搭建 Python 虚拟仿真实训平台

要想使用 Python 高效地开展管理会计虚拟仿真实训，首先要安装 Python 核心程序，搭建基于 Python 的编程环境，然后要安装与会计数据加工处理相关的 Python 第三方模块，这样才能高效编写和运行 Python 代码执行管理会计的任务。具体而言，安装 Python 核心程序通常有两种方法。

1. 安装 Python 官方的编程环境 IDLE

IDLE 是 Python 的官方安装包中自带的一个集成开发与学习环境，它可以创建、运行和调试 Python 程序。对初学者来说，IDLE 无须进行烦琐的配置，使用起来非常简单和方便。

首先，我们要进入官网（http：//www. python. org/downloads），根据电脑操作系统的类型和版本，选择相应的 Python 安装文件，本书使用的是 3. 8. 3 版本。下载后双击以“. exe”为扩展名的安装包文件，根据提示进行简单设置就可以安装完成。安装完成后就可以通过开始菜单启动 IDLE，输入相应代码即可运行。

2. 安装与配置 Anaconda

IDLE 可以满足大多数基本编程需求，为了实现更高效的数据加工处理功能，还需要安装一些第三方扩展库。此时安装 Anaconda 是一个比较便捷的方法，Anaconda 具有许多优点。

第一，它集成了很多大数据分析和科学计算的第三方模块，例如 NumPy、Matplotlib 等。

第二，它是完全开源和几乎免费的。虽然额外的加速、优化是收费的，但对于学术用途可以申请免费的 License。

第三，全平台支持：Linux、Windows、Mac，可以在不同版本的 Python 之间自由切换。

因此，推荐初级读者（尤其是使用 Windows 系统的读者）到官方网站（https：//www. anaconda. com/）下载安装 Anaconda，本书安装的是 Anaconda3 – 2021. 11 – Windows –

x86_ 64 版本。

安装完成后，在“开始”菜单栏中打开“Anaconda3 (64 - bit)”文件夹，可以看到 Anaconda 自带的编辑器 Jupyter Notebook 和 Spyder。其中，Jupyter Notebook 可以在线编辑和运行代码，十分适合初学者，Spyder 提供了一些优秀的可视化选项，可以让数据看起来更加简洁。

建议初学者不要同时安装 IDLE 和 Anaconda，以免在安装模块时出现混乱，本书推荐优先使用 Anaconda 的 Jupyter Notebook 进行代码编辑与调试运行。

三、Python 基本数据类型及操作

掌握 Python 的基础语法知识是编写程序完成仿真实训任务必备的前提，本部分我们将简要介绍数据类型、运算符和控制语句等 Python 基本语法知识。

（一）数据类型

Python 中有六种基本的数据类型：数字、字符串、列表、字典、元组和集合，其中前面四种数据类型比较常见。

1. 数字

在 Python 中，数字分为整数型和浮点型两种。整数型数字类似于数学中的整数，用于不带小数点的数字，包括正整数、负整数和零，整数型数字在 Python 中简写为 int。

浮点型数字是指带有小数点的数字，浮点型数字在 Python 中简写为 float。

整数型数字和浮点型数字之间可以通过 int（）和 float（）来互相转换。

2. 字符串

字符串是由一个个字符连接起来的组合，组成字符串的字符可以是数字、字母、符号和汉字等。字符串的内容需要放置于单引号、双引号或者三引号之内。定义字符串时使用的引号必须统一，不能混用，即一对引号要么是单引号，要么是双引号，不能一个是单引号，一个是双引号。字符串在 Python 中简写为 str。字符串不能参与加减乘除的运算，但在 Python 中可以进行拼接。例如：

```
print('我爱'+'中国')
```

结果输出：

我爱中国

Python 中也可以进行字符串的截取，例如：

```
a ='中南财经政法大学会计学院'
print(a[0:8])
```

结果输出：

中南财经政法大学

3. 列表

列表可以将多个数据有序地组织在一起，方便进行调用，定义一个列表的语法格式如下：

列表名 =[元素 1,元素 2,元素 3,…]

例如，我们可以将一些会计报表项目存储在列表中。

```
Item = ['货币资金','应收票据','应收账款','存货','合同资产']
```

我们可以通过指定序号提取列表中的单个元素，或者对列表进行切片。例如：

```
print(Item[1])
```

结果输出：

```
应收票据
```

```
print(Item[1:3])
```

结果输出：

```
['应收票据','应收账款']
```

我们也可以使用 for 语句遍历列表中的所有元素，便捷设置报表。例如：

```
Item = ['营业收入','营业成本','其中:期初产成品','本期生产产成品','期末产成品','营业利润','期间费用','其中:管理费用','销售费用','财务费用','利润总额']
利润表 = pd.DataFrame(index = Item)
for i in range(2018,2020,1):
    利润表[i] = ''
利润表
```

结果输出，如表 1-1 所示。

表 1-1　　利润表

	2018	2019
营业收入		
营业成本		
其中：期初产成品		
本期生产产成品		
期末产成品		
营业利润		
期间费用		
其中：管理费用		
销售费用		
财务费用		
利润总额		

列表中的元素可以是数字、字符串，甚至可以是另一个列表等其他类型数据。

4. 字典

字典的每个元素都由两个部分组成（而列表的每个元素只有一个部分），前一个部分称为键，后一个部分称为值，中间用冒号相连。每一个键有且仅有一个值与之对应。定义字典的语法如下：

```
字典名 = {键1:值1,键2:值2,键3:值3,…}
```

例如，我们可以把会计报表项目和各自的金额用字典来存储。

流动资产 = {'货币资金':85600,'应收票据':128500,'应收账款':98000,'存货':137000,'合同资产':119660}

通过指定字典中的键名可以提取相应的值，例如：

print(流动资产['应收票据'])

结果输出：

128500

字典也可以使用 for 语句来进行遍历。

5. 元组

元组的定义与使用方法与列表非常类似，区别在于定义列表的符号是中括号 [ ]，而定义元组的符号是小括号（ ），并且元组中的元素不可以修改，定义元组的语法如下：

元组 = (元素 1,元素 2,元素 3,…)

同样地，我们可以指定序号来提取元组中的某个元素，或者使用 for 语句来进行遍历。

6. 集合

集合是一个无序的不重复序列，即集合中不能有重复的元素，如果有重复的元素，Python 将自动删除，它可以使用大括号 { } 来进行定义，也可以使用 set（ ）函数来创建集合，例如：

城市 = {'武汉','北京','上海','天津','北京'}

print(城市)

结果输出：

{'天津','北京','武汉','上海'}

（二）运算符

常见的运算符有算术运算符、比较运算符、赋值运算符和逻辑运算符，它们可以用于数据的运算或者连接。

1. 算术运算符

算术运算符是 Python 中最常见的运算符，典型的算术运算符的符号和含义如表 1－2 所示。

表 1－2　　算术运算符

运算符	含　义	实　例
+	加：两个对象相加	3 + 4 输出结果 7
-	减：一个数减去另一个数	3 - 4 输出结果 -1
*	乘：两个数相乘或是返回一个被重复若干次的字符串	3 * 4 输出结果 12
/	除：x 除以 y	3/4 输出结果 0.75
%	取模：返回除法的余数	4%3 输出结果 1
**	幂：返回 x 的 y 次幂	4 ** 3 为 4 的 3 次方，输出结果 64
//	取整除：返回商的整数部分（向下取整）	4//3 输出结果 1

2. 比较运算符

比较运算符用于判断两个值之间的大小关系，其运算结果为 True（真）或 False（假），常见的比较运算符的符号和含义如表 1 – 3 所示。

表 1 – 3　　比较运算符

运算符	含　义	实　例
==	等于：判断是否相等或相同	(4 ==4) 返回 True
! =	不等于：判断是否不相等或不相同	(4! =4) 返回 False
>	大于：判断 x 是否大于 y	(3 >4) 返回 False
<	小于：判断 x 是否小于 y	(3 <4) 返回 True
>=	大于等于：判断 x 是否大于等于 y	(3 >=4) 返回 False
<=	小于等于：判断 x 是否小于等于 y	(4 <=4) 返回 True

3. 赋值运算符

赋值运算符的作用是将一个表达式的值赋给左值，常见的赋值运算符的符号和含义如表 1 – 4 所示。

表 1 – 4　　赋值运算符

运算符	含　义	实　例
=	简单的赋值运算符	a =3 +8 将 3 +8 的运算结果 11 赋值给 a
+=	加法赋值运算符	a +=8 等效于 a = a +8
-=	减法赋值运算符	a -=8 等效于 a = a -8
*=	乘法赋值运算符	a *=8 等效于 a = a * 8
/=	除法赋值运算符	a/=8 等效于 a = a/8
%=	取模赋值运算符	a%=8 等效于 a = a% 8
**=	幂赋值运算符	a **=8 等效于 a = a ** 8
// =	取整除赋值运算符	a// =8 等效于 a = a//8

4. 逻辑运算符

逻辑运算符的结果为 True（真）或者 False（假），通常用于构造判断条件来决定程序运行的方向，常见的逻辑运算符的符号和含义如表 1 – 5 所示。

表 1 – 5　　逻辑运算符

运算符	逻辑表达式	含　义	实　例
and	x and y	“与”：x、y 均为真则返回真，否则返回假	(True and True) 返回 True (True and Fasle) 返回 Fasle (Fasle and Fasle) 返回 Fasle
or	x or y	“或”：x、y 只要有一个为真则返回真，否则返回假	(True or True) 返回 True (True or Fasle) 返回 True (Fasle or Fasle) 返回 Fasle
not	not x	“非”：x 为真，返回假，x 为假，返回真	(not True) 返回 Fasle (not Fasle) 返回 True

（三）控制语句

Python 控制语句分为条件语句和循环语句。其中条件语句是 if 语句，而循环语句主要是 for 语句和 while 语句。

1. if 条件语句

if 语句主要用于根据条件是否成立执行不同操作，其基本语法格式如下：

```
if 条件 1：
    命令 1
elif 条件 2：
    命令 2
…
else：
    命令 n
```

例如：

```
city = '武汉'
if city == '北京':
    print('我爱天安门')
elif city == '湖南':
    print('这是我家乡')
else：
    print('世界这么大,我想去看看')
```

结果输出：

```
世界这么大,我想去看看
```

2. for 循环语句

for 语句常用于完成指定次数的重复命令操作，基本语法结构如下：

```
for J in 序列：
    需要重复执行的命令
```

例如：

```
City = ['武汉','北京','上海','天津']
for K in City：
    print(K)
```

结果输出：

```
武汉
北京
上海
天津
```

3. while 循环语句

while 语句用于在满足指定条件时重复执行命令，基本语法结构如下：

```
while 条件：
```

```
    需要重复执行的命令
例如：
J = 1
while J <= 3：
    print('重要的事情说三遍')
    J += 1
```

结果输出：

重要的事情说三遍
重要的事情说三遍
重要的事情说三遍

控制语句可以互相嵌套，即一个控制语句中包含一个或多个控制语句，嵌套的方式很灵活，例如，for 语句可以嵌套 for 语句、if 语句或者 while 语句，后面完成实训任务的过程中会经常用到，可以大大提高编程效率。

四、Python 模块

Python 基础平台默认情况下不会将所有的功能加载进来，如果要用尽可能简短的代码实现高级功能，需要加载更多的模块，尤其是第三方扩展模块，这样就可以直接在程序中调用他人已经编写好的代码，丰富 Python 的功能，极大地提高编程效率。

（一）Python 模块的类型

Python 的模块主要分为以下三类。

1. 内置模块

内置模块是指 Python 自带的模块，如 sys、time、math 等。

2. 第三方开源模块

通常所说的模块是指开源模块，这类模块是由一些程序员或企业开发并免费分享给大家使用的，通常能实现某一个大类的功能。例如，numpy 模块可用来存储和处理大型矩阵，比 Python 自身的嵌套列表（nested list structure）结构要高效得多［该结构也可以用来表示矩阵（matrix）］，支持大量的维度数组与矩阵运算，此外也针对数组运算提供大量的数学函数库。第三方模块在使用前一般需要用户自行安装，而有些第三方模块会在安装编辑器（如 Anaconda）时自动安装好。

3. 自定义模块

Python 用户可以将自己编写的代码或函数封装成模块，以方便在编写其他程序时调用，这样的模块就是自定义模块。需要注意的是，自定义模块不能和内置模块重名，否则将不能再导入内置模块。

（二）Python 模块的安装

第三方开源模块对提高编程效率有至关重要的作用，但它们在使用前需要安装。模块有两种常用的安装方式：一种是使用 pip 命令安装；另一种是通过 Anaconda 安装。下面以 matplotlib 模块为例，介绍模块的两种安装方法。

1. 使用 pip 命令安装模块

pip 是 Python 官方编程环境提供的一个命令，主要功能就是安装和卸载第三方模块。用 pip 命令安装模块的方法最简单也最常用，这种方法默认将模块安装在 Python 安装目录中的 “site - packages” 文件夹下。下面来学习用 pip 命令安装 matplotlib 模块的具体方法。

打开 Windows “运行” 对话框，输入 cmd，点击 “确定” 按钮，打开命令行窗口，输入 “pip install matplotlib”，按下回车键，等待一段时间就可以安装好该模块，之后编写 Python 代码时，就可以使用 matplotlib 模块中的命令了。

2. 通过 Anaconda 安装模块

在 “开始” 菜单栏中打开 “Anaconda3 （64 - bit）” 文件夹，点击 “Anaconda Prompt” 进入命令行窗口，输入如下命令就可以安装相应模块。

conda install 模块名

例如，要安装 matplotlib，在 Anaconda Prompt 中输入：conda install matplotlib

有时候需要安装某个模块的特定版本，我们可以指定模块的版本，例如，要安装某个版本 matplotlib，在 Anaconda Prompt 中输入：conda install matplotlib = 版本号。

此外，Anaconda 还有一些关于模块的其他命令，如表 1 - 6 所示。

表 1 - 6　　　其他常用的 conda 命令

更新 conda 版本	conda update conda
升级 anaconda	conda update anaconda
查询 conda 信息	conda info
查询 conda 安装的包	conda list
删除安装包	conda remove 模块名
更新安装包	conda update 模块名

安装模块一般是默认的来源，下载速度比较慢，不太友好，清华源镜像资源包齐全，下载速度快，建议读者配置成清华源。清华源站点还提供了 conda 安装包的镜像地址，可以输入以下命令行。

```
conda config--add channels https://mirrors. tuna. tsinghua. edu. cn/anaconda/pkgs/free/
conda config--add channels https://mirrors. tuna. tsinghua. edu. cn/anaconda/pkgs/main/
conda config--set show_channel_urls yes
```

（三）Python 模块的导入

模块安装后还需要导入才能使用，常用的模块导入方法有两种：一种是使用 import 语句导入，另一种是使用 from 语句导入。

1. import 语句导入法

在 Python 中使用 import 语句导入某个模块的语法如下：

import 模块名

import 语句可以帮助我们导入指定模块中的所有函数，适合于需要使用指定模块中的大量函数的情况。例如，要引用模块 numpy_financial，就可以在文件最开始的地方用 import numpy_financial 来导入。

在调用模块中的函数时，必须这样操作：

模块名．函数名

例如：调用 numpy_financial 模块中的 npv（）函数，需要这样编写代码。

numpy_financial. npv（）

为什么必须加上模块名呢？因为可能存在这样一种情况：在不同模块中含有相同名称的函数，此时如果只是通过函数名来调用，解释器无法知道到底要调用哪个函数。所以，如果像上述这样导入模块时，调用函数必须加上模块名。

如果模块名或者函数名很长，为了方便后续代码的编写，可以在导入时使用 as 对它们进行简化，例如：

import numpy_financial as npf #导入 numpy_financial 模块，并简写为 npf。

要调用 numpy_financial 模块的 npv( )函数，简写为 npf. npv( )就可以了。

2. from 语句导入法

有些模块中的函数特别多，使用 import 语句全部导入会导致程序运行速度变慢，将程序打包后的文件体积也会很大。此时如果仅仅使用该模块中的少数几个函数，就可以采用 from 语句导入法。from 语句导入法的基本语法格式如下：

from 模块名 import 函数名

例如：from sklearn. linear_model import LinearRegression。

通过这种方式导入的时候，调用函数时只能给出函数名，不能给出模块名，但是当两个模块中含有相同名称函数的时候，后面一次导入会覆盖前一次导入。

通过 from 语句导入时也可以使用 as 对函数名进行简化，例如：

from matplotlib import pyplot as plt #从 matplotlib 模块导入 pyplot 函数，并简写为 plt。

借助 from 语句导入法可以将一个模块中的所有函数全部导入，具体语法如下：

from 模块名 import *

（四）常用的 Python 模块

Python 之所以能够风靡全球，其中很重要的原因在于它拥有数量众多的第三方开源模块，下面我们介绍本书学习过程中几个常用的模块。

1. numpy

numpy（Numerical Python）是 Python 的一个开源的数值计算模块，它可用来存储和处理大型矩阵，支持大量的维度数组与矩阵运算。numpy 提供了许多高级的数值编程工具，如：矩阵数据类型、矢量处理以及精密的运算库，专为进行严格的数字处理而产生。很多大型金融公司和科学计算组织都使用 numpy 模块来完成数值计算任务。

numpy 支持的数据类型很丰富，包括布尔型数据、整数型数据和浮点型数据等。

numpy 支持多维数组，数组的维数称为秩（rank），秩就是轴的数量，即数组的维度，例如，二维数组的秩为 2，以此类推。在 numpy 中，每一个线性的数组称为一个轴（axis），也就是维度（dimensions）。比如说，二维数组相当于是两个一维数组，其中第一个一维数组中每个元素又是一个一维数组。运算的时候可以指定 axis。axis = 0，表示沿着第 0 轴进行操作，即对每一列进行操作；axis = 1，表示沿着第 1 轴进行操作，即对每一行进行操作。

numpy 的数组具有以下比较重要的 ndarray 对象属性，如表 1 - 7 所示。

表 1 - 7　常见的 ndarray 对象属性

属　性	说　明
ndarray. ndim	秩，即轴的数量或维度的数量
ndarray. shape	数组的维度，对于矩阵，n 行 m 列
ndarray. size	数组元素的总个数，相当于 . shape 中 n * m 的值
ndarray. dtype	ndarray 对象的元素类型
ndarray. itemsize	ndarray 对象中每个元素的大小，以字节为单位

2. pandas

pandas 模块是基于 numpy 模块的一个开源 Python 模块，广泛应用于完成数据快速分析、数据清洗和准备等工作。如果是利用 Anaconda 安装的 Python，则自带 pandas 模块，无须单独安装。与 numpy 模块相比，pandas 模块更擅长处理二维数据，其主要有 Series 和 DataFrame 两种数据结构。它们和通过 numpy 模块创建的一维数组、二维数组很类似，不同的是，Series 和 DataFrame 不仅包含数值，还包含一组索引。例如：

```
import pandas as pd
a = pd. DataFrame([[9,8],[7,6],[5,4]])
print(a)
```

结果输出：

```
   0  1
0  9  8
1  7  6
2  5  4
```

第一行是列索引，第一列是行索引，默认索引都是从 0 开始的。在创建 DataFrame 的时候可以自定义行索引和列索引，之后也可以对索引进行修改，还可以指定特定位置插入行或者列，具体做法详见本书后面实训案例。

pandas 提供了大量能使我们快速便捷地处理数据的函数和方法，它提供了非常直观的数据结构及强大的数据管理和数据处理功能，例如：读取和写入 Excel 文件，数据筛选和处理，数据统计和数据表的拼接等。某种程度上可以把 pandas 模块看成 Python 版的 Excel。

3. xlwings

xlwings 是 Python 操作 Excel 的模块之一。Python 中可以处理 Excel 文件的模块有很多，如 XlsxWriter、xlrd、xlwt、xlutils、openpyxl 和 xlwings 等，其中 xlwings 模块的功能是最齐全的，各个模块功能详细比较如表 1 - 8 所示。

表 1-8　　Python 操作 Excel 的各个模块功能比较

功　能	xlwings	XlsxWriter	xlrd	xlwt	xlutils	openpyxl
读取	√		√		√	√
写入	√	√		√	√	√
修改	√				√	√
支持 xls 格式	√		√	√	√	
支持 xlsx 格式	√	√	√	√		√
支持批量操作	√					

xlwings 不仅能读、写和修改两种格式的 Excel 文件（xls 和 xlsx），而且能批量处理多个 Excel 文件，管理工作簿，管理工作表，对工作表中的行、列和单元格进行操作，进行数据处理与分析，还可以设定工作表的格式。此外，xlwings 模块还能与 Excel VBA 结合使用，实现更加强大的数据输入和大规模复杂数据分析功能。在本书后面的实训任务中，这个模块将会经常与 pandas、numpy、matplotlib 等模块结合使用，让我们可以轻松应对数据处理与分析工作。

4. matplotlib

matplotlib 是一个非常优秀的数据可视化模块，该模块中包括 figure（画布）、axes（坐标系）、axis（坐标轴）三个要素。一个 figure（画布）上，可以有多个区域 axes（坐标系），方便我们在每个坐标系上绘图，每个 axes（坐标系）中，都有一个 axis（坐标轴）。

特别注意：在 matplotlib 中，我们并不能看见 figure（画布）和 axes（坐标系），能够看到的就是一个 axis（坐标轴）的各种图形。如图 1-1 所示。

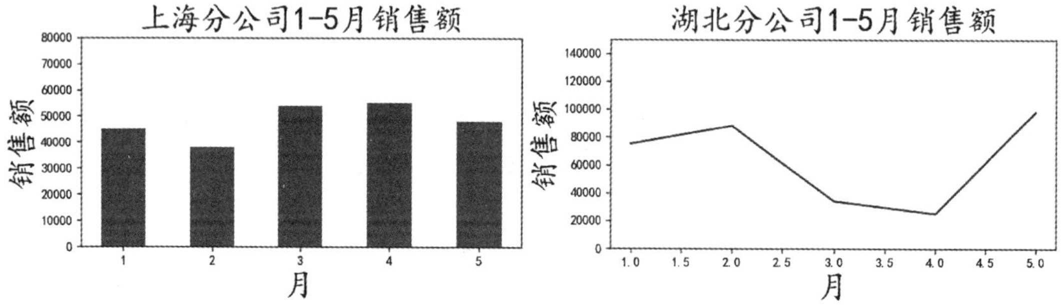

图 1-1　各分公司 1-5 月销售额

借助该模块，我们仅需要几行代码，便可以生成直方图、功率谱图、条形图，错误图和散点图等。

第二单元

成本性态分析

一、实训目标

- 理解不同类型的成本性态
- 了解成本性态分析的假设
- 掌握运用 Python 进行成本性态的绘图
- 掌握运用 Python 按照高低点法进行成本分解
- 掌握运用 Python 按照回归分析法进行成本分解
- 掌握运用 Python 进行成本预测

二、知识回顾

（一）成本性态分析的概念

在生产经营过程中，企业的成本费用与业务量保持一定的关系。某些成本费用是为了达到一定的业务量（如产量、销售量、劳务量、工时量、服务量等）而产生的，它们随着业务量的增减而变动；某些成本费用则与业务量的增减无关。企业生产经营活动中的业务量与成本费用之间客观存在的关系，就是成本性态，也称成本习性。

成本性态分析是指按照成本对业务量的依存性，采用一定的程序和方法，最终将全部成本区分为固定成本和变动成本两大类，并建立相应成本与业务量的函数模型。基于成本与业务量的增减动态进行差量分析，研究掌握成本与业务量之间的规律性联系，是管理会计的一项重要内容，它为变动成本法、本量利分析、全面预算管理、业绩评价以及各项经营决策提供了基础信息。

（二）成本按照成本性态的分类

成本按其与业务量之间的关系进行划分可以分为变动成本、固定成本和混合成本三大类。

1. 变动成本

变动成本是指在相关范围内，成本总额随着业务量变动而成正比例变动的成本。单位变动成本在相关范围之内保持不变。变动成本通常包括直接材料费用、直接人工费用、变动制造费用、物流成本和变动销售管理费用等。

变动成本根据是否会随着高级管理者的意愿而发生改变，分为选择性变动成本和技术性变动成本。

选择性变动成本会随着高层管理者的意愿而发生改变，它和企业的现有生产经营能力的利用程度和产品的产销情况无关，其取决于管理者的意志以及企业当期的特定经营政策和方针，如销售佣金、包装费用，这类成本通常需要通过加强预算管理和提高决策水平来管理；技术性变动成本是企业特定的工艺和技术条件所决定的，只要生产工艺及设计不发生变更，它不会随着高级管理者的意愿而发生改变。例如，生产某种产品的单位原材料成本，这类成本的管理通常需要改变设计或者由技术创新和变革来实现。

2. 固定成本

固定成本是指在相关范围内，成本总额不随着业务量的变动而发生变化的成本。由于单位固定成本为固定成本总额和业务量之间的对比关系，因此在相关范围内，随着业务量的增长，单位固定成本会下降，但随着业务量的不断增长，单位固定成本的下降速度会减缓。比如，车间机器设备的折旧、财产保险费、管理人员的工资等均具有这种属性。

企业管理固定成本的主要方式是在一定的相关范围内，通过加大生产量进而降低每单位产品应分摊的固定成本，进而实现固定成本的相对节约。

事实上，由于固定成本在相关范围之内的固定性会依据与高级管理者意愿的关系而存在差异，因此固定成本根据是否会随着高级管理者的意愿而发生改变分为酌量性固定性成本和约束性固定成本。随着当前高级管理者的意愿而发生改变的固定成本，称为酌量性固定成本，如企业的广告费。对于此类成本的管理，企业需要紧密结合自身经营的环境和生产经营特点，配合企业战略做好预算，并且严格按照预算进行事中控制。那些不会随着高级管理者现有的意愿而发生改变的固定成本，称为约束性固定成本，如机器设备的折旧费、厂房的折旧费、房屋租金等，此类成本是过去决策的结果，是为购建现有的生产能力、组织机构、销售网络等已经发生的成本。对于此类成本进行管理的主要思路是通过扩大产销量，进而降低每单位产品应分摊的成本。

3. 混合成本

混合成本的特点是：在相关范围内，成本总额随着业务量变动，但不保持严格比例变动的成本，不能简单地把混合成本归类为固定成本或变动成本。混合成本又具体包括四种形式：半变动成本、阶梯成本、延期变动成本和曲线变动成本。

（1）半变动成本。

半变动成本是指成本总额在一定基数的基础上随着业务量的变动成正比例变动的成本。类似于变动成本，但不同于变动成本的是，它在业务量为零时，其成本并不为零，而为一固定数值。例如，水电费、电话费等。

（2）阶梯成本。

阶梯成本指的是在一定范围之内保持固定，但当突破了此范围，成本会上升，但在下一个区间范围内又保持固定，其体现出成倍增长的趋势。由于其在一定的范围内是保持不变的，因此它被称为半固定成本。例如，汽车轮胎更换成本、保养成本等。

（3）延期变动成本。

延期变动成本指的是在一定业务量范围内成本总额保持不变，但突破这个业务量范围后，总成本按照固定比例增长。例如，在正常工作时间内，企业支付给工人的工资固定不变，但是超过正常时间时，企业需要按照加班时长给工人支付加班工资。

（4）曲线变动成本。

曲线变动成本是指成本总额与业务量之间的关系是非线性的，成本的变动和业务量的变动幅度不一致，成本增长率高于业务量增长率的为递增式成本曲线，如累进的计件工资等；成本增长率低于业务量增长率的为递减式成本曲线，如电器设备的热处理电耗等。

（三）成本性态分析的假设

1. 相关数量范围

成本性态分析相关数量范围指的是只有在某个限定的数量范围内，固定成本总额才不会随着业务量的变动而变动，单位产品的变动成本不会随着业务量的变动而变动，变动成本总额与业务量变动成正比例。

2. 相关时间范围

相关时间范围指的是，从长期看，没有任何成本是保持不变的，所有的成本都可以发生改变。比如，租赁一台设备的租金是固定的，但是从长期来看，随着经济环境的变化和技术的更新，该设备的租赁价格可能会发生改变。

3. 因果关系

在进行成本性态分析时，主要目的是通过了解成本发生的原因进而对其进行管理和控制，因此需要确定成本和成本动因。成本是因变量，成本动因为自变量，关键需要识别两者的因果关系。虽然很多变量之间是有相关关系的，但相关关系并不是因果关系。在企业中，我们需要结合实际情况来确定因果关系。

4. 成本与业务量的线性关系假设

成本性态分析中通常假定成本和业务量之间是呈线性关系的，因此成本的总函数形式为 $y = a + bx$，固定成本的函数形式为 $y = a$，变动成本的函数形式为 $y = bx$，其在坐标系中表现为一条直线。

5. 一元关系假设

在成本性态分析中，虽然认定了成本与业务量之间存在因果关系，但事实上引起成本发生的原因不可能只有一个，成本性态分析假设最主要的成本动因是决定成本发生的唯一原因，成本是业务量的一元函数。

6. 成本对象的相对性

在确定成本为固定成本还是变动成本时，需要确定成本对象。比如，某公司销售部门租用了一台轿车，租金按天计算，因此相对于使用天数而言，此费用是变动成本。而相对于销售部门一天而言，租用后使用与否、次数多少均和租金不相关，这时候租金表现出了固定成本的属性。

（四）成本分解方法

由于企业核算出成本只是对外报送财务报告所需要的，为了满足其成本管理和控制的要求，需要进一步明确成本属于固定成本还是变动成本。由于混合成本具有相似于固定成本和变动成本的属性，为了更好地利用成本性态的性质进而实现管理成本的目的，我们需要对现有的成本进行分解。在分解时，我们往往假设总成本函数为 $y = a + bx$。

1. 账户分析法

账户分析法根据各个成本项目及明细项目的账户性质，通过经验判断，把那些与变动成本较为接近的，归类为变动成本；把那些与固定成本较为接近的，归类为固定成本。至于不易简单地归类为变动成本或固定成本的，则可按照一定比例将它们分解为变动成本和固定成本两部分。

账户分析法的优势是便于使用，成本较低。由于该方法是根据账户内容来了解账户内成本或者费用的属性，所以在使用时要注意把在会计期间发生的一切不正常的或无效的支出都排除在外，才能具有相对较高的准确性。

2. 会议法

会议法是利用与某项成本或者费用发生有关联的公司内部各个职能部门（如采购部门、生产部门、人力资源部门、售后服务部门等）的相关专业知识和经验，对一项成本或费用的性质加以认定的方法。

会议法的优势是可以充分利用不同职能领域的专业知识和相关经验对一项成本或费用进行全面的认识和判定，它可以克服财务人员依据账户的属性或者职业的视角对一种成本进行定性，其缺点在于不同背景的员工可能会有很大的分歧，因此它达成一致意见会花费很多的人力和财力，且由于谈判能力的不同可能最终确定的结果会是谈判能力最强的人的观点或者是各方妥协的结果。

3. 技术测定法

技术测定法也叫工业工程法，该方法根据生产过程中各种材料和人工成本消耗量的技术测定来划分固定成本和变动成本，具体而言，就是把材料、工时的投入量和产量进行对比分析，用来确定单位产量的原材料消耗定额和工时定额，并把与产量相关的成本项目归类为变动成本，把与产量无关的成本项目汇集为固定成本。

技术测定法的优势是其非常准确，可以逐项地通过精确测定进而建立一项成本或者费用投入和产出之间的关系，该方法的缺点是成本较高，因此只有在企业没有历史经验数据可参考或者生产经营情况与过去比较发生了重大变化的前提下才会使用。

4. 散点图法

散点图法是通过图示把过去一定期间内的业务量和成本绘制在一个坐标图中，然后通过目测得到一条能够代表业务量和成本之间关系的趋势直线，进而得到固定成本和变动成本的方法。

散点图法的优点是直观，简单易行。其缺点在于：借助于目测进而判断成本和业务量之间的关系趋势，带有很强的主观性，不同的人会得到不同的结果，哪个最接近真实的成本曲线并不明确。因此，这种方法最好是作为辅助方法提供一个两者关系的基本方向，同时，此种方法由于是利用历史成本的经验数据分析进而预测未来，需要历史成本的数据可靠并且企业的生产情况是相对稳定的。

5. 高低点法

高低点法是利用数学中“两点决定一条直线”的原理，选取特定时期内的最高业务量和最低业务量水平，根据两点对应的成本坐标构建成本函数的方法。

高低点法的步骤如下：

步骤 1：收集历史数据，找到特定时期内最高业务量水平和最低业务量水平及其分别对应的成本。

步骤 2：将最低点和最高点的坐标代入成本函数，建立方程组。

步骤 3：根据方程组计算求得成本函数对应的斜率和截距。

最高点成本 = a + b × 最高点业务量

最低点成本 = a + b × 最低点业务量

$$b = 单位变动成本 = \frac{最高点成本 - 最低点成本}{最高点业务量 - 最低点业务量}$$

a = 最高（低）点成本 − b × 最高（低）点业务量

6. 回归分析法

回归分析法是分析两个或两个以上变量之间因果关系的统计方法。当回归模型中只有一个解释变量时，该模型为一元回归模型。当解释变量超过一个时，该模型被称为多元回归模型。模型又可分为线性的和非线性的。

在传统的成本性态分析中，我们假设业务量是成本的唯一决定因素且成本函数为线性的，因此回归分析的模型为一元一次回归模型。

$$y = \alpha + \beta x + e$$

式中，y 为被解释变量或者因变量；x 为解释变量或者自变量；e 是误差项，其代表的是 y 中未能被 x 解释的部分。

根据历史资料，我们可以估计得到

$$y = a + bx + e$$

式中，a 为 α 的估计值，b 为 β 的估计值，残差 e 为实际观察值与预测值之间的差异，这个误差项越小越好。

我们可以根据误差的平方和是否达到最小，来判断直线方程 $y = a + \mathrm{b}x$ 的总误差是否达到最小，此法又称最小二乘法或最小平方法。

按照微分极值原理，可以推导出能满足 Σe_i^2 达到极小值的 a 和 b。

$$\begin{cases} a = (\Sigma y - \mathrm{b}\Sigma x)/n \\ \mathrm{b} = (n\Sigma xy - \Sigma x\Sigma y)/[n\Sigma x^2 - (\Sigma x)^2] \end{cases}$$

回归分析法的计算准确性高，Python 中的相应模块具有处理回归函数的功能，操作起来非常方便。

三、仿真案例实训

任务一：描绘成本性态图型

案例背景介绍

A 农场是一家种植企业，租用 1000 亩山地种植粟米，种植成本和粟米产量的历史资料如表 2－1 所示。

表 2－1　　**A 农场粟米种植成本表**　　金额单位：元

时期	产量	播种成本	人工成本	化肥成本	农机折旧费	技术服务费	生态维护费	土地租金	合计
1	30271	18481.60	13167.49	2392.20	20000	24216.80	40000.00	40000	158258.09
2	32271	16836.60	15810.22	3857.42	20000	25816.80	40000.00	40000	162321.04
3	34271	21312.60	18083.72	5609.99	20000	27416.80	40000.00	40000	172423.11
4	36271	21227.60	20109.69	7621.20	20000	29016.80	40000.00	40000	177975.29
5	38271	24046.60	21954.77	9870.45	20000	30616.80	40000.00	40000	186488.62
6	40271	25366.60	23660.20	12341.98	20000	32216.80	40000.00	40000	193585.58
7	42271	22484.60	25253.58	15023.13	20000	33816.80	40000.00	40000	196578.11
8	44271	23725.60	26754.46	17903.51	20000	35416.80	40468.83	40000	204269.20
9	46271	25505.60	28177.30	20974.29	20000	37016.80	41468.83	40000	213142.82
10	48271	27912.60	29533.13	24227.91	20000	38616.80	42468.83	40000	222759.27
11	50271	28889.60	30830.61	27657.76	32000	40216.80	43468.83	40000	243063.60
12	52271	30949.60	32076.69	31257.98	32000	41816.80	44468.83	40000	252569.90
13	54271	31797.60	33277.03	35023.36	32000	43416.80	45468.83	40000	260983.62
14	56271	31101.60	34436.33	38949.21	32000	45016.80	46468.83	40000	267972.77
15	58271	32233.60	35558.52	43031.26	32000	45016.80	47468.83	40000	275309.01
16	60271	35240.60	36646.97	47265.62	32000	45016.80	48468.83	40000	284638.82
17	62271	37447.60	37704.53	51648.72	32000	45016.80	49468.83	40000	293286.48
18	64271	40083.60	38733.71	56177.28	32000	45016.80	50468.83	40000	302480.22
19	66271	41678.60	39736.66	60848.23	32000	45016.80	51468.83	40000	310749.12
20	68271	39225.60	40715.30	65658.75	32000	45016.80	52468.83	40000	315085.28

实训要求：

（1）请根据成本资料，计算各项成本与产量的相关系数。

（2）请根据成本资料，绘制各项成本性态散点图，并分析其成本性态类型。

实训操作示范

第一步：资料准备。

```
# 导入 Python 相应模块
import numpy as np
import pandas as pd
import random
import xlwings as xw
from matplotlib import pyplot as plt

# 导入基本信息
成本_粮食产量 = pd.read_excel(r'D:\数字化管理会计仿真实训\02 - 成本性态分析\
```

```
表2-1-A农场粟米种植成本表.xlsx',sheet_name="Sheet1",index_col=0)
```

第二步：分别考察每一项成本的相关系数。

```
# 设置相关系数表
CostItem = ['播种成本','人工成本','化肥成本','农机折旧费','技术服务费','生态维护费','土地租金']
成本_产量相关系数 = pd.DataFrame(index = range(1,len(CostItem) +1))
成本_产量相关系数['成本项目'] = ''
成本_产量相关系数['相关系数'] =0
# 计算各项相关系数
for i in range(1,len(CostItem) +1):
    TEMP = 成本_粮食产量[['产量',CostItem[i-1]]].corr()
    成本_产量相关系数.loc[i,'成本项目'] = CostItem[i-1]
    成本_产量相关系数.loc[i,'相关系数'] = TEMP.loc['产量',CostItem[i-1]]
成本_产量相关系数.to_excel(r'D:\数字化管理会计仿真实训\02-成本性态分析\成本_产量相关系数.xlsx',float_format='%.4f')
```

结果输出，如表2-2所示。

表2-2　A农场种植成本与产量相关系数表　单位：元

序号	成本项目	相关系数
1	播种成本	0.9769
2	人工成本	0.9911
3	化肥成本	0.9908
4	农机折旧费	0.8671
5	技术服务费	0.9645
6	生态维护费	0.9572
7	土地租金	1.0000

第三步：绘制散点图，并保存到Excel。

```
# 新建一个Excel文件
app = xw.App(visible = True,add_book = False)    #启动Excel程序窗口
workbook = app.books.add()    #新建一个工作簿
workbook.save(r'D:\数字化管理会计仿真实训\02-成本性态分析\成本产量散点图.xlsx')
#保存工作簿
workbook.close()    #关闭工作簿
app.quit()    #退出Excel程序

# 打开Excel工作簿,绘制散点图并保存
app = xw.App(visible = True,add_book = False)
```

```
workbook = app.books.open(r'D:\数字化管理会计仿真实训\02-成本性态分析/成本产量散点图.xlsx')

# 绘制播种成本散点图
figure = plt.figure()  #创建一个绘图窗口
plt.scatter(成本_粮食产量['产量'],成本_粮食产量['播种成本'])
plt.rcParams['font.sans-serif'] = 'SimHei'
plt.rcParams['axes.unicode_minus'] = False
x = 成本_粮食产量['产量']
y = 成本_粮食产量['播种成本']
plt.scatter(x,y,color = 'blue',label = '播种成本')
plt.xlabel('产量\n\n 图 2-1:播种成本散点图',fontdict = {'family':'KaiTi','color':'black','size':15},labelpad = 10)
plt.ylabel('播种成本',fontdict = {'family':'KaiTi','color':'black','size':15},labelpad = 10)
plt.legend(loc = 'upper right',fontsize = 10)
plt.grid(b = True,axis = 'y',color = 'black',linestyle = 'dashed',linewidth = 1)
plt.xlim(25000,75000)
plt.ylim(0,70000)
plt.show()
worksheet = workbook.sheets.add('播种成本散点图')
worksheet.pictures.add(figure,top = 50,left = 100)  #在工作表中插入图
workbook.save(r'D:\数字化管理会计仿真实训\02-成本性态分析\成本产量散点图.xlsx')
```

结果输出，如图 2-1 所示。

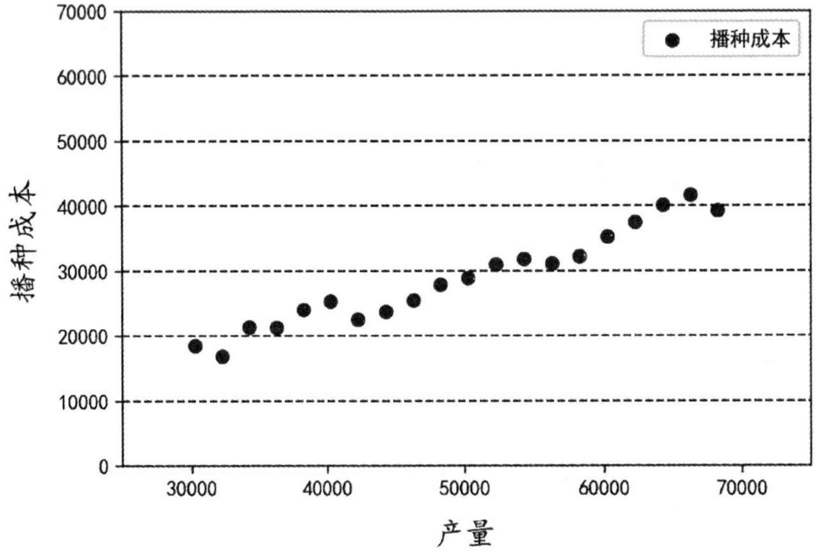

图 2-1 播种成本散点图

```
# 绘制人工成本散点图
figure = plt. figure( )
plt. scatter( 成本_粮食产量['产量'],成本_粮食产量['人工成本'])
plt. rcParams[ 'font. sans - serif'] = 'SimHei'
plt. rcParams[ 'axes. unicode_minus'] = False
x = 成本_粮食产量['产量']
y = 成本_粮食产量['人工成本']
plt. scatter( x,y,color = 'blue',label = '人工成本')
plt. xlabel('产量\n\n 图 2 - 2:人工成本散点图',fontdict = {'family':'KaiTi','color':'black',
'size':15} ,labelpad = 10)
plt. ylabel('人工成本',fontdict = {'family':'KaiTi','color':'black','size':15} ,labelpad = 10)
plt. legend( loc = 'upper right',fontsize = 10)
plt. grid( b = True,axis = 'y',color = 'black',linestyle = 'dashed',linewidth = 1)
plt. xlim(25000,75000)
plt. ylim(0,70000)
plt. show( )
worksheet = workbook. sheets. add('人工成本散点图')
worksheet. pictures. add( figure,top = 50,left = 100)
workbook. save( r'D:\数字化管理会计仿真实训\02 - 成本性态分析\成本产量散点图 . xlsx')
```

结果输出，如图 2－2 所示。

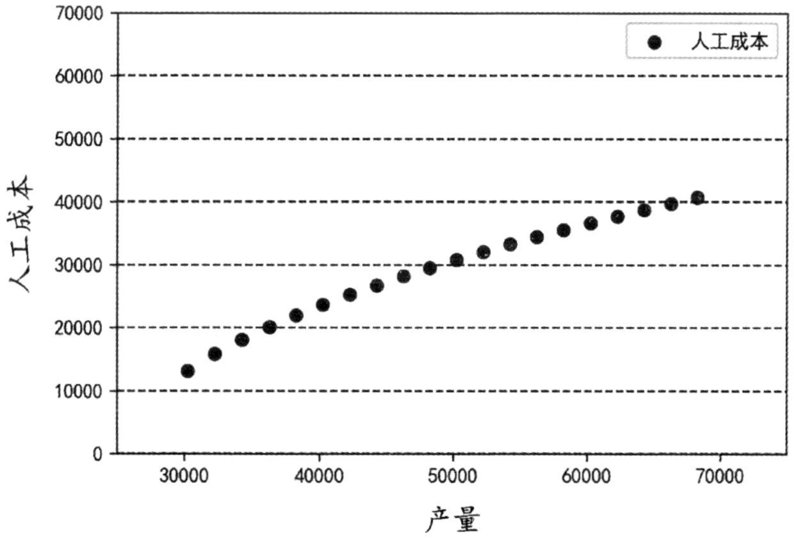

图 2－2　人工成本散点图

```
# 绘制化肥成本散点图
figure = plt. figure( )
plt. scatter( 成本_粮食产量['产量'],成本_粮食产量['化肥成本'])
```

```
plt.rcParams['font.sans-serif'] = 'SimHei'
plt.rcParams['axes.unicode_minus'] = False
x = 成本_粮食产量['产量']
y = 成本_粮食产量['化肥成本']
plt.scatter(x,y,color = 'blue',label = '化肥成本')
plt.xlabel('产量\n\n 图 2-3:化肥成本散点图',fontdict = {'family':'KaiTi','color':'black',
'size':15},labelpad = 10)
plt.ylabel('化肥成本',fontdict = {'family':'KaiTi','color':'black','size':15},labelpad = 10)
plt.legend(loc = 'upper right',fontsize = 10)
plt.grid(b = True,axis = 'y',color = 'black',linestyle = 'dashed',linewidth = 1)
plt.xlim(25000,75000)
plt.ylim(0,70000)
plt.show()
worksheet = workbook.sheets.add('化肥成本散点图')
worksheet.pictures.add(figure,top = 50,left = 100)
workbook.save(r'D:\数字化管理会计仿真实训\02-成本性态分析\成本产量散点图.xlsx')
```

结果输出，如图 2-3 所示。

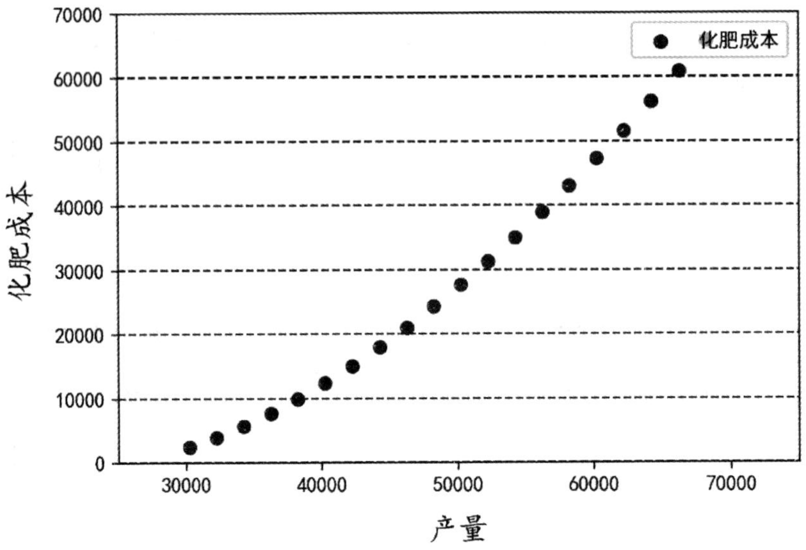

图 2-3 化肥成本散点图

```
# 绘制农机折旧费散点图
figure = plt.figure()
plt.scatter(成本_粮食产量['产量'],成本_粮食产量['农机折旧费'])
plt.rcParams['font.sans-serif'] = 'SimHei'
plt.rcParams['axes.unicode_minus'] = False
x = 成本_粮食产量['产量']
```

```
y = 成本_粮食产量['农机折旧费']
plt.scatter(x,y,color = 'blue',label = '农机折旧费')
plt.xlabel('产量\n\n 图 2 -4:农机折旧费散点图',fontdict = {'family':'KaiTi','color':'black','size':15},labelpad = 10)
plt.ylabel('农机折旧费',fontdict = {'family':'KaiTi','color':'black','size':15},labelpad = 10)
plt.legend(loc = 'upper right',fontsize = 10)
plt.grid(b = True,axis = 'y',color = 'black',linestyle = 'dashed',linewidth = 1)
plt.xlim(25000,75000)
plt.ylim(0,70000)
plt.show()
worksheet = workbook.sheets.add('农机折旧费散点图')
worksheet.pictures.add(figure,top = 50,left = 100)
workbook.save(r'D:\数字化管理会计仿真实训\02 - 成本性态分析\成本产量散点图.xlsx')
```

结果输出，如图 2 -4 所示：

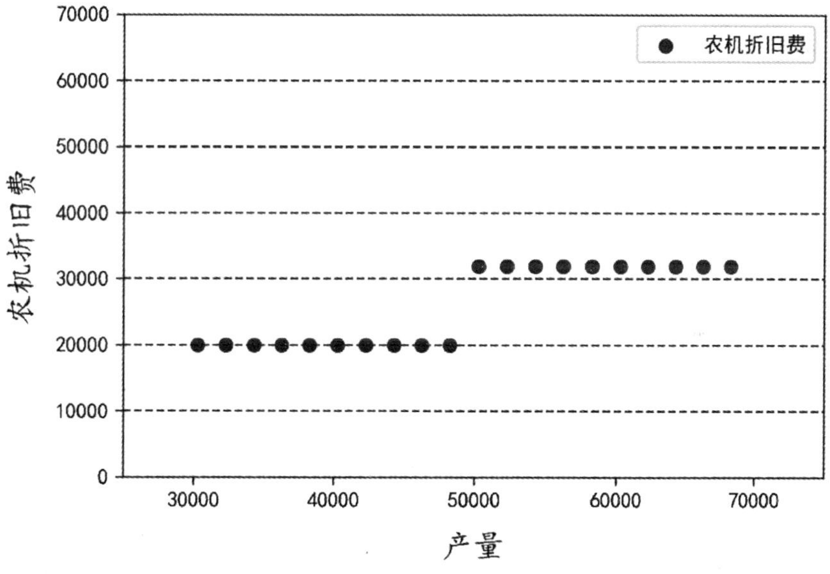

图 2 -4　农机折旧费散点图

```
# 绘制技术服务费散点图
figure = plt.figure()
plt.scatter(成本_粮食产量['产量'],成本_粮食产量['技术服务费'])
plt.rcParams['font.sans - serif'] = 'SimHei'
plt.rcParams['axes.unicode_minus'] = False
x = 成本_粮食产量['产量']
y = 成本_粮食产量['技术服务费']
plt.scatter(x,y,color = 'blue',label = '技术服务费')
plt.xlabel('产量\n\n 图 2 -5:技术服务费散点图',fontdict = {'family':'KaiTi','color':'black','
```

```
size':15} ,labelpad = 10)
plt. ylabel('技术服务费',fontdict = {'family':'KaiTi','color':'black','size':15} ,labelpad = 10)
plt. legend( loc = 'upper right',fontsize = 10)
plt. grid( b = True,axis = 'y',color = 'black',linestyle = 'dashed',linewidth = 1)
plt. xlim(25000,75000)
plt. ylim(0,70000)
plt. show( )
worksheet = workbook. sheets. add('技术服务费散点图')
worksheet. pictures. add( figure,top = 50,left = 100)
workbook. save( r'D:\数字化管理会计仿真实训\02 - 成本性态分析\成本产量散点图 . xlsx')
```

结果输出，如图 2-5 所示。

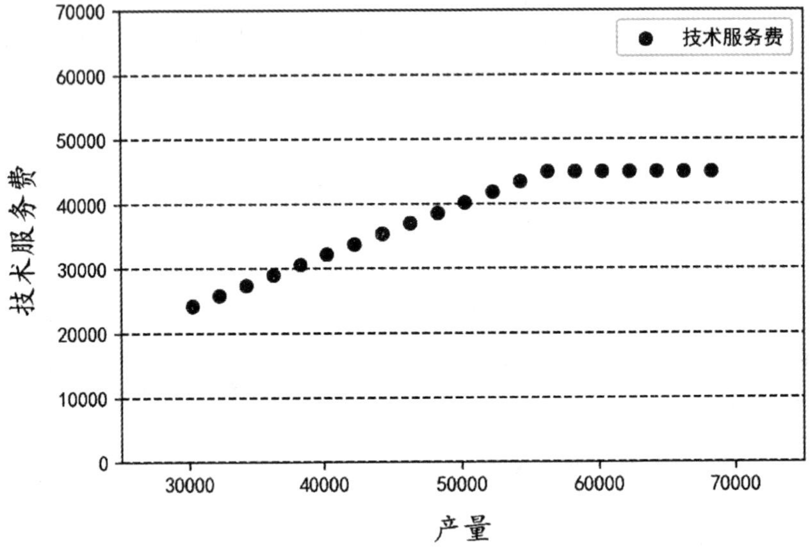

图 2-5　技术服务费散点图

```
# 绘制生态维护费散点图
figure = plt. figure( )
plt. scatter( 成本_粮食产量['产量'],成本_粮食产量['生态维护费'])
plt. rcParams[ 'font. sans - serif'] = 'SimHei'
plt. rcParams[ 'axes. unicode_minus'] = False
x = 成本_粮食产量['产量']
y = 成本_粮食产量['生态维护费']
plt. scatter( x,y,color = 'blue',label = '生态维护费')
plt. xlabel('产量\n\n 图 2 -6:生态维护费散点图',fontdict = {'family':'KaiTi','color':'black','
size':15} ,labelpad = 10)
plt. ylabel('生态维护费',fontdict = {'family':'KaiTi','color':'black','size':15} ,labelpad = 10)
plt. legend( loc = 'upper right',fontsize = 10)
```

```
plt.grid(b = True,axis = 'y',color = 'black',linestyle = 'dashed',linewidth = 1)
plt.xlim(25000,75000)
plt.ylim(0,70000)
plt.show()
worksheet = workbook.sheets.add('生态维护费散点图')
worksheet.pictures.add(figure,top = 50,left = 100)
workbook.save(r'D:\数字化管理会计仿真实训\02 - 成本性态分析\成本产量散点图.xlsx')
```

结果输出，如图 2 - 6 所示。

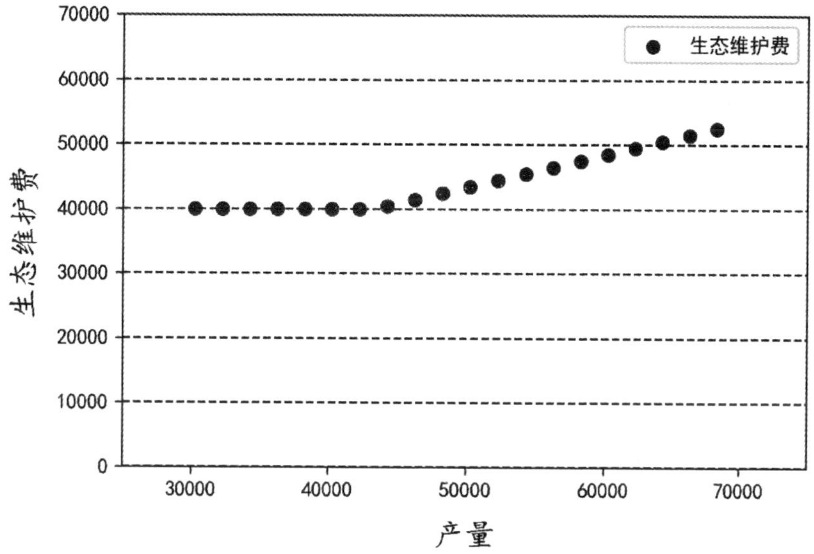

图 2 - 6　生态维护费散点图

```
# 绘制土地租金散点图
figure = plt.figure()
plt.scatter(成本_粮食产量['产量'],成本_粮食产量['土地租金'])
plt.rcParams['font.sans - serif'] = 'SimHei'
plt.rcParams['axes.unicode_minus'] = False
x = 成本_粮食产量['产量']
y = 成本_粮食产量['土地租金']
plt.scatter(x,y,color = 'blue',label = '土地租金')
plt.xlabel('产量\n\n 图 2 - 7:土地租金散点图',fontdict = {'family':'KaiTi','color':'black',
'size':15},labelpad = 10)
plt.ylabel('土地租金',fontdict = {'family':'KaiTi','color':'black','size':15},labelpad = 10)
plt.legend(loc = 'upper right',fontsize = 10)
plt.grid(b = True,axis = 'y',color = 'black',linestyle = 'dashed',linewidth = 1)
plt.xlim(25000,75000)
plt.ylim(0,70000)
```

```
plt. show( )
worksheet = workbook. sheets. add('土地租金散点图')
worksheet. pictures. add(figure, top = 50, left = 100)
workbook. save(r'D:\数字化管理会计仿真实训\02 - 成本性态分析\成本产量散点图 . xlsx')
workbook. close( )
app. quit( )
```

结果输出，如图 2 – 7 所示。

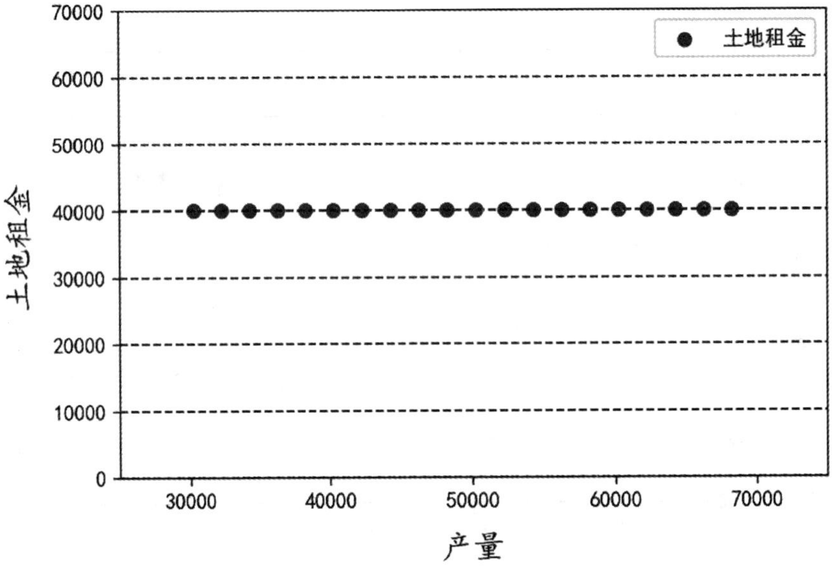

图 2 – 7　土地租金散点图

```
# 上述绘制散点图过程也可以使用下列循环语句实现。
CostItem = ['播种成本','人工成本','化肥成本','农机折旧费','技术服务费','生态维护费','土地租金']
i = 1
for K in CostItem:
    figure = plt. figure( )
    plt. scatter(成本_粮食产量['产量'],成本_粮食产量[K])
    plt. rcParams['font. sans - serif'] = 'SimHei'
    plt. rcParams['axes. unicode_minus'] = False
    x = 成本_粮食产量['产量']
    y = 成本_粮食产量[K]
    plt. scatter(x, y, color = 'blue', label = '{}'. format(K))
    plt. xlabel('产量\n\n 图 2 - {}:{} 散点图'. format(i, K), fontdict = {'family': 'KaiTi', 'color': 'black', 'size': 15}, labelpad = 10)
    plt. ylabel('{}'. format(K), fontdict = {'family': 'KaiTi', 'color': 'black', 'size': 15}, labelpad = 10)
```

```
    plt.legend(loc = 'upper right',fontsize = 10)
    plt.grid(b = True,axis = 'y',color = 'black',linestyle = 'dashed',linewidth = 1)
    plt.xlim(25000,75000)
    plt.ylim(0,70000)
    plt.show()
    worksheet = workbook.sheets.add('{}散点图'.format(K))
    worksheet.pictures.add(figure,top = 50,left = 100)
    i = i + 1

workbook.save(r'D:\数字化管理会计仿真实训\02 - 成本性态分析\成本产量散点图.xlsx')
workbook.close()
app.quit()
```

分析结论：

由各项成本的散点图可以判断，播种成本属于变动成本，人工成本属于递减式变动成本，化肥成本属于递增式变动成本，农机折旧费属于阶梯成本，技术服务费属于延期固定成本，生态维护费属于延期变动成本，土地租金属于固定成本。

任务二：运用高低点法和回归分析法进行成本分解

案例背景介绍①

磐石公司是一家汽车零配件生产企业，目前生产 A、B 两种汽车零部件，使用工种包括车工和铣工，两种产品的标准工时消耗和人工成本如表2 - 3 所示。

表 2 - 3　磐石公司产品工时系数表　　工时单位：小时

项　目	A 产品			B 产品		
	用量	单价	成本	用量	单价	成本
车工	10	13	130	7	13	91
铣工	9	12	108	10	12	120
人工合计			238			211

2011 年至 2020 年，该公司两种产品的历史实际产量如表 2 - 4 所示。

表 2 - 4　磐石公司产品产量表　　单位：件

年份	月份	A 产品产量	B 产品产量	总产量
2011	1	10842	10262	21104
2011	2	8115	12576	20691
2011	3	12200	8421	20621

① 由于本案例数据量较大，为了节约篇幅，此处只罗列了部分数据，完整数据请扫描二维码获取。

续表

年份	月份	A产品产量	B产品产量	总产量
2011	4	9205	12582	21787
2011	5	10261	11919	22180
2011	6	12250	10159	22409
2011	7	9805	8059	17864
2011	8	8275	8978	17253
2011	9	10353	11521	21874
2011	10	8755	12684	21439
2011	11	10124	8003	18127
2011	12	9618	8399	18017
……	……	……	……	……
2020	7	10865	8866	19731
2020	8	12659	9517	22176
2020	9	10477	11677	22154
2020	10	9435	9991	19426
2020	11	11240	8513	19753
2020	12	9983	12135	22118

磐石公司制造费用主要包括水电费、动力费、低值易耗品、折旧费和办公费，各项制造费用信息如表2-5所示。

表2-5　磐石公司制造费用明细表　单位：元

年份	月份	水电费	动力费	低值易耗品	折旧费	办公费	制造费用总额
2011	1	271028.92	840201.44	106214.49	5518365.84	888659.42	7624470.11
2011	2	315238.64	987557.67	126022.42	5531042.16	923732.93	7883593.81
2011	3	228896.10	704972.99	87876.65	5491766.74	906854.69	7420367.16
2011	4	321499.32	996298.24	124069.13	5522603.04	865407.74	7829877.47
2011	5	308753.58	955786.45	117266.09	5433904.08	862879.54	7678589.72
2011	6	275838.14	834990.10	107350.31	5495611.97	909382.90	7623173.41
2011	7	211766.11	669985.04	83487.92	5526804.96	865834.99	7357879.03
2011	8	229925.21	721919.26	90836.61	5442343.20	898380.29	7383404.57
2011	9	294610.61	934594.52	118753.07	5506081.49	914439.31	7768479.01
2011	10	324816.59	1008351.03	128773.77	5476562.21	927542.88	7866046.48
2011	11	211607.82	666123.91	84169.84	5448681.36	856541.38	7267124.30
2011	12	222104.21	690676.09	86274.77	5443624.94	918676.51	7361356.54
……	……	……	……	……	……	……	……
2020	7	239360.48	731625.26	93922.86	5482473.12	863698.75	7411080.47
2020	8	253472.27	790672.42	101617.26	5430094.13	890333.14	7466189.22

续表

年份	月份	水电费	动力费	低值易耗品	折旧费	办公费	制造费用总额
2020	9	302444.79	935703.68	116848.05	5530650.19	902190.24	7787836.95
2020	10	261887.18	809849.58	101178.13	5479125.70	906000.19	7558040.77
2020	11	229728.06	704998.44	90425.56	5466841.34	895852.08	7387845.48
2020	12	310123.30	966474.32	123237.58	5495114.16	883567.73	7778517.08

该公司各年单位产品实际耗用工时如表 2－6 和表 2－7 所示。

表 2－6　　**A 产品实际工时消耗表**　　单位：小时

项　目	2011 年	2012 年	2013 年	2014 年	2015 年	2016 年	2017 年	2018 年	2019 年	2020 年
车工	10.8	9.4	9.8	11.4	9.1	9.5	11.1	10.2	10.9	11
铣工	9.2	8.1	10.2	9	8.6	8.9	8.7	9.7	8.7	9.7

表 2－7　　**B 产品实际工时消耗表**　　单位：小时

项　目	2011 年	2012 年	2013 年	2014 年	2015 年	2016 年	2017 年	2018 年	2019 年	2020 年
车工	8.4	7.7	8.2	7.8	7.9	7.1	8.2	8.1	7.5	6
铣工	10.1	10.6	10.1	11.2	11.4	9.8	9.5	10.3	9.6	9.3

实训要求：

（1）请根据资料，运用高低点法按照工时对制造费用总额进行成本分解。

（2）请根据资料，运用回归分析法按照工时对制造费用总额进行成本分解。

（3）请根据资料，绘制散点图并描绘成本分解拟合直线。

（4）请根据成本分解的模型，预测 A、B 产品产量分别为 12000 件和 13000 件时的制造费用总额。

实训操作示范

第一步：资料准备。

```
# 导入 Python 相应模块
import numpy as np
import pandas as pd
import random
from matplotlib import pyplot as plt
from sklearn.linear_model import LinearRegression
import sklearn
import math
import xlwings as xw

# 导入基本数据
各月份制造费用 = pd.read_excel(r'D:\数字化管理会计仿真实训\02-成本性态分析\
```

```
表2-5-磐石公司制造费用明细表.xlsx',sheet_name="Sheet1",index_col=0)
各月份实际产量=pd.read_excel(r'D:\数字化管理会计仿真实训\02-成本性态分析\表2-4-磐石公司产品产量表.xlsx',sheet_name='Sheet1',index_col=0)
A产品各年实际单位成本=pd.read_excel(r'D:\数字化管理会计仿真实训\02-成本性态分析\表2-6-A产品实际工时消耗表.xlsx',sheet_name='ProductA',index_col=0)
B产品各年实际单位成本=pd.read_excel(r'D:\数字化管理会计仿真实训\02-成本性态分析\表2-7-B产品实际工时消耗表.xlsx',sheet_name='ProductB',index_col=0)
A产品标准单位成本=pd.read_excel(r'D:\数字化管理会计仿真实训\02-成本性态分析\表2-3-磐石公司产品工时系数表.xlsx',sheet_name='ProductA',index_col=0)
B产品标准单位成本=pd.read_excel(r'D:\数字化管理会计仿真实训\02-成本性态分析\表2-3-磐石公司产品工时系数表.xlsx',sheet_name='ProductB',index_col=0)

#根据实际产量和实际单位工时计算总实际工时
合并后数据=pd.merge(各月份制造费用,各月份实际产量,how='outer',left_index=True,right_index=True)
合并后数据.drop(columns=['年份_y','月份_y'],inplace=True)
合并后数据.rename(columns={'年份_x':'年份','月份_x':'月份'},inplace=True)
Min_Y=合并后数据['年份'].min()
Max_Y=合并后数据['年份'].max()
for i in range(Min_Y,Max_Y+1):
    for j in ['01','02','03','04','05','06','07','08','09','10','11','12']:
        if 合并后数据.loc['{}'.format(i)+'_'+j,'年份']==i:
            合并后数据.loc['{}'.format(i)+'_'+j,'A产品实际工时']=合并后数据.loc['{}'.format(i)+'_'+j,'A产品产量']*(A产品各年实际单位成本.loc['车工','{}'.format(i)+'用量']+A产品各年实际单位成本.loc['铣工','{}'.format(i)+'用量'])
for i in range(Min_Y,Max_Y+1):
    for j in ['01','02','03','04','05','06','07','08','09','10','11','12']:
        if 合并后数据.loc['{}'.format(i)+'_'+j,'年份']==i:
            合并后数据.loc['{}'.format(i)+'_'+j,'B产品实际工时']=合并后数据.loc['{}'.format(i)+'_'+j,'B产品产量']*(B产品各年实际单位成本.loc['车工','{}'.format(i)+'用量']+B产品各年实际单位成本.loc['铣工','{}'.format(i)+'用量'])
合并后数据['总实际工时']=合并后数据['A产品实际工时']+合并后数据['B产品实际工时']
```

第二步：运用高低点法进行成本分解。

```
print('\n以下为高低点法成本分解结果:')
c=合并后数据['总实际工时'].min()
```

```
d = 合并后数据['总实际工时'].max()
a = 合并后数据[合并后数据['总实际工时'] == c]['制造费用总额'].values[0]
b = 合并后数据[合并后数据['总实际工时'] == d]['制造费用总额'].values[0]
单位变动成本 = round((b - a)/(d - c),2)
固定成本总额 = round(a - c * 单位变动成本,2)
print('单位工时变动制造费用是%.2f 元'%(单位变动成本))
print('总固定制造费用是%.2f 元'%(固定成本总额))

# 根据高低点法进行制造费用预测
A = float(input('如果下一期 A 产品的产量为:'))
B = float(input('如果下一期 B 产品的产量为:'))
TotalMOH = 固定成本总额 + 单位变动成本 * (A * (A 产品标准单位成本.loc['车工','用量'] + A 产品标准单位成本.loc['铣工','用量']) + B * (B 产品标准单位成本.loc['车工','用量'] + B 产品标准单位成本.loc['铣工','用量']))
print('公司制造费用总额预计为%.2f 元'%(TotalMOH))

# 将高低点法的参数输出到 Excel
高低点法 = pd.DataFrame(index = range(1,3))
高低点法.rename(index = {1:'单位工时变动制造费用',2:'总固定制造费用'},inplace = True)
高低点法['金额'] = ''
高低点法.loc['单位工时变动制造费用','金额'] = 单位变动成本
高低点法.loc['总固定制造费用','金额'] = 固定成本总额
高低点法.to_excel(r'D:\数字化管理会计仿真实训\02 - 成本性态分析\成本分解_高低点法.xlsx')
```

结果输出：

单位工时变动制造费用是 2.34 元；
总固定制造费用是 6701278.03 元；
如果下一期 A 产品的产量为 12000 件；
如果下一期 B 产品的产量为 13000 件；
公司制造费用总额预计为 7751938.03 元。

第三步：绘制散点图和拟合直线。

```
# 绘制散点图
figure = plt.figure()
plt.scatter(合并后数据['总实际工时'],合并后数据['制造费用总额'])
plt.rcParams['font.sans-serif'] = 'SimHei'
plt.rcParams['axes.unicode_minus'] = False
x = 合并后数据['总实际工时']
```

```
y = 合并后数据['制造费用总额']
plt.scatter(x,y,color = 'blue',label = '制造费用')
plt.xlabel('工时\n\n 图 2 - 8:制造费用散点图',fontdict = {'family':'KaiTi','color':'black',
'size':15},labelpad = 10)
plt.ylabel('制造费用总额',fontdict = {'family':'KaiTi','color':'black','size':15},labelpad = 10)
plt.legend(loc = 'upper right',fontsize = 10)
plt.grid(b = True,axis = 'y',color = 'black',linestyle = 'dashed',linewidth = 1)

# 根据参数(高低点法的结果)画拟合直线
x = np.arange(3e +05,5e +05,1e +03)
y = 单位变动成本 * x  +  固定成本总额
plt.plot(x,y)
plt.show()#显示绘制的图表

# 保存图表
app = xw.App(visible = True,add_book = False)
workbook = app.books.add()
worksheet = workbook.sheets.add('制造费用散点图')
worksheet.pictures.add(figure,top = 50,left = 100)
workbook.save(r'D:\数字化管理会计仿真实训\02 - 成本性态分析\图 2 - 8 制造费用散
点图.xlsx')
workbook.close()
app.quit()
```

结果输出，如图 2 - 8 所示。

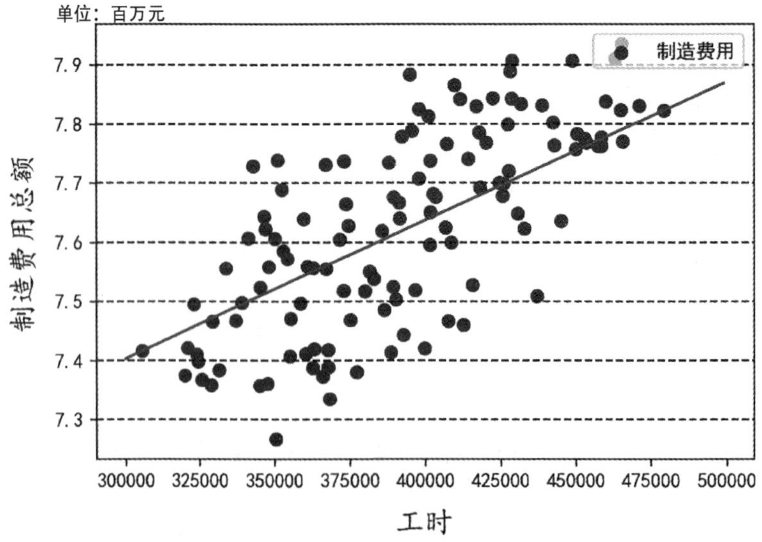

图 2 - 8　制造费用散点图

第四步：运用回归分析法进行成本分解。

```
print('\n 以下为回归分析法成本分解结果:')
# 估计模型参数——导入线性回归的求解模块 LinearRegression,并建立回归模型,得到 lr-
Model 的模型变量
lrModel = sklearn. linear_model. LinearRegression( )
# 指定自变量和因变量
x = 合并后数据[['总实际工时']]
y = 合并后数据[['制造费用总额']]
# 模型训练——调用模型的 fit 方法,对模型进行训练,这个训练过程就是参数求解的过
程,并对模型进行拟合
lrModel. fit(x,y)
# 对回归模型进行检验
lrModel. score(x,y)
# 利用回归模型进行预测
lrModel. predict([[0],[70]])
# 记录截距
alpha = round(lrModel. intercept_[0],2)
# 记录斜率
beta = round(lrModel. coef_[0][0],2)
print('单位工时变动制造费用是%.2f 元'%(beta))
print('总固定制造费用是%.2f 元'%(alpha))

# 根据回归分析法进行成本预测
A = float(input('如果下一期 A 产品的产量为:'))
B = float(input('如果下一期 B 产品的产量为:'))
print('公司制造费用总额预计为%.2f 元'%(alpha + sum(beta * np. array([A * (A 产品
标准单位成本.loc['车工','用量'] + A 产品标准单位成本.loc['铣工','用量']),B * (B 产
品标准单位成本.loc['车工','用量'] + B 产品标准单位成本.loc['铣工','用量'])]))))

# 将回归分析法的参数输出到 Excel
回归分析法 = pd. DataFrame(index = range(1,3))
回归分析法.rename(index = {1:'单位工时变动制造费用',2:'总固定制造费用'},inplace =
True)
回归分析法['金额'] = ''
回归分析法.loc['单位工时变动制造费用','金额'] = beta
回归分析法.loc['总固定制造费用','金额'] = alpha
回归分析法.to_excel(r'D:\数字化管理会计仿真实训\02 - 成本性态分析\成本分解_回
归分析法.xlsx')
```

结果输出：
单位工时变动制造费用是2.85元；
总固定制造费用是6508029.15元；
如果下一期A产品的产量为12000件；
如果下一期B产品的产量为13000件；
公司制造费用总额预计为7787679.15元。

四、虚拟案例演练[①]

开元股份公司是一家小型发电机生产企业，制造费用主要包括燃料动力、折旧费、专利费、技术服务费和房屋租金等。历史产量和制造费用项目信息如表2-8所示。

表2-8　开元股份公司制造费用明细表　金额单位：元

时期	产量	燃料动力	折旧费	专利费	技术服务费	房屋租金	合计
1	49414	28175.40	20000	39531.20	40000.00	40000	188810.28
2	50054	27461.40	20000	40043.20	40000.00	40000	189898.50
3	51644	31349.40	20000	41315.20	40000.00	40000	198255.61
4	52030	31817.00	20000	41624.00	40000.00	40000	199809.38
5	53459	33265.40	20000	42767.20	40000.00	40000	205292.42
6	54425	35625.00	20000	43540.00	40000.00	40000	210396.40
7	56080	35516.00	20000	44864.00	40000.00	40000	215030.84
8	56476	35232.60	20000	45180.80	40000.00	40000	215891.23
9	57663	36484.80	20000	46130.40	40000.00	40000	220594.15
10	58433	34396.80	20000	46746.40	40000.00	40000	220763.32
11	59830	35497.00	20000	47864.00	40000.00	40000	225998.23
12	60838	36071.80	20000	48670.40	40000.00	40000	229589.24
……	……	……	……	……	……	……	……
46	94459	58984.40	32000	66452.00	53896.17	40000	386902.36
47	96470	57963.00	32000	66452.00	54901.67	40000	393337.87
48	96703	60070.80	32000	66452.00	55018.17	40000	396316.78
49	98345	59427.00	32000	66452.00	55839.17	40000	401853.58
50	98623	59369.80	32000	66452.00	55978.17	40000	402850.01

实训要求：

（1）请根据资料，绘制各项成本的成本性态散点图。
（2）请根据资料，运用高低点法按照工时对制造费用总额进行成本分解。
（3）请根据资料，运用回归分析法按照工时对制造费用总额进行成本分解。
（4）请根据成本分解的模型，预测产量为120000件时的制造费用总额。

① 由于本案例数据量较大，为了节约篇幅，此处只罗列了部分数据，完整数据请扫描二维码获取。

第三单元

变动成本法

一、实训目标

- 掌握变动成本法的基本原理和特点
- 理解变动成本法和完全成本法的异同
- 掌握运用 Python 进行变动成本法利润核算
- 掌握运用 Python 进行完全成本法利润核算
- 掌握运用 Python 进行变动成本法和完全成本法之间的利润转换
- 掌握运用 Python 绘制利润折线图

二、知识回顾

（一）变动成本法的含义

变动成本法也称直接成本计算法，是以成本性态分析为基础，把全部成本划分为固定成本和变动成本，在计算产品成本时，只包括产品生产过程中直接消耗的直接材料、直接人工、变动制造费用，而把固定制造费用和非生产成本作为期间费用在当期全额从收入中扣除的一种成本计算模式。它改变了完全成本法下把固定制造费用在本期销货与存货之间进行分配的传统做法，在计算产品的生产成本和存货成本时，把这一部分费用以期间费用方式处理，作为边际贡献的减除项，列入损益。

变动成本法认为，固定制造费用是为企业提供必要经营条件，并保持准备状态而发生的成本。固定制造费用同产品的实际产量没有直接联系，不随产量提高而增加，也不随产量下降而减少。固定制造费用发生在一定的会计期间，随着时间的消逝而消失，因此其组成部分不应递延到下一会计期间，而应把当期发生的费用金额列在利润表内，作为期间费用扣除。采用变动成本法求得的单位变动成本、边际贡献以及其他有关信息，能揭示业务量与成本变动之间的内在规律，找出生产、销售、成本和利润之间的依存关系，提供各种产品的盈利能力、经营风险等重要信息，帮助企业预测经营前景、规划未来，如预测保本点，规划目标利润、目标销售量或销售额、目标成本，编制弹性预算等。变动成本法下的成本流程如图3－1所示。

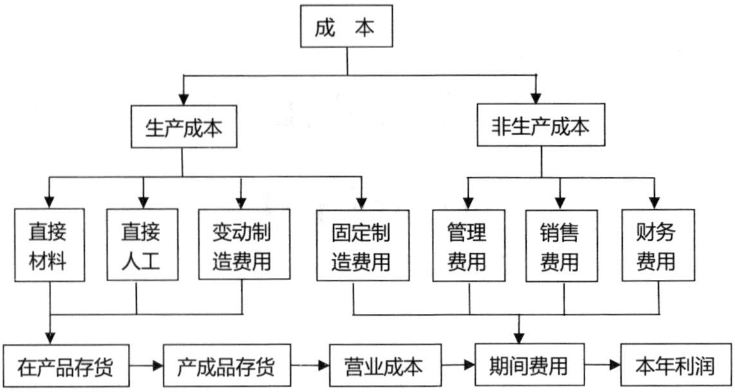

图 3-1 变动成本法下的成本流程

（二）变动成本法和完全成本法的比较

1. 提供信息的用途不同

完全成本法是对外提供财务报告的强制性要求，公司必须按照相关会计准则和会计制度的要求利用完全成本法进行存货的计价和损益的计算。

变动成本法并不是企业对外提供财务报告的强制性要求，其主要目的是满足企业内部管理的要求，分清对于企业利润贡献的环节，使企业将控制的重心放在销售上，抑制其通过调节生产量进而达到操纵短期利润的目标。

从这个意义上讲，两种方法的服务对象和使用意图不同，因此不能相互取代，更多的时候是同时加以使用。

2. 产品成本和期间费用的内容与特征不同

完全成本法进行成本分类的依据是成本是否发生在生产过程中。能够进入存货的成本包括直接材料、直接人工和制造费用，而其他费用则直接进入当期的期间费用，包括销售费用和管理费用。

变动成本法对成本进行分类的依据是成本性态。计入产品成本的只有变动性的生产成本，包括直接材料、直接人工、变动性制造费用；而固定性制造费用、变动性的非生产成本与固定性的非生产成本则直接计入当期损益。

产品成本和期间费用的内容比较如表 3-1 所示。

表 3-1 产品成本和期间费用的内容比较

<table>
<tr><th>变动成本法</th><th>成本内容</th><th>完全成本法</th></tr>
<tr><td rowspan="3">产品成本</td><td>直接材料</td><td rowspan="4">产品成本</td></tr>
<tr><td>直接人工</td></tr>
<tr><td>变动制造费用</td></tr>
<tr><td rowspan="5">期间费用</td><td>固定制造费用</td></tr>
<tr><td>变动管理费用</td><td rowspan="4">期间费用</td></tr>
<tr><td>固定管理费用</td></tr>
<tr><td>变动销售费用</td></tr>
<tr><td>固定销售费用</td></tr>
</table>

3. 存货的计价不同

在完全成本法下，各会计期末的产成品和在产品都是按照全部生产成本计价的，既包括变动生产成本，也包括一部分固定制造费用。在变动成本法下，产品成本只包括变动生产成本，即无论是在产品、库存产成品还是已销产品，其成本都只包含变动生产成本，不包括固定制造费用。

4. 损益的计算不同

在完全成本法下，进行损益计算是先用营业收入减去本期已销产品的生产成本得到营业毛利，再用营业毛利扣除期间费用得到企业的税前利润。在变动成本法下，进行损益计算需要先用营业收入减去全部变动性生产成本和变动性期间费用，得到边际贡献总额，之后再扣除固定性制造费用和固定性期间费用，最终计算出企业税前利润。

（1）边际贡献相关概念。

第一，边际贡献。边际贡献又称贡献毛益、边际利润、创利额等，是指产品营业收入减去变动成本的余额，强调产品自身的营业收入弥补完自身的变动成本后能够给企业做出的贡献。产品的边际贡献先用于弥补企业的固定成本，如果补偿完固定成本后有余额则形成企业的利润，如果不足以补偿企业的固定成本则发生亏损，因此边际贡献代表产品为企业的创利能力。边际贡献有两种表现形式，即衡量单个产品创利能力的单位产品边际贡献和企业总体创利能力的边际贡献总额。相关计算公式为：

单位产品边际贡献 = 销售单价 − 单位变动成本

边际贡献总额 = 销量 × 单位边际贡献

= 营业收入 − 变动成本

= 固定成本 + 税前利润

第二，边际贡献率。利用边际贡献还可以构造边际贡献率指标，同时根据企业是生产单一产品还是多种产品可构造出不同的边际贡献率指标。

①单一产品边际贡献率。单一产品边际贡献率是其边际贡献总额与营业收入之间的比值。由于单一产品的边际贡献总额等于单位产品边际贡献乘以销量，其营业收入等于单价乘以销量，因此边际贡献率同时还等于单位产品的边际贡献除以单价。相关计算公式为：

边际贡献率 = 边际贡献总额 ÷ 营业收入

= 单位产品边际贡献 ÷ 单价

②多种产品边际贡献率。多种产品边际贡献率又称综合边际贡献率，反映了多种产品同时能够为企业提供的边际贡献。多种产品边际贡献率有以下两种计算方法：

第一种方法是计算出多种产品的边际贡献总额和产品营业收入总额，然后求出两者之间的比率。相关计算公式为：

多种产品边际贡献率 = 边际贡献总额 ÷ 产品营业收入总额

第二种方法是首先计算出各个产品的营业收入占所有产品营业收入的比重，然后将其作为权重，用该权重乘以对应产品的边际贡献率加总求得多种产品边际贡献率。相关计算公式为：

多种产品边际贡献率 = ∑（某产品边际贡献率 × 该产品的销售比重）

第三，变动成本率。由于单价扣除变动成本得到边际贡献，因此边际贡献和变动成本是此消彼长的关系，变动成本率和边际贡献率对于企业具有相当重要的意义。相关计算公式为：

变动成本率 = 单位变动成本 ÷ 单价

变动成本率 = 变动成本总额 ÷ 营业收入

边际贡献总额 = 营业收入 − 变动成本

边际贡献总额 ÷ 营业收入 = 1 − 变动成本总额 ÷ 营业收入

边际贡献率 = 1 − 变动成本率

（2）损益计算的程序。

在完全成本法下，损益表为盈利式损益表，在变动成本法下，损益表为贡献式损益表；如表 3 − 2 所示。

表 3 − 2　　盈利式损益表和贡献式损益表

完全成本法（盈利式）	变动成本法（贡献式）
营业收入	营业收入
减：营业成本	减：变动成本
期初存货成本	变动生产成本
加：本期生产成本	变动销售费用
可供销售的产品成本	变动管理费用
减：期末存货成本	变动成本合计
营业成本合计	边际贡献
营业毛利	减：固定成本
减：期间费用	固定制造费用
销售费用	固定销售费用
管理费用	固定管理费用
期间费用合计	固定成本合计
利润总额	利润总额

通过比较可知，盈利式损益表中营业收入扣除已销产品的生产成本后得到营业毛利，当期已销产品的生产成本包括了变动性的生产成本和固定性的生产成本，变动性的期间费用和固定性的期间费用在得到产品的营业毛利后扣除。在贡献式损益表中，利用营业收入扣除当期销量乘以单位产品的变动性生产成本和单位产品的变动性非生产成本之后得到产品的边际贡献总额，在边际贡献之后扣除企业的固定性生产成本和固定性非生产成本之后得到企业的利润总额。总体而言，两种方法计算出的营业收入都等于当期销量和当期价格的乘积，两种方法是相同的。两种方法下当期已销产品的生产性变动成本均等于销售数量乘以单位产品的变动性生产成本，两者相同。对于期间费用，虽然两种方法扣除的环节不同，但是在两种方法下本期扣除的期间费用等于固定性期间费用和变动性期间费用的合计数，变动性期间费用均是使用销量乘以单位产品的变动性期间费用，两者相同。两者的不同在于盈利式损益表进入当期损益的固定性制造费用只是当期已销产品承担的部分，而贡献式损益表进入当期损益的是当期发生的固定性制造费用合计。

（3）损益差异的分析。

通过上述分析，两种方法下计算的税前营业利润有可能相等，这取决于两种方法下扣除的固定性制造费用的数额大小。变动成本法和固定成本法下当期固定性制造费用比较如表 3－3 所示。

表 3－3　　变动成本法和完全成本法下当期固定性制造费用比较

方　法	当期扣除的固定性制造费用
变动成本法	本期发生的全部固定性制造费用
完全成本法	期初存货分摊的固定性制造费用 ＋本期发生的固定性制造费用 －期末存货分摊的固定性制造费用

由于两种方法下营业收入相同，当期计入损益的变动性生产成本相同，当期计入损益的期间费用相同，两种方法的利润差额为两者当期扣除的固定性制造费用的差额。

"完全成本法"利润－"变动成本法"利润

＝"完全成本法"期末存货分摊的固定性制造费用－"完全成本法"期初存货分摊的固定性制造费用

通过上式可得变动成本法和完全成本法利润分析法则一，如表 3－4 所示。

表 3－4　　变动成本法和完全成本法利润分析法则一

"完全成本法"期末存货分摊的固定性制造费用 > "完全成本法"期初存货分摊的固定性制造费用	"完全成本法"利润 > "变动成本法"利润
"完全成本法"期末存货分摊的固定性制造费用 < "完全成本法"期初存货分摊的固定性制造费用	"完全成本法"利润 < "变动成本法"利润
"完全成本法"期末存货分摊的固定性制造费用 = "完全成本法"期初存货分摊的固定性制造费用	"完全成本法"利润 = "变动成本法"利润

假设各期的固定性制造费用相同，各期的产量相等，表 3－4 的利润分析法则可以简化为由期初期末存货数量比较得出利润大小关系，具体如表 3－5 所示。

表 3－5　　变动成本法和完全成本法利润分析法则二

期末存货量 > 期初存货量	"完全成本法"利润 > "变动成本法"利润
期末存货量 = 期初存货量	"完全成本法"利润 = "变动成本法"利润
期末存货量 < 期初存货量	"完全成本法"利润 < "变动成本法"利润

（三）变动成本法的优缺点

1. 变动成本法的优点

（1）为企业决策提供有用的决策信息。

企业决策所依据的信息应该是决策有用的，传统的完全成本法下，固定性制造费用计入存货，企业的管理者可以通过调节本期的生产量来调节本期生产的产成品的单位成本，从而可以调节当期生产产品在其销售期间的损益状况。变动成本法将所有的固定成本全部转入利润表，其损益更能体现出销售对于企业的贡献，此贡献是更“真实的”。

（2）简化成本核算，提高成本信息质量。

由于变动成本法下计入存货的只有变动性生产成本，单位变动性生产成本不会随着生产量的变动而变动。而完全成本法下，除了考虑变动性生产成本外，还需要加入固定性生产成本，每期单位产品的固定性生产成本是当期的固定性制造费用总额除以当期的生产量，假设固定性制造费用保持相对稳定，单位产品的固定性制造费用会随着生产量的变动而变动，计算存货的成本和损益都相对复杂。

2. 变动成本法的缺点

（1）不能用于编制对外财务报表。

企业编制对外财务报表必须按照完全成本法进行存货的计价和损益的计算，因此假设企业采用变动成本法，为了符合对外报送财务报表的要求，必须要进行相应的调整。

（2）无法适应长期决策。

由于变动成本法是基于成本性态假设之上的，成本性态分析把成本划分为变动成本和固定成本的前提是必须要满足相关范围。从长期来看，任何成本都是可变的，因此在长期决策中，固定成本的固定性不存在，变动成本法不能适应长期决策。

（3）不便于产品长期定价决策。

在企业中，我们可以依据产品成本作为定价的基础，虽然短期内价格弥补变动性的生产成本可以作为企业开工的底线，但是长期来看，企业的所有成本均需要从企业的营业收入中得到弥补，因此仅依据变动成本定价，企业的固定成本无法得到弥补。

（4）多种方法的应用导致的混乱。

在企业中，采用多种成本计算方法使得企业的账簿较为混乱，导致企业在信息的生成和运用中会产生额外的成本。

三、仿真案例实训

案例背景介绍[①]

凯旋公司是国内知名的小型空气开关柜生产厂商，产品深受市场欢迎。目前主要生产A、B两种开关柜，销售价格分别为1150元和960元。该企业存货计价采用先进先出法。

2011年至2020年，A、B两种产品生产数量和销售数量如表3-6和表3-7所示。

表3-6　　A、B产品各月产量表　　单位：件

年份	月份	A产品产量	B产品产量
2011	1	10842	10262
2011	2	8115	12576
2011	3	12200	8421

① 由于本案例数据量较大，为了节约篇幅，此处只罗列了部分数据，完整数据请扫描二维码获取。

续表

年份	月份	A 产品产量	B 产品产量
2011	4	9205	12582
2011	5	10261	11919
2011	6	12250	10159
2011	7	9805	8059
2011	8	8275	8978
2011	9	10353	11521
2011	10	8755	12684
2011	11	10124	8003
2011	12	9618	8399
……	……	……	……
2020	7	10865	8866
2020	8	12659	9517
2020	9	10477	11677
2020	10	9435	9991
2020	11	11240	8513
2020	12	9983	12135

表 3－7　　A、B 产品各月销售数量表　　单位：件

年份	月份	A 产品销量	B 产品销量
2011	1	9758	9236
2011	2	8782	12547
2011	3	11228	7449
2011	4	9510	14042
2011	5	9582	11240
2011	6	13127	11036
2011	7	9653	7907
2011	8	7538	8241
2011	9	10648	11816
2011	10	8028	11957
2011	11	12055	9516
2011	12	9499	8280
……	……	……	……
2020	7	10681	8682
2020	8	12572	9430
2020	9	10837	12037
2020	10	8711	9267
2020	11	10545	7818
2020	12	11981	13881

2011 年至 2020 年，A、B 两种产品的直接材料、直接人工和机器工时消耗情况如表 3 - 8 至表 3 - 11 所示。

表 3 - 8　A 产品材料消耗数量　单位：公斤

项　目	2011 年	2012 年	2013 年	2014 年	2015 年	2016 年	2017 年	2018 年	2019 年	2020 年
甲材料	10. 3	11. 3	10. 5	11	10	10. 7	10	9. 6	10. 6	9. 7
乙材料	10	10. 4	11. 2	11	11. 8	10. 1	11. 1	11. 6	10. 1	11. 4

表 3 - 9　A 产品人工工时和机器工时消耗数量　单位：小时

项　目	2011 年	2012 年	2013 年	2014 年	2015 年	2016 年	2017 年	2018 年	2019 年	2020 年
车工	10. 8	9. 4	9. 8	11. 4	9. 1	9. 5	11. 1	10. 2	10. 9	11
铣工	9. 2	8. 1	10. 2	9	8. 6	8. 9	8. 7	9. 7	8. 7	9. 7
机器工时	13. 9	12. 5	12. 4	12	13. 4	13. 7	13. 4	13. 9	12. 6	14

表 3 - 10　B 产品材料消耗数量　单位：公斤

项　目	2011 年	2012 年	2013 年	2014 年	2015 年	2016 年	2017 年	2018 年	2019 年	2020 年
甲材料	11. 6	11. 6	12. 8	11. 5	12. 4	11. 4	11. 2	11. 5	12. 3	12. 3
乙材料	9. 1	8. 8	8. 4	10. 2	8. 4	9. 6	8	10	10	8. 7

表 3 - 11　B 产品人工工时和机器工时消耗数量　单位：小时

项　目	2011 年	2012 年	2013 年	2014 年	2015 年	2016 年	2017 年	2018 年	2019 年	2020 年
车工	8. 4	7. 7	8. 2	7. 8	7. 9	7. 1	8. 2	8. 1	7. 5	6
铣工	10. 1	10. 6	10. 1	11. 2	11. 4	9. 8	9. 5	10. 3	9. 6	9. 3
机器工时	13	12. 7	11. 1	11. 1	11. 3	12. 7	11. 7	12. 3	13. 1	11. 7

2011 年至 2020 年，凯旋公司发生的实际生产成本如表 3 - 12 所示。

表 3 - 12　企业实际生产成本　单位：元

项　目	2011 年	2012 年	2013 年	2014 年	2015 年	2016 年	2017 年	2018 年	2019 年	2020 年
甲材料	23205524. 79	25800018. 16	26337985. 52	25257265. 8	25884165. 12	22863111. 11	23564760. 8	24729742. 53	22662709. 74	23137127. 5
乙材料	25779231. 63	25653699. 36	25931971. 52	27061929. 18	28556822. 16	24076748. 78	27475679. 04	27895238. 68	27290326. 8	24819338. 88
材料合计	48984756. 42	51453717. 52	52269957. 04	52319194. 98	54440987. 28	46939859. 89	51040439. 84	52624981. 21	49953036. 54	47956466. 38
车工	30313420. 8	24948031. 08	28915488	33117025. 32	28738194. 3	27358339. 8	30029426. 4	28415878. 44	29785892. 4	26430348. 4
铣工	27026999. 85	27217768. 06	30902311. 51	33133591. 34	30475752	27033056. 44	27355973. 45	28176891. 68	26839929. 6	27070747. 8
人工合计	57340420. 65	52165799. 14	59817799. 51	66250616. 66	59213946. 3	54391396. 24	57385399. 85	56592770. 12	56625822	53501096. 2
变动制造费用	14488637. 05	14321125. 25	15578582. 18	15317510. 55	15606527. 38	14519546. 43	15867197. 77	15164431. 27	14197717. 82	13775800. 21
固定制造费用	75909763. 01	75811374. 58	76051585. 73	76608599. 04	75227479. 92	76058100. 29	75868735. 54	76082241. 74	76561625. 38	76930132. 32
制造费用合计	90398400. 06	90132499. 83	91630167. 9	91926109. 59	90834007. 3	90577646. 72	91735933. 3	91246673. 02	90759343. 19	90705932. 53

2011 年至 2020 年，该企业发生的实际期间费用如表 3－13 所示。

表 3－13　　　**企业实际期间费用**　　　单位：元

年份	2011 年	2012 年	2013 年	2014 年	2015 年	2016 年	2017 年	2018 年	2019 年	2020 年
变动销售费用	1905095.372	1914870.131	2030578.998	2023238.944	2056143.659	1971007.716	2023945.948	1987392.74	1938284.474	1973142.613
固定销售费用	1941130.174	1938277.752	1966957.056	1921799.021	1928330.41	1876922.846	1933033.325	1905301.063	1926152.688	1915206.97
销售费用总额	3846225.546	3853147.883	3997536.054	3945037.964	3984474.068	3847930.562	3956979.272	3892693.804	3864437.162	3888349.583
管理费用	2962586.789	2984192.813	2948869.934	2966874.466	2939275.013	2956458.775	2951310.67	2963144.165	2928443.066	2972875.258
财务费用	2459974.332	2420852.748	2410732.178	2400637.37	2411395.394	2425792.915	2412717.446	2414561.784	2401502.558	2424631.02

实训要求：

（1）计算各个年度 A、B 产品实际单位成本。

（2）编制各个年度完全成本法下的利润表。

（3）编制各个年度变动成本法下的利润表。

（4）编制两种方法下的利润差异表。

（5）绘制各个年度利润折线图。

实训操作示范

第一步：资料准备。

```
# 导入 Python 相应模块
import numpy as np
import pandas as pd
from openpyxl import load_workbook
from matplotlib import pyplot as plt
import xlwings as xw

# 导入基本数据
A 产品价格 =1150
B 产品价格 =960
A 产品实际消耗 = pd.read_excel(r'D:\数字化管理会计仿真实训\03 - 变动成本法/表 3-8 & 3-9-A 产品材料工时消耗数量.xlsx',sheet_name = "ProductA",converters = {'项目':str},index_col =0)
B 产品实际消耗 = pd.read_excel(r'D:\数字化管理会计仿真实训\03 - 变动成本法/
```

```
表3-10 & 3-11-B产品材料工时消耗数量.xlsx',sheet_name="ProductB",converters={'项目':str},index_col=0)
各年实际成本=pd.read_excel(r'D:\数字化管理会计仿真实训\03-变动成本法\表3-12-企业实际生产成本.xlsx',sheet_name="Sheet1",index_col=0)
各年期间费用=pd.read_excel(r'D:\数字化管理会计仿真实训\03-变动成本法\表3-13-企业实际期间费用.xlsx',sheet_name="Sheet1",index_col=0)
月实际产量=pd.read_excel(r'D:\数字化管理会计仿真实训\03-变动成本法\表3-6-A、B产品各月产量表.xlsx',sheet_name="Sheet1",index_col=0)
月实际销量=pd.read_excel(r'D:\数字化管理会计仿真实训\03-变动成本法\表3-7-A、B产品各月销售数量表.xlsx',sheet_name="Sheet1",index_col=0)

#编制年产销量和库存数据表
年实际产量=月实际产量.pivot_table(index=['年份'],values=['A产品产量','B产品产量'],aggfunc='sum')
年实际销量=月实际销量.pivot_table(index=['年份'],values=['A产品销量','B产品销量'],aggfunc='sum')
合并后年产销量=pd.merge(年实际产量,年实际销量,how='outer',left_index=True,right_index=True)
Year=list(合并后年产销量.index)
Yrs_N=len(Year)
年产销量和库存数量=合并后年产销量.copy()
年产销量和库存数量.insert(0,'A产品期初库存',0)
年产销量和库存数量.insert(1,'B产品期初库存',0)
年产销量和库存数量.insert(6,'A产品期末库存',0)
年产销量和库存数量.insert(7,'B产品期末库存',0)
年产销量和库存数量.loc[2011,'A产品期末库存']=年产销量和库存数量.loc[2011,'A产品产量']-年产销量和库存数量.loc[2011,'A产品销量']
年产销量和库存数量.loc[2011,'产品B期末库存']=年产销量和库存数量.loc[2011,'B产品产量']-年产销量和库存数量.loc[2011,'B产品销量']

for j in ['A','B']:
    for i in Year[1:Yrs_N]:
        年产销量和库存数量.loc[i,j+'产品期初库存']=年产销量和库存数量.loc[i-1,j+'产品期末库存']
        年产销量和库存数量.loc[i,j+'产品期末库存']=年产销量和库存数量.loc[i,j+'产品期初库存'] +年产销量和库存数量.loc[i,j+'产品'+'产量']-年产销量和库存数量.loc[i,j+'产品'+'销量']
年产销量和库存数量.to_excel(r'D:\数字化管理会计仿真实训\03-变动成本法\各年产量、销量和库存数量.xlsx',sheet_name='Sheet1',index=True)
```

结果输出，如表 3－14 所示。

表 3－14　　A、B 产品各年产量、销量和库存数量表　　单位：件

年份	A 产品期初库存	B 产品期初库存	A 产品产量	B 产品产量	A 产品销量	B 产品销量	A 产品期末库存	B 产品期末库存
2011	0	0	119803	123563	119408	123267	395	296
2012	395	296	123722	121232	122748	120046	1369	1482
2013	1369	1482	122833	133063	123913	134402	289	143
2014	289	143	127525	130466	127193	130185	621	424
2015	621	424	129651	132651	129464	132349	808	726
2016	808	726	125891	123470	126443	124022	256	174
2017	256	174	125104	135829	123549	134274	1811	1729
2018	1811	1729	121766	129579	122670	130483	907	825
2019	907	825	124080	120538	124682	121306	305	57
2020	305	57	133786	115796	134091	115853	0	0

第二步：计算各个年度产品实际单位成本。

```
Item = ['甲材料','乙材料','材料合计','车工','铣工','人工合计','变动制造费用','固定制造费用','制造费用合计','单位成本合计']
单位成本 = pd.DataFrame(index = Item)

# A 产品单位成本计算
for j in 年产销量和库存数量.index:
    J = str(j)
    单位成本[J + '成本'] = 0
    for K in ['甲材料','乙材料','车工','铣工','变动制造费用','固定制造费用']:
        分配基础 = 年产销量和库存数量.loc[j,'A 产品产量'] * A 产品实际消耗.loc[K,J + '用量'] + 年产销量和库存数量.loc[j,'B 产品产量'] * B 产品实际消耗.loc[K,J + '用量']
        分配率 = 各年实际成本.loc[K,J + '总成本']/分配基础
        单位成本.loc[K,J + '成本'] = 分配率 * A 产品实际消耗.loc[K,J + '用量']
    单位成本.loc['材料合计',J + '成本'] = 单位成本.loc['甲材料',J + '成本'] + 单位成本.loc['乙材料',J + '成本']
    单位成本.loc['人工合计',J + '成本'] = 单位成本.loc['车工',J + '成本'] + 单位成本.loc['铣工',J + '成本']
    单位成本.loc['制造费用合计',J + '成本'] = 单位成本.loc['变动制造费用',J + '成本'] + 单位成本.loc['固定制造费用',J + '成本']
    单位成本.loc['单位成本合计',J + '成本'] = 单位成本.loc['材料合计',J + '成本'] + 单位成本.loc['人工合计',J + '成本'] + 单位成本.loc['制造费用合计',J + '成本']
A 产品年单位成本 = 单位成本.copy()
```

```
A 产品年单位成本.to_excel(r'D:\数字化管理会计仿真实训\03-变动成本法\各年实际单位成本.xlsx',sheet_name='ProductA',float_format='%.2f',index=True)

# B 产品单位成本计算
for j in 年产销量和库存数量.index:
    J=str(j)
    单位成本[J+'成本']=0
    for K in ['甲材料','乙材料','车工','铣工','变动制造费用','固定制造费用']:
        分配基础=年产销量和库存数量.loc[j,'A 产品产量']*A 产品实际消耗.loc[K,J+'用量']+年产销量和库存数量.loc[j,'B 产品产量']*B 产品实际消耗.loc[K,J+'用量']
        分配率=各年实际成本.loc[K,J+'总成本']/分配基础
        单位成本.loc[K,J+'成本']=分配率*B 产品实际消耗.loc[K,J+'用量']
    单位成本.loc['材料合计',J+'成本']=单位成本.loc['甲材料',J+'成本']+单位成本.loc['乙材料',J+'成本']
    单位成本.loc['人工合计',J+'成本']=单位成本.loc['车工',J+'成本']+单位成本.loc['铣工',J+'成本']
    单位成本.loc['制造费用合计',J+'成本']=单位成本.loc['变动制造费用',J+'成本']+单位成本.loc['固定制造费用',J+'成本']
    单位成本.loc['单位成本合计',J+'成本']=单位成本.loc['材料合计',J+'成本']+单位成本.loc['人工合计',J+'成本']+单位成本.loc['制造费用合计',J+'成本']
B 产品年单位成本=单位成本.copy()

# 将 ProductB 的实际成本添加到"各年实际单位成本.xlsx"
book=load_workbook(r'D:\数字化管理会计仿真实训\03-变动成本法\各年实际单位成本.xlsx')
writer=pd.ExcelWriter(r'D:\数字化管理会计仿真实训\03-变动成本法\各年实际单位成本.xlsx',engine='openpyxl')
writer.book=book
B 产品年单位成本.to_excel(writer,'ProductB',float_format='%.2f',index=True)
writer.save()
del writer
```

结果输出，如表 3-15 和表 3-16 所示。

表 3-15　　A 产品各年度实际单位成本　　单位：元

项目	2011 年成本	2012 年成本	2013 年成本	2014 年成本	2015 年成本	2016 年成本	2017 年成本	2018 年成本	2019 年成本	2020 年成本
甲材料	89.61	103.96	92.4	95.7	88	88.81	85	89.28	85.86	82.45

续表

项　目	2011年成本	2012年成本	2013年成本	2014年成本	2015年成本	2016年成本	2017年成本	2018年成本	2019年成本	2020年成本
乙材料	111	113.36	116.48	108.9	127.44	98.98	123.21	119.48	112.11	111.72
材料合计	200.61	217.32	208.88	204.6	215.44	187.79	208.21	208.76	197.97	194.17
车工	140.4	111.86	123.48	152.76	117.39	125.4	133.2	126.48	143.88	134.2
铣工	105.8	96.39	121.38	114.3	99.76	103.24	100.05	108.64	104.4	110.58
人工合计	246.2	208.25	244.86	267.06	217.15	228.64	233.25	235.12	248.28	244.78
变动制造费用	61.56	58.01	64.39	61.71	64.62	60.41	65.11	64.14	56.93	59.75
固定制造费用	322.52	307.06	314.33	308.65	311.48	316.45	311.32	321.8	306.98	333.67
制造费用合计	384.08	365.07	378.72	370.36	376.1	376.86	376.43	385.94	363.91	393.42
单位成本合计	830.89	790.64	832.46	842.02	808.69	793.29	817.89	829.82	810.16	832.37

表 3-16　　B产品各年度实际单位成本　　单位：元

项　目	2011年成本	2012年成本	2013年成本	2014年成本	2015年成本	2016年成本	2017年成本	2018年成本	2019年成本	2020年成本
甲材料	100.92	106.72	112.64	100.05	109.12	94.62	95.2	106.95	99.63	104.55
乙材料	101.01	95.92	87.36	100.98	90.72	94.08	88.8	103	111	85.26
材料合计	201.93	202.64	200	201.03	199.84	188.7	184	209.95	210.63	189.81
车工	109.2	91.63	103.32	104.52	101.91	93.72	98.4	100.44	99	73.2
铣工	116.15	126.14	120.19	142.24	132.24	113.68	109.25	115.36	115.2	106.02
人工合计	225.35	217.77	223.51	246.76	234.15	207.4	207.65	215.8	214.2	179.22
变动制造费用	57.57	58.93	57.64	57.08	54.49	56	56.85	56.76	59.19	49.93
固定制造费用	301.64	311.97	281.38	285.5	262.67	293.35	271.82	284.76	319.16	278.85
制造费用合计	359.21	370.91	339.02	342.58	317.16	349.35	328.67	341.51	378.35	328.79
单位成本合计	786.49	791.32	762.53	790.37	751.15	745.45	720.32	767.26	803.18	697.82

第三步：编制完全成本法和变动成本法的利润表模板。

```
# 编制完全成本法的利润表模板
Item = ['营业收入','营业成本','    其中:期初产成品','        本期生产产成品','        期末产成品','营业利润','期间费用','    其中:管理费用','        销售费用','        财务费用','利润总额']
利润表 = pd.DataFrame(index = range(1,len(Item) + 1))
利润表.insert(0,'项目',Item)
for i in range(2018,2020,1):
    利润表[i] = ''
利润表.to_excel(r'D:\数字化管理会计仿真实训\03-变动成本法\两种利润表模板.xlsx',sheet_name = '完全成本法',index = False)
```

```
# 编制变动成本法的利润表模板
Item = ['营业收入','变动生产成本','    其中:期初产成品','            本期生产产成品','
期末产成品','变动非生产成本','边际贡献','固定成本','    其中:固定生产成本','
固定非生产成本','利润总额']
利润表 = pd.DataFrame(index = range(1,len(Item) +1))
利润表.insert(0,'项目',Item)
for i in range(2018,2020,1):
    利润表[i] =''

# 将变动成本法利润表加入"两种利润表模板.xlsx"
book = load_workbook(r'D:\数字化管理会计仿真实训\03 - 变动成本法\两种利润表模板.
xlsx')
writer = pd.ExcelWriter(r'D:\数字化管理会计仿真实训\03 - 变动成本法\两种利润表模
板.xlsx',engine = 'openpyxl')
writer.book = book
利润表.to_excel(writer,'变动成本法',index = False)
writer.save()
del 利润表
del writer
```

第四步：编制 2011 年两种方法的利润表。

```
# 编制 2011 年完全成本法的利润表
完全成本法 =pd.read_excel(r'D:\数字化管理会计仿真实训\03 - 变动成本法\两种利润
表模板.xlsx',sheet_name = "完全成本法",index_col =0)
完全成本法.drop(columns = [2018,2019],inplace = True)

Cost_A = A 产品年单位成本.loc['单位成本合计','2011 成本']
Cost_B = B 产品年单位成本.loc['单位成本合计','2011 成本']
完全成本法[2011] =0
完全成本法.loc['营业收入',2011] = A 产品价格 * 合并后年产销量.loc[2011,'A 产品销
量'] + B 产品价格 * 合并后年产销量.loc[2011,'B 产品销量']
完全成本法.loc['    其中:期初产成品',2011] =0
完全成本法.loc['            本期生产产成品',2011] = Cost_A * 合并后年产销量.loc
[2011,'A 产品产量'] + Cost_B * 合并后年产销量.loc[2011,'B 产品产量']
完全成本法.loc['            期末产成品',2011] = Cost_A * 年产销量和库存数量.loc
[2011,'A 产品期末库存'] + Cost_B * 年产销量和库存数量.loc[2011,'B 产品期末库存']
完全成本法.loc['营业成本',2011] = 完全成本法.loc['    其中:期初产成品',2011] + 完
全成本法.loc['            本期生产产成品',2011] - 完全成本法.loc['            期末产成
品',2011]
```

```
完全成本法.loc['营业利润',2011] = 完全成本法.loc['营业收入',2011] - 完全成本法.loc['营业成本',2011]
完全成本法.loc['　其中:管理费用',2011] = 各年期间费用.loc[2011,'管理费用']
完全成本法.loc['　　　　销售费用',2011] = 各年期间费用.loc[2011,'销售费用总额']
完全成本法.loc['　　　　财务费用',2011] = 各年期间费用.loc[2011,'财务费用']
完全成本法.loc['期间费用',2011] = 完全成本法.loc['　其中:管理费用',2011] + 完全成本法.loc['　　　　销售费用',2011] + 完全成本法.loc['　　　　财务费用',2011]
完全成本法.loc['利润总额',2011] = 完全成本法.loc['营业利润',2011] - 完全成本法.loc['期间费用',2011]

for i in Year[1:Yrs_N]:
    完全成本法[i] = ''
完全成本法.to_excel(r'D:\数字化管理会计仿真实训\03-变动成本法\2011年度两种利润表.xlsx',sheet_name='完全成本法',index=True)
```

结果输出，如表3-17所示。

表3-17　　2011年完全成本法利润表　　单位：元

项　目	2011年
营业收入	255655520
营业成本	196162576.34
其中：期初产成品	0
本期生产产成品	196723577.13
期末产成品	561000.79
营业利润	59492943.66
期间费用	9268786.67
其中：管理费用	2962586.79
销售费用	3846225.55
财务费用	2459974.33
利润总额	50224156.99

```
# 编制2011年变动成本法的利润表
变动成本法 = pd.read_excel(r'D:\数字化管理会计仿真实训\03-变动成本法\两种利润表模板.xlsx',sheet_name="变动成本法",index_col=0)
变动成本法.drop(columns=[2018,2019],inplace=True)

Cost_A = A产品年单位成本.loc['材料合计','2011成本'] + A产品年单位成本.loc['人工合计','2011成本'] + A产品年单位成本.loc['变动制造费用','2011成本']
```

```
Cost_B = B产品年单位成本.loc['材料合计','2011成本'] + B产品年单位成本.loc['人工合计','2011成本'] + B产品年单位成本.loc['变动制造费用','2011成本']

变动成本法[2011] = 0
变动成本法.loc['营业收入',2011] = A产品价格 * 合并后年产销量.loc[2011,'A产品销量'] + B产品价格 * 合并后年产销量.loc[2011,'B产品销量']
变动成本法.loc['  其中:期初产成品',2011] = 0
变动成本法.loc['        本期生产产成品',2011] = Cost_A * 合并后年产销量.loc[2011,'A产品产量'] + Cost_B * 合并后年产销量.loc[2011,'B产品产量']
变动成本法.loc['        期末产成品',2011] = Cost_A * 年产销量和库存数量.loc[2011,'A产品期末库存'] + Cost_B * 年产销量和库存数量.loc[2011,'B产品期末库存']
变动成本法.loc['变动生产成本',2011] = 变动成本法.loc['  其中:期初产成品',2011] + 变动成本法.loc['        本期生产产成品',2011] - 变动成本法.loc['        期末产成品',2011]
变动成本法.loc['变动非生产成本',2011] = 各年期间费用.loc[2011,'变动销售费用']
变动成本法.loc['边际贡献',2011] = 变动成本法.loc['营业收入',2011] - 变动成本法.loc['变动生产成本',2011] - 变动成本法.loc['变动非生产成本',2011]
变动成本法.loc['  其中:固定生产成本',2011] = 各年实际成本.loc['固定制造费用','2011总成本']
变动成本法.loc['        固定非生产成本',2011] = 各年期间费用.loc[2011,'固定销售费用'] + 各年期间费用.loc[2011,'管理费用'] + 各年期间费用.loc[2011,'财务费用']
变动成本法.loc['固定成本',2011] = 变动成本法.loc['  其中:固定生产成本',2011] + 变动成本法.loc['        固定非生产成本',2011]
变动成本法.loc['利润总额',2011] = 变动成本法.loc['边际贡献',2011] - 变动成本法.loc['固定成本',2011]
for i in Year[1:Yrs_N]:
    变动成本法[i] = ''

# 将变动成本法利润表加入"2011年度两种利润表.xlsx"
book = load_workbook(r'D:\数字化管理会计仿真实训\03-变动成本法\2011年度两种利润表.xlsx')
writer = pd.ExcelWriter(r'D:\数字化管理会计仿真实训\03-变动成本法\2011年度两种利润表.xlsx',engine = 'openpyxl')
writer.book = book
变动成本法.to_excel(writer,'变动成本法',index = True)
writer.save()
del 变动成本法
del writer
```

结果输出，如表 3－18 所示。

表 3－18　2011 年变动成本法利润表　单位：元

项　目	2011 年
营业收入	255655520
变动生产成本	120469492. 48
其中：期初产成品	0
本期生产产成品	120813814. 12
期末产成品	344321. 64
变动非生产成本	1905095. 37
边际贡献	133280932. 15
固定成本	83273454. 30
其中：固定生产成本	75909763. 01
固定非生产成本	7363691. 29
利润总额	50007477. 85

```
# 编制 2011 年两种方法之间利润的差异表
Item = ['期初产成品中的固定生产成本','期末产成品中的固定生产成本','两种方法的利润差异']
利润差异 = pd. DataFrame(index = Item)

A 产品固定制造费用 = A 产品年单位成本 . loc['固定制造费用','2011 成本']
B 产品固定制造费用 = B 产品年单位成本 . loc['固定制造费用','2011 成本']
利润差异 . loc['期初产成品中的固定生产成本',2011] = 0
利润差异 . loc['期末产成品中的固定生产成本',2011] = 年产销量和库存数量 . loc[2011,'A产品期末库存'] * A 产品固定制造费用 + 年产销量和库存数量 . loc[2011,'B 产品期末库存'] * B 产品固定制造费用
利润差异 . loc['两种方法的利润差异',2011] = 利润差异 . loc['期末产成品中的固定生产成本',2011] - 利润差异 . loc['期初产成品中的固定生产成本',2011]
for i in Year[1:Yrs_N]:
    利润差异[i] = ''

# 将两种方法的利润差异加入"2011 年度两种利润表 . xlsx"
book = load_workbook(r'D:\数字化管理会计仿真实训\03 - 变动成本法\2011 年度两种利润表 . xlsx')
writer = pd. ExcelWriter(r'D:\数字化管理会计仿真实训\03 - 变动成本法\2011 年度两种利润表 . xlsx',engine = 'openpyxl')
writer. book = book
利润差异 . to_excel(writer,'两种方法的利润差异',index = True)
```

```
writer.save()
del 利润差异
del writer
```

结果输出，如表 3-19 所示。

表 3-19 2011 年两种方法利润差异表 单位：元

项 目	2011 年
期初产成品中的固定生产成本	0
期末产成品中的固定生产成本	216679.15
两种方法的利润差异	216679.15

第五步：编制各个年份两种方法的利润表。

```
# 编制各个年份完全成本法的利润表
完全成本法 = pd.read_excel(r'D:\数字化管理会计仿真实训\03 - 变动成本法\两种利润表模板.xlsx',sheet_name = "完全成本法",index_col = 0)
完全成本法.drop(columns = [2018,2019],inplace = True)

for k in Year:
    Y = str(k)
    Cost_A = A 产品年单位成本.loc['单位成本合计',Y + '成本']
    Cost_B = B 产品年单位成本.loc['单位成本合计',Y + '成本']
    完全成本法[k] = 0
    完全成本法.loc['营业收入',k] = A 产品价格 * 合并后年产销量.loc[k,'A 产品销量']
    + B 产品价格 * 合并后年产销量.loc[k,'B 产品销量']
    if k! = Year[0]:
        完全成本法.loc['    其中:期初产成品',k] = 完全成本法.loc['            期末产成品'][k - 1]
    完全成本法.loc['            本期生产产成品',k] = Cost_A * 合并后年产销量.loc[k,'A 产品产量'] + Cost_B * 合并后年产销量.loc[k,'B 产品产量']
    完全成本法.loc['            期末产成品',k] = Cost_A * 年产销量和库存数量.loc[k,'A 产品期末库存'] + Cost_B * 年产销量和库存数量.loc[k,'B 产品期末库存']
    完全成本法.loc['营业成本',k] = 完全成本法.loc['    其中:期初产成品',k] + 完全成本法.loc['            本期生产产成品',k] - 完全成本法.loc['            期末产成品',k]
    完全成本法.loc['营业利润',k] = 完全成本法.loc['营业收入',k] - 完全成本法.loc['营业成本',k]
    完全成本法.loc['    其中:管理费用',k] = 各年期间费用.loc[k,'管理费用']
    完全成本法.loc['            销售费用',k] = 各年期间费用.loc[k,'销售费用总额']
    完全成本法.loc['            财务费用',k] = 各年期间费用.loc[k,'财务费用']
```

```
    完全成本法.loc['期间费用',k] = 完全成本法.loc['　其中:管理费用',k] + 完全成本法.loc['　　　　销售费用',k] + 完全成本法.loc['　　　　财务费用',k]
    完全成本法.loc['利润总额',k] = 完全成本法.loc['营业利润',k] - 完全成本法.loc['期间费用',k]
完全成本法.to_excel(r'D:\数字化管理会计仿真实训\03-变动成本法\各年度两种利润表.xlsx',sheet_name='完全成本法',index=True)

# 编制各个年份变动成本法的利润表
变动成本法=pd.read_excel(r'D:\数字化管理会计仿真实训\03-变动成本法\两种利润表模板.xlsx',sheet_name="变动成本法",index_col=0)
变动成本法.drop(columns=[2018,2019],inplace=True)

for k in Year:
    Y=str(k)
    Cost_A=A产品年单位成本.loc['材料合计',Y+'成本'] + A产品年单位成本.loc['人工合计',Y+'成本'] + A产品年单位成本.loc['变动制造费用',Y+'成本']
    Cost_B=B产品年单位成本.loc['材料合计',Y+'成本'] + B产品年单位成本.loc['人工合计',Y+'成本'] + B产品年单位成本.loc['变动制造费用',Y+'成本']

    变动成本法[k]=0
    变动成本法.loc['营业收入',k]=A产品价格*合并后年产销量.loc[k,'A产品销量'] + B产品价格*合并后年产销量.loc[k,'B产品销量']
    if k!=Year[0]:
        变动成本法.loc['　其中:期初产成品',k] = 变动成本法.loc['　　　　期末产成品'][k-1]
    变动成本法.loc['　　　　本期生产产成品',k] = Cost_A*合并后年产销量.loc[k,'A产品产量'] + Cost_B*合并后年产销量.loc[k,'B产品产量']
    变动成本法.loc['　　　　期末产成品',k] = Cost_A*年产销量和库存数量.loc[k,'A产品期末库存'] + Cost_B*年产销量和库存数量.loc[k,'B产品期末库存']
    变动成本法.loc['变动生产成本',k] = 变动成本法.loc['　其中:期初产成品',k] + 变动成本法.loc['　　　　本期生产产成品',k] - 变动成本法.loc['　　　　期末产成品',k]
    变动成本法.loc['变动非生产成本',k] = 各年期间费用.loc[k,'变动销售费用']
    变动成本法.loc['边际贡献',k] = 变动成本法.loc['营业收入',k] - 变动成本法.loc['变动生产成本',k] - 变动成本法.loc['变动非生产成本',k]
    变动成本法.loc['　其中:固定生产成本',k] = 各年实际成本.loc['固定制造费用',str(k)+'总成本']
    变动成本法.loc['　　　　固定非生产成本',k] = 各年期间费用.loc[k,'固定销售费用'] + 各年期间费用.loc[k,'管理费用'] + 各年期间费用.loc[k,'财务费用']
```

```
    变动成本法.loc['固定成本',k] = 变动成本法.loc['    其中:固定生产成本',k] + 变动成本法.loc['            固定非生产成本',k]
    变动成本法.loc['利润总额',k] = 变动成本法.loc['边际贡献',k] - 变动成本法.loc['固定成本',k]

# 将变动成本法利润表加入"各年度两种利润表.xlsx"
book = load_workbook(r'D:\数字化管理会计仿真实训\03-变动成本法\各年度两种利润表.xlsx')
writer = pd.ExcelWriter(r'D:\数字化管理会计仿真实训\03-变动成本法\各年度两种利润表.xlsx',engine='openpyxl')
writer.book = book
变动成本法.to_excel(writer,'变动成本法',index=True)
writer.save()
# del 变动成本法
del writer

# 编制各个年份两种方法之间利润的差异表
Item = ['期初产成品中的固定生产成本','期末产成品中的固定生产成本','两种方法的利润差异']
利润差异 = pd.DataFrame(index=Item)

A产品固定制造费用 = A产品年单位成本.loc['固定制造费用','2011成本']
B产品固定制造费用 = B产品年单位成本.loc['固定制造费用','2011成本']
利润差异.loc['期初产成品中的固定生产成本',2011] = 0
利润差异.loc['期末产成品中的固定生产成本',2011] = 年产销量和库存数量.loc[2011,'A产品期末库存'] * A产品固定制造费用 + 年产销量和库存数量.loc[2011,'B产品期末库存'] * B产品固定制造费用
利润差异.loc['两种方法的利润差异',2011] = 利润差异.loc['期末产成品中的固定生产成本',2011] - 利润差异.loc['期初产成品中的固定生产成本',2011]

for k in Year[1:Yrs_N]:
    Y = str(k)
    A产品固定制造费用 = A产品年单位成本.loc['固定制造费用',Y+'成本']
    B产品固定制造费用 = B产品年单位成本.loc['固定制造费用',Y+'成本']
    利润差异.loc['期末产成品中的固定生产成本',k] = 年产销量和库存数量.loc[k,'A产品期末库存'] * A产品固定制造费用 + 年产销量和库存数量.loc[k,'B产品期末库存'] * B产品固定制造费用
    利润差异.loc['期初产成品中的固定生产成本',k] = 利润差异.loc['期末产成品中的固定生产成本',k-1]
```

```
    利润差异.loc['两种方法的利润差异',k] = 利润差异.loc['期末产成品中的固定生产
    成本',k] - 利润差异.loc['期初产成品中的固定生产成本',k]
利润差异.loc['累计利润差异'] = ''
利润差异.loc['累计利润差异',2011] = 利润差异.loc['两种方法的利润差异',2011]
for k in Year[1:Yrs_N]:
    利润差异.loc['累计利润差异',k] = 利润差异.loc['累计利润差异',k - 1] + 利润差
    异.loc['两种方法的利润差异',k]

# 将两种方法的利润差异加入"各年度两种利润表.xlsx"
book = load_workbook(r'D:\数字化管理会计仿真实训\03 - 变动成本法\各年度两种利润
表.xlsx')
writer = pd.ExcelWriter(r'D:\数字化管理会计仿真实训\03 - 变动成本法\各年度两种利
润表.xlsx',engine = 'openpyxl')
writer.book = book
利润差异.to_excel(writer,'两种方法的利润差异',index = True)
writer.save()
del writer
```

结果输出，如表 3－20 至表 3－22 所示。

表 3－20　2011—2020 年完全成本法利润表　单位：元

项目	2011 年	2012 年	2013 年	2014 年	2015 年	2016 年	2017 年	2018 年	2019 年	2020 年
营业收入	255655520	256404360	271525870	271249550	275938640	264470570	270984390	266334180	259838060	265423530
营业成本	196162576.3	192057904.7	205623414.2	209987529.4	204148195.1	192774872.6	197767930.5	201805423.2	198430956.3	192456374.8
其中：期初产成品	0	561000.79	2255112.56	349622.84	858014.68	1198760.45	332790.67	2726633.18	1385634.33	292879.72
本期生产产成品	196723577.1	193752016.5	203717924.5	210495921.2	204488940.9	191908902.9	200161773	200464424.4	197338201.7	192163495.1
期末产成品	561000.79	2255112.56	349622.84	858014.68	1198760.45	332790.67	2726633.18	1385634.33	292879.72	0
营业利润	59492943.66	64346455.29	65902455.82	61262020.61	71790444.88	71695697.37	73216459.52	64528756.8	61407103.66	72967155.17
期间费用	9268786.67	9258193.44	9357138.17	9312549.8	9335144.48	9230182.25	9321007.39	9270399.75	9194382.79	9285855.86
其中：管理费用	2962586.79	2984192.81	2948869.93	2966874.47	2939275.01	2956458.78	2951310.67	2963144.16	2928443.07	2972875.26

续表

项目	2011 年	2012 年	2013 年	2014 年	2015 年	2016 年	2017 年	2018 年	2019 年	2020 年
销售费用	3846225. 55	3853147. 88	3997536. 05	3945037. 96	3984474. 07	3847930. 56	3956979. 27	3892693. 8	3864437. 16	3888349. 58
财务费用	2459974. 33	2420852. 75	2410732. 18	2400637. 37	2411395. 39	2425792. 92	2412717. 45	2414561. 78	2401502. 56	2424631. 02
利润总额	50224156. 99	55088261. 84	56545317. 66	51949470. 81	62455300. 41	62465515. 12	63895452. 14	55258357. 05	52212720. 87	63681299. 31

表 3-21　2011—2020 年变动成本法利润表　　单位：元

项目	2011 年	2012 年	2013 年	2014 年	2015 年	2016 年	2017 年	2018 年	2019 年	2020 年
营业收入	255655520	256404360	271525870	271249550	275938640	264470570	270984390	266334180	259838060	265423530
变动生产成本	120469492. 5	116912562. 3	128820196. 6	133560574. 3	129050368. 4	116406449. 8	122800922. 1	125216193. 3	121454359. 7	115414420. 8
其中：期初产成品	0	344321. 64	1372401. 27	218543. 4	545291. 31	756383. 92	200736. 68	1692852. 04	858841. 34	181057. 97
本期生产产成品	120813814. 1	117940641. 9	127666338. 7	133887322. 2	129261461	115850802. 6	124293037. 5	124382182. 6	120776576. 4	115233362. 8
期末产成品	344321. 64	1372401. 27	218543. 4	545291. 31	756383. 92	200736. 68	1692852. 04	858841. 34	181057. 97	0
变动非生产成本	1905095. 37	1914870. 13	2030579	2023238. 94	2056143. 66	1971007. 72	2023945. 95	1987392. 74	1938284. 47	1973142. 61
边际贡献	133280932. 2	137576927. 6	140675094. 4	135665736. 8	144832128	146093112. 5	146159522	139130594	136445415. 8	148035966. 6
固定成本	83273454. 3	83154697. 89	83378144. 9	83897909. 9	82506480. 74	83317274. 82	83165796. 98	83365248. 76	83817723. 69	84242845. 57
其中：固定生产成本	75909763. 01	75811374. 58	76051585. 73	76608599. 04	75227479. 92	76058100. 29	75868735. 54	76082241. 74	76561625. 38	76930132. 32
固定非生产成本	7363691. 29	7343323. 31	7326559. 17	7289310. 86	7279000. 82	7259174. 54	7297061. 44	7283007. 01	7256098. 31	7312713. 25
利润总额	50007477. 84	54422229. 7	57296949. 52	51767826. 87	62325647. 25	62775837. 66	62993724. 98	55765345. 2	52627692. 11	63793121. 05

表 3-22　2011—2020 年两种法利润差异表　　单位：元

项目	2011 年	2012 年	2013 年	2014 年	2015 年	2016 年	2017 年	2018 年	2019 年	2020 年
期初产成品中的固定生产成本	0	216679. 15	882711. 29	131079. 43	312723. 37	442376. 53	132053. 99	1033781. 14	526792. 99	111821. 75
期末产成品中的固定生产成本	216679. 15	882711. 29	131079. 43	312723. 37	442376. 53	132053. 99	1033781. 14	526792. 99	111821. 75	0

续表

项目	2011 年	2012 年	2013 年	2014 年	2015 年	2016 年	2017 年	2018 年	2019 年	2020 年
两种方法的利润差异	216679. 15	666032. 15	-751631. 86	181643. 94	129653. 16	-310322. 54	901727. 16	-506988. 16	-414971. 24	-111821. 75
累计利润差异	216679. 15	882711. 29	131079. 43	312723. 37	442376. 53	132053. 99	1033781. 14	526792. 99	111821. 75	0

第六步：绘制各个年度利润折线图。

```
# 打开 Excel 工作簿
app = xw. App( visible = True, add_book = False)
workbook = app. books. open( r'D:\数字化管理会计仿真实训\03 - 变动成本法\各年度两种利润表 . xlsx')

# 绘制折线图
figure = plt. figure( figsize = ( 12,10) )
plt. rcParams[ 'font. sans - serif'] = 'SimHei'
plt. rcParams[ 'axes. unicode_minus'] = False
x = 完全成本法 . columns
y_1 = 完全成本法 . loc[ '利润总额']
plt. plot( x, y_1, color = 'blue', linewidth = 1, linestyle = 'solid', label = '实线：完全成本法 虚线：变动成本法')
y_2 = 变动成本法 . loc[ '利润总额']
plt. plot( x, y_2, color = 'red', linewidth = 2, linestyle = 'dashed', label = '')
plt. xlabel( '年份\n\n 图 3 - 1：两种方法利润差异'. format( i, K), fontdict = { 'family': 'KaiTi', 'color': 'black', 'size': 25}, labelpad = 10)
plt. ylabel( '利润', fontdict = { 'family': 'KaiTi', 'color': 'black', 'size': 25}, labelpad = 10)
plt. legend( loc = 'upper right', fontsize = 10)
plt. grid( b = True, axis = 'y', color = 'black', linestyle = 'dashed', linewidth = 1)
plt. ylim(4e +07,7e +07)
plt. show( )

worksheet = workbook. sheets. add( '两种方法利润差异图')
worksheet. pictures. add( figure, top = 50, left = 100)
workbook. save( r'D:\数字化管理会计仿真实训\03 - 变动成本法\各年度两种利润表 . xlsx')
workbook. close( )
app. quit( )
```

结果输出，如图 3－2 所示。

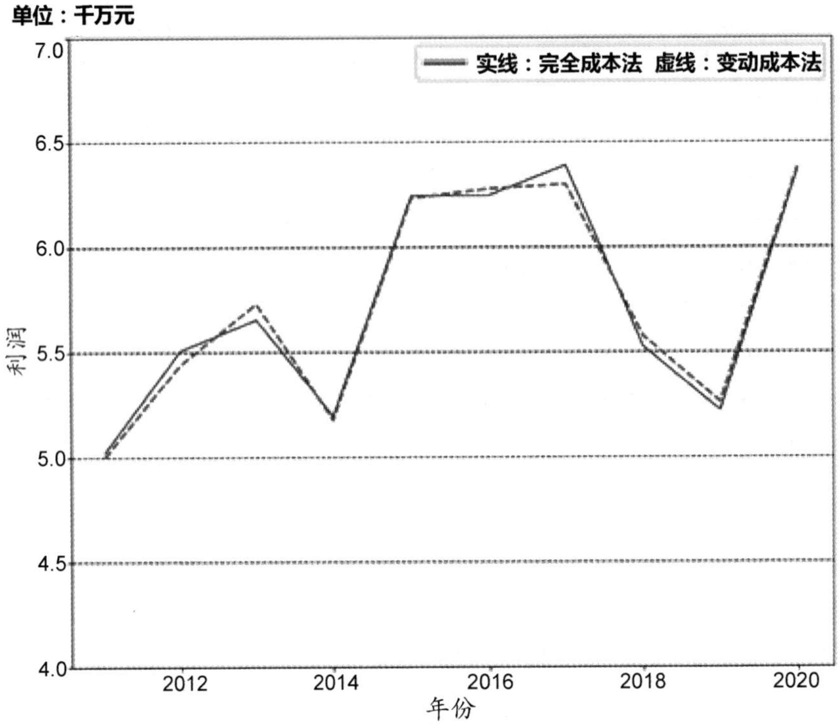

图 3－2 两种方法利润差异

四、虚拟案例演练

任务一：单年度完全成本法和变动成本法利润表编制

A 公司是一家玩具生产企业，2021 年只生产一种玩具拼图，销售价格为 25 元/件，其产销量资料如表 3－23 所示。

表 3－23 A 公司玩具拼图产量、销量和库存数量表 单位：件

项 目	数 量
本年生产量	10500
期初存货数量	0
本年销售量	8300
期末库存数量	2200

该公司本年生产成本资料如表 3－24 所示。

表 3－24　　A 公司生产成本费用表　　单位：元

项　目	金　额
直接材料	40000
直接人工	30000
制造费用	80000
其中：变动制造费用	45000
固定制造费用	35000

该公司本年期间费用相关资料如表 3－25 所示。

表 3－25　　A 公司期间费用表　　单位：元

项　目	金　额
销售费用	10000
其中：变动销售费用	6500
固定销售费用	3500
管理费用	12000
其中：变动管理费用	5000
固定管理费用	7000

实训要求：

（1）分别计算完全成本法和变动成本法下的单位产品成本。

（2）分别按照完全成本法和变动成本法编制利润表。

任务二：多年度完全成本法和变动成本法利润表编制

南天公司是一家玩具生产企业，该企业只产销一种遥控汽车。销售价格为 100 元/个。2021 年 1 月至 6 月，有关遥控汽车的生产、销售和库存数量资料如表 3－26 所示。南天公司存货计价采用先进先出法。

表 3－26　　遥控汽车生产、销售和库存数量　　单位：个

月　份	1	2	3	4	5	6
期初存货量	0	20000	13000	3000	9000	4000
本期生产量	200000	198000	210000	196000	220000	210000
本期销售量	180000	205000	220000	190000	225000	207000
期末存货量	20000	13000	3000	9000	4000	7000

2021 年 1 月至 6 月，南天公司成本费用如表 3－27 所示。

表 3－27　　南天公司成本费用表　　单位：元

月　份	1	2	3	4	5	6
单位变动生产成本	35	34	35. 5	36	36. 2	34
固定制造费用	390000	387000	398000	402000	385000	397000

续表

月　份	1	2	3	4	5	6
单位变动销售管理费用	5.2	5.1	4.8	4.9	5	4.8
固定销售管理费用	60000	58000	57800	59700	60200	59500

实训要求：

(1) 采用完全成本法和变动成本法分别计算南天公司每月单位产品成本。

(2) 采用完全成本法和变动成本法分别计算南天公司每月销货成本和期末存货成本。

(3) 采用完全成本法和变动成本法分别计算南天公司每月利润总额。

(4) 计算说明变动成本法和完全成本法利润差异的原因。

第四单元

标准成本法

一、实训目标

- 了解标准成本法的基本原理
- 掌握标准成本的制定步骤
- 掌握运用 Python 进行标准成本差异分析的方法
- 掌握运用 Python 按照完全标准成本法计算利润的技能
- 掌握运用 Python 按照变动标准成本法计算利润的技能
- 掌握运用 Python 结转标准成本差异的方法

二、知识回顾

（一）标准成本法的特点

标准成本法，也称标准成本制度，是以预先制定的标准成本为基础，将实际发生的成本与标准成本进行比较，核算和分析成本差异的一种成本计算方法。其核心是按标准成本与脱离标准成本的差异记录和反映产品成本的形成过程和结果，并借以实现对成本的控制，其主要特点包括：

第一，预先制定产品各成本项目的标准成本。

第二，按标准成本进行产品成本核算。“基本生产成本”“产成品”“自制半成品”科目的借贷方，均按标准成本入账。

第三，计算各成本项目实际成本与标准成本的各种成本差异，设立各种成本差异科目进行归集，并借以对产品成本进行控制和考核。

（二）标准成本的种类

1. 理想标准成本

它是根据理想的价格水平、效率水平和生产能力水平制定的标准成本，不考虑可能发生的不利因素。理想标准成本仅仅是一种理论上的标准成本，它可以用来作为未来努力的目标，但由于未考虑到现实客观可能性，不适合在实际工作中采用，否则，可能由于达不到目标而使管理人员和工人产生悲观情绪，导致控制的失败。

2. 正常标准成本

它是根据正常的价格水平、效率水平和生产能力水平制定的标准成本。它以过去实现的平均标准成本为起点，加上对未来情况的预计，同时它既以理想标准成本为努力目标，又考虑到一般不可避免的正常损耗、损失、机器故障、工作间歇等情况，因此它是经过努力可以达到的。这种标准成本对职工有良好的激励作用。

3. 基本标准成本

它是可在较长时期内（一年以上）使用的标准成本，不随情况的变化而随时修订，可以作为各期成本比较的依据。

4. 现行标准成本

它是随着价格水平、效率水平和生产能力水平的变化，按期修订的标准成本。

实际工作中采用的标准成本应是正常标准成本和现行标准成本，即现行正常标准成本。它反映了客观实际情况，其目标既非轻易可达到，又非高不可攀，因此能较好地激励职工的工作热情，真正发挥其控制成本的作用。

标准成本的制定，应由工程技术人员、定额制定人员、会计人员以及人事主管、采购主管和生产主管共同参加，协作完成。

（三）标准成本卡制定

通常对各种产品都制定一张标准成本卡，卡中按成本项目详细地列明各种耗费标准，标准成本卡基本结构如表 4－1 所示。

表 4－1 **××厂标准成本卡**

产品：××产品 20××年×月

直接材料			
直接人工			
制造费用			
其中：变动制造费用			
固定制造费用			
单位产品标准成本			

对于直接材料，一般根据产品结构和生产工艺设计要求计算各种材料的标准消耗数量，其中包括生产工艺过程中的正常损耗。直接材料标准单价可根据市场调查和预测合理确定，采用计划成本进行材料核算的企业，也可用材料计划单价代替标准单价。

直接人工标准成本的制定，应分部门、分工序计算。标准工时按照生产工艺过程设计和作业研究，并考虑工人的合理需要而确定，工资率根据各时期的劳动力结构、工资水平，并考虑工资变动情况确定。在采用计时工资制的企业，还需对各工序和作业注明要求的工人工资等级。

制造费用通常先划分为变动制造费用和固定制造费用两部分，再分别制定制造费用预算和制造费用分配率，从而计算出制造费用标准成本。

（四）成本差异的计算与分析

标准成本法下的成本差异是指产品生产费用的实际发生额与标准成本总额之间的差异。即：

成本差异 = 标准成本 - 实际成本

成本差异按生产费用的用途即成本项目，可分为直接材料成本差异、直接人工成本差异、制造费用差异。各种成本差异按耗费的数量和价格来看，可分为量差和价差。

1. 直接材料成本差异

直接材料成本差异可分为材料价格差异和材料用量差异两部分。其计算公式为：

直接材料价格差异 =（实际用量 × 标准单价）-（实际用量 × 实际单价）

= 实际用量 ×（标准单价 - 实际单价）

直接材料用量差异 =（标准用量 × 标准单价）-（实际用量 × 标准单价）

=（标准用量 - 实际用量）× 标准单价

材料价格差异是由于企业原材料采购的实际购价与标准价格或计划价格不一致引起的，它反映了企业采购部门的工作业绩。差异责任一般应由采购部门负责。材料用量差异是由于产品生产实际消耗的材料数与标准消耗不一致引起的，它反映了原材料消耗和使用的节约与浪费。差异责任一般应由生产部门负责，但如由于购进的材料质量不合要求而导致的差异，则应由采购部门负责。

材料价格差异与用量差异之和即为直接材料成本差异。

直接材料成本差异 =（标准用量 × 标准单价）-（实际用量 × 实际单价）

= 材料价格差异 + 材料用量差异

2. 直接人工成本差异

直接人工成本差异可分为工资率差异和人工效率差异（亦称为工时利用差异）两部分。其计算公式为：

工资率差异 =（实际工时 × 标准工资率）-（实际工时 × 实际工资率）

= 实际工时 ×（标准工资率 - 实际工资率）

人工效率差异 =（标准工资率 × 标准生产工时）-（标准工资率 × 实际工时）

= 标准工资率 ×（标准生产工时 - 实际工时）

工资率差异是由于企业支付的实际工资率与标准工资率不同引起的，进一步说是由于工作安排时，工人工资级别与标准要求级别不一致产生的，因此，它应由安排工人工作的管理人员负责。人工效率差异反映了工人的生产效率与期望的差异，其产生的原因是多方面的，应根据具体原因来确定责任部门和人员。工资率差异和人工效率差异之和即为直接人工成本差异。

直接人工成本差异 =（标准生产工时 × 标准工资率）-（实际工时 × 实际工资率）

= 工资率差异 + 人工效率差异

企业的工资形式有计时工资、计件工资、计时加奖励工资等形式。一般来说，计时工资下，以上两种差异都会发生。计件工资下，一般不存在直接人工成本差异，但以下情况则应作为直接人工成本差异：由于客观原因（如原材料质量、规格不合要求）使工人生产产品多耗工时，由于设备故障停工，待料停工、停电停工而支付的工人工资，工人的病假期间按规定支付的工资等。

3. 制造费用差异

由于变动制造费用与固定制造费用的成本特性不同，要分别计算和分析其差异。

(1) 变动制造费用。变动制造费用的成本差异与直接材料和直接工资类似，可以分为支出差异和效率差异两部分。

变动制造费用支出差异 = (实际工时 × 标准变动制造费用率)
− (实际工时 × 实际变动制造费用率)
= 实际工时 × (标准变动制造费用率 − 实际变动制造费用率)

变动制造费用效率差异 = (标准生产工时 × 标准变动制造费用率)
− (实际工时 × 标准变动制造费用率)
= (标准生产工时 − 实际工时) × 标准变动制造费用率

变动制造费用成本差异 = (标准生产工时 × 标准变动制造费用率) − 实际变动制造费用
= 变动制造费用支出差异 + 变动制造费用效率差异

(2) 固定制造费用。固定制造费用差异的计算和分析有两种方法：两差异法和三差异法。

第一，两差异法。两差异法下，固定制造费用差异分为预算差异和能量差异两部分，其计算公式为：

固定制造费用预算差异 = 预算固定制造费用 − 实际固定制造费用

固定制造费用能量差异 = 标准固定制造费用率 × (标准生产工时 − 预算工时)
= (标准固定制造费用率 × 标准生产工时) − 预算固定制造费用

固定制造费用成本差异 = (标准固定制造费用率 × 标准生产工时) − 实际固定制造费用
= 固定制造费用预算差异 + 固定制造费用能量差异

第二，三差异法。三差异法下，将能量差异进一步划分为效率差异和产能利用差异。计算公式为：

固定制造费用预算差异 = 预算固定制造费用 − 实际固定制造费用

固定制造费用效率差异 = 标准固定制造费用率 × (标准生产工时 − 实际工时)

固定制造费用产能利用差异 = 标准固定制造费用率 × (实际工时 − 预算工时)

采用三差异分析法，能够较清楚地说明产能利用程度和生产效率高低所导致的成本差异情况，便于分清责任。

固定制造费用耗费差异的出现有外部原因，但大多数是内部原因，如临时购置固定资产，超计划雇用管理人员及辅助生产人员，研究开发费、培训费的增加等。

固定制造费用产能利用差异的出现主要是由于产销数量引起的，如经济萧条、产品定价过高造成销路不好和开工不足，或原材料、能源供应不足造成生产能力利用不充分。

固定制造费用效率差异出现的原因与直接人工效率差异的形成原因相同，主要应由人事部门和管理部门负责。

(五) 标准成本法的核算程序及账务处理

标准成本法可以结合完全成本法或者变动成本法运用，形成完全标准成本法或变动标准成本法（或称为直接标准成本法）。完全标准成本法包括上述所有成本差异，而变动标准成本法下，直接材料、直接人工和变动制造费用成本差异与完全标准成本法一致，但是固定制造费用成本差异只有预算差异，没有能量差异。

标准成本法的核算程序一般包括以下几个步骤。

步骤1：确定成本计算对象和成本计算基本方法（品种法、分批法或分步法）。

步骤2：制定单位产品标准成本。

步骤3：在生产费用实际发生时，将实际消耗与标准相比较，计算其标准成本和标准成本差异，并汇总编制差异凭证，同时对差异原因进行分析，向企业有关部门和人员提供“差异报告”。

步骤4：根据差异凭证编制会计分录，登记总分类账及其明细分类账。

步骤5：当产品完工时，将其按标准成本从生产成本账户转出去。

步骤6：期末，分摊产品成本差异，并编制成本差异汇总表。

会计期末分析计算各种成本差异后，要对其进行处理，成本差异的处理方法有以下两种。

第一种方法是将本期的各种成本差异按标准成本的比例分配给期末在产品、期末库存产成品和本期已售产品。采用这种方法的理由是：本期发生的成本差异与上述三者均有关系，这样分配差异后，资产负债表中的“在产品”项目和“产成品”项目以及利润表中的本期已售产品成本均反映的是实际成本。

第二种方法是将本期发生的各种差异全部计入当期损益（营业成本或者期间费用）。在这种处理方法下，资产负债表中的“在产品”项目和“产成品”项目只反映标准成本。采用这种方法的理由是：本期发生的成本差异是本期成本控制的结果，应当全部体现在本期的损益之中。只有这样，才能使各期的利润如实地反映各期生产经营工作的全部效益，标准成本才是真正的正常成本，因此，期末资产负债表中的“在产品”项目和“产成品”项目以标准成本反映能较为真实地反映资产的价值，避免了繁杂的成本差异分配工作。

三、仿真案例实训

案例背景介绍

久固公司是一家发动机气缸生产厂商，目前主要生产销售A、B两种气缸，售价分别为1180元和915元。该企业采用标准成本法进行成本控制，A、B两种产品的标准成本如表4－2和表4－3所示。

表4－2　　A产品标准成本资料

项　目	用量（公斤）	单价（元）	成本（元）
甲材料	13	12	156
乙材料	14	11	154

续表

项　目	用量（公斤）	单价（元）	成本（元）
材料合计			310
车工	14	13	182
铣工	13	13	169
人工合计			351
变动制造费用	13	9	117
固定制造费用	13	18	234
制造费用合计			351
单位成本合计			1012

表 4－3　B 产品标准成本资料

项　目	用量（公斤）	单价（元）	成本（元）
甲材料	10	12	120
乙材料	10	11	110
材料合计			230
车工	12	13	156
铣工	10	13	130
人工合计			286
变动制造费用	8	9	72
固定制造费用	8	18	144
制造费用合计			216
单位成本合计			732

2016 年至 2020 年，久固公司预算产量资料如表 4－4 所示。

表 4－4　A、B 产品预算产量表　　单位：个

年份	A 产品预算产量	B 产品预算产量	总预算产量
2016	124106	132533	256639
2017	126173	131645	257818
2018	125842	120525	246367
2019	132373	126561	258934
2020	117118	128288	245406

2016 年至 2020 年，该公司实际产量、销量和库存数量如表 4－5 所示。

表 4－5　　A、B 产品实际产量、销量和库存数量表　　单位：个

年份	A 产品期初库存	B 产品期初库存	A 产品产量	B 产品产量	A 产品销量	B 产品销量	A 产品期末库存	B 产品期末库存
2016	0	0	127456	132833	126656	132030	800	803
2017	800	803	125473	134045	125318	133890	955	958
2018	955	958	126742	121025	126993	121276	704	707
2019	704	707	133773	127561	131986	125774	2491	2494
2020	2491	2494	119418	128088	121909	130582	0	0

久固公司各个年度产品实际单位成本详细资料如表 4－6 和表 4－7 所示。

表 4－6　　2016 年至 2020 年 A 产品实际单位成本表

年份／项目	2016 年			2017 年			2018 年			2019 年			2020 年		
	用量	单价	成本	用量	单价	成本	用量	单价	成本	用量	单价	成本	用量	单价	成本
甲材料	13.5	11.8	159.3	14	11.7	163.8	13	11.8	153.4	13.7	11.3	154.81	13	11.5	149.5
乙材料	14.2	10.4	147.68	14	9.9	138.6	14.8	10.8	159.84	13.1	9.8	128.38	14.1	11.1	156.51
材料合计			306.98			302.4			313.24			283.19			306.01
车工	13.8	12.6	173.88	15.4	13.4	206.36	13.1	12.9	168.99	13.5	13.2	178.2	15.1	12	181.2
铣工	14.2	12.9	183.18	13	13.7	178.1	12.6	12.6	158.76	12.9	12.6	162.54	12.7	12.5	158.75
人工合计			357.06			384.46			327.75			340.74			339.95
变动制造费用	12.4	3.94	48.86	12	3.98	47.73	13.4	3.5	46.86	13.7	3.7	50.67	13.4	3.97	53.16
固定制造费用	12.4	19	235.54	12	19.17	230.1	13.4	18.26	244.66	13.7	18.45	252.8	13.4	19.84	265.87
制造费用合计			284.41			277.83			291.52			303.47			319.03
单位成本合计			948.45			964.69			932.51			927.4			964.99

表 4－7　　2016 年至 2020 年 B 产品实际单位成本表

年份／项目	2016 年			2017 年			2018 年			2019 年			2020 年		
	用量	单价	成本	用量	单价	成本	用量	单价	成本	用量	单价	成本	用量	单价	成本
甲材料	11.4	11.8	134.52	9.6	11.7	112.32	11.1	11.8	130.98	10.4	11.3	117.52	9	11.5	103.5
乙材料	10.9	10.4	113.36	10.7	9.9	105.93	10.3	10.8	111.24	9.7	9.8	95.06	11.2	11.1	124.32
材料合计			247.88			218.25			242.22			212.58			227.82
车工	12.2	12.6	153.72	13.3	13.4	178.22	12.7	12.9	163.83	13.3	13.2	175.56	13.1	12	157.2
铣工	11.3	12.9	145.77	10.9	13.7	149.33	11.1	12.6	139.86	9.6	12.6	120.96	10.5	12.5	131.25
人工合计			299.49			327.55			303.69			296.52			288.45
变动制造费用	8.7	3.94	34.28	9.1	3.98	36.2	9.4	3.5	32.87	7.8	3.7	28.85	7.9	3.97	31.34
固定制造费用	8.7	19	165.26	9.1	19.17	174.49	9.4	18.26	171.63	7.8	18.45	143.93	7.9	19.84	156.75
制造费用合计			199.54			210.69			204.5			172.78			188.09
单位成本合计			746.91			756.49			750.41			681.88			704.36

2016 年至 2020 年，该公司各年度实际发生期间费用如表 4 - 8 所示。

表 4 - 8　　2016—2020 年期间费用表　　单位：元

年份	变动销售费用	固定销售费用	销售费用总额	管理费用	财务费用
2016	1275913.45	1326688.41	2602601.86	2011294.33	1611811.77
2017	1275594.39	1323118.07	2598712.46	2003003.52	1610695.09
2018	1238189.05	1298123.41	2536312.46	1994741.73	1617472.54
2019	1282686.09	1293856.85	2576542.94	1992377.93	1604060.7
2020	1243078.4	1315462.51	2558540.91	2017638.97	1589631.71

实训要求：

（1）计算分析该公司全部成本差异。

（2）分别计算分析 A 产品成本差异和 B 产品成本差异。

（3）如果该公司成本差异全部结转到当期损益，请分别编制完全成本法和变动成本法的利润表，并分析形成利润差异的原因。

（4）如果该公司成本差异在当期损益和期末存货之间分配，请分别编制完全成本法和变动成本法的利润表，并分析形成利润差异的原因。

实训操作示范

第一步：资料准备。

```
# 导入 Python 相应模块
import numpy as np
import pandas as pd
from openpyxl import load_workbook

# 导入基础资料
A 产品价格 =1180
B 产品价格 =915
A 产品标准成本 = pd. read_excel( r'D: \数字化管理会计仿真实训\04 - 标准成本法\表 4 -2 - A 产品标准成本资料 . xlsx',sheet_name = "ProductA" ,index_col =0)
B 产品标准成本 = pd. read_excel( r'D: \数字化管理会计仿真实训\04 - 标准成本法\表 4 -3 - B 产品标准成本资料 . xlsx',sheet_name = "ProductB" ,index_col =0)
A 产品实际成本 = pd. read_excel( r'D: \数字化管理会计仿真实训\04 - 标准成本法/表 4 -6 - A 产品实际单位成本表 . xlsx', sheet_name = " ProductA" , converters = {'项 目': str} ,index_col =0)
B 产品实际成本 = pd. read_excel( r'D: \数字化管理会计仿真实训\04 - 标准成本法/表 4 -7 - B 产品实际单位成本表 . xlsx', sheet_name = " ProductB" , converters = {'项 目': str} ,index_col =0)
各年期间费用 =pd. read_excel( r'D: \数字化管理会计仿真实训\04 - 标准成本法\表 4 -8 -
```

```
2016—2020 年期间费用表.xlsx',sheet_name="Sheet1",index_col=0)
各年预算产量=pd.read_excel(r'D:\数字化管理会计仿真实训\04-标准成本法\表4-4-A、B产品预算产量表.xlsx',sheet_name="Sheet1",index_col=0)
产销库存数量=pd.read_excel(r'D:\数字化管理会计仿真实训\04-标准成本法\表4-5-A、B产品实际产量、销量和库存数量表.xlsx',sheet_name='Sheet1',index_col=0)
```

第二步：计算分析全部产品各项成本差异。

```
Item=['材料数量差异','材料价格差异','材料成本总差异','人工效率差异','工资率差异','人工成本总差异','变动制造费用效率差异','变动制造费用率差异','变动制造费用总差异','固定制造费用预算差异','固定制造费用效率差异','固定制造费用产能利用差异','固定制造费用总差异']
成本差异分析=pd.DataFrame(index=Item)

Year=list(产销库存数量.index)
Yrs_N=len(Year)
Bgn_Y=Year[0]
for K in Year:
    A实际产量=产销库存数量.loc[K,'A产品产量']
    A产品甲材料实际单耗=A产品实际成本.loc['甲材料',str(K)+'用量']
    A产品乙材料实际单耗=A产品实际成本.loc['乙材料',str(K)+'用量']
    A产品甲材料标准单耗=A产品标准成本.loc['甲材料','用量']
    A产品乙材料标准单耗=A产品标准成本.loc['乙材料','用量']
    甲材料实际单价=A产品实际成本.loc['甲材料',str(K)+'单价']
    乙材料实际单价=A产品实际成本.loc['乙材料',str(K)+'单价']
    甲材料标准单价=A产品标准成本.loc['甲材料','单价']
    乙材料标准单价=A产品标准成本.loc['乙材料','单价']
    B实际产量=产销库存数量.loc[K,'B产品产量']
    B产品甲材料实际单耗=B产品实际成本.loc['甲材料',str(K)+'用量']
    B产品乙材料实际单耗=B产品实际成本.loc['乙材料',str(K)+'用量']
    B产品甲材料标准单耗=B产品标准成本.loc['甲材料','用量']
    B产品乙材料标准单耗=B产品标准成本.loc['乙材料','用量']
    成本差异分析.loc['材料数量差异',K]=(A实际产量*(A产品甲材料标准单耗-A产品甲材料实际单耗)+B实际产量*(B产品甲材料标准单耗-B产品甲材料实际单耗))*甲材料标准单价+(A实际产量*(A产品乙材料标准单耗-A产品乙材料实际单耗)+B实际产量*(B产品乙材料标准单耗-B产品乙材料实际单耗))*乙材料标准单价
    成本差异分析.loc['材料价格差异',K]=(A实际产量*A产品甲材料实际单耗+B实际产量*B产品甲材料实际单耗)*(甲材料标准单价-甲材料实际单价)+(A实际产量*A产品乙材料实际单耗+B实际产量*B产品乙材料实际单耗)*(乙
```

```
    材料标准单价 - 乙材料实际单价)

for K in Year:
    A实际产量 = 产销库存数量.loc[K,'A产品产量']
    A产品车工实际单耗 = A产品实际成本.loc['车工',str(K) + '用量']
    A产品铣工实际单耗 = A产品实际成本.loc['铣工',str(K) + '用量']
    A产品车工标准单耗 = A产品标准成本.loc['车工','用量']
    A产品铣工标准单耗 = A产品标准成本.loc['铣工','用量']
    车工实际工资率 = A产品实际成本.loc['车工',str(K) + '单价']
    铣工实际工资率 = A产品实际成本.loc['铣工',str(K) + '单价']
    车工标准工资率 = A产品标准成本.loc['车工','单价']
    铣工标准工资率 = A产品标准成本.loc['铣工','单价']
    B实际产量 = 产销库存数量.loc[K,'B产品产量']
    B产品车工实际单耗 = B产品实际成本.loc['车工',str(K) + '用量']
    B产品铣工实际单耗 = B产品实际成本.loc['铣工',str(K) + '用量']
    B产品车工标准单耗 = B产品标准成本.loc['车工','用量']
    B产品铣工标准单耗 = B产品标准成本.loc['铣工','用量']
    成本差异分析.loc['人工效率差异',K] = (A实际产量 * (A产品车工标准单耗 - A产
    品车工实际单耗) + B实际产量 * (B产品车工标准单耗 - B产品车工实际单耗)) *
    车工标准工资率 + (A实际产量 * (A产品铣工标准单耗 - A产品铣工实际单耗) + B
    实际产量 * (B产品铣工标准单耗 - B产品铣工实际单耗)) * 铣工标准工资率
    成本差异分析.loc['工资率差异',K] = (A实际产量 * A产品车工实际单耗 + B实
    际产量 * B产品车工实际单耗) * (车工标准工资率 - 车工实际工资率) + (A实际
    产量 * A产品铣工实际单耗 + B实际产量 * B产品铣工实际单耗) * (铣工标准工
    资率 - 铣工实际工资率)

for K in Year:
    A实际产量 = 产销库存数量.loc[K,'A产品产量']
    A产品实际机器工时 = A产品实际成本.loc['变动制造费用',str(K) + '用量']
    A产品标准机器工时 = A产品标准成本.loc['变动制造费用','用量']
    实际变动制造费用率 = A产品实际成本.loc['变动制造费用',str(K) + '单价']
    标准变动制造费用率 = A产品标准成本.loc['变动制造费用','单价']
    B实际产量 = 产销库存数量.loc[K,'B产品产量']
    B产品实际机器工时 = B产品实际成本.loc['变动制造费用',str(K) + '用量']
    B产品标准机器工时 = B产品标准成本.loc['变动制造费用','用量']
    成本差异分析.loc['变动制造费用效率差异',K] = (A实际产量 * (A产品标准机器
    工时 - A产品实际机器工时) + B实际产量 * (B产品标准机器工时 - B产品实际机
    器工时)) * 标准变动制造费用率
    成本差异分析.loc['变动制造费用率差异',K] = (A实际产量 * A产品实际机器工时
```

```
    + B 实际产量 * B 产品实际机器工时）*（标准变动制造费用率 - 实际变动制造费
    用率）

for K in Year:
    A 预算产量 = 各年预算产量.loc[K,'A 产品预算产量']
    A 实际产量 = 产销库存数量.loc[K,'A 产品产量']
    A 产品实际机器工时 = A 产品实际成本.loc['固定制造费用',str(K) + '用量']
    A 产品标准机器工时 = A 产品标准成本.loc['固定制造费用','用量']
    实际固定制造费用率 = A 产品实际成本.loc['固定制造费用',str(K) + '单价']
    标准固定制造费用率 = A 产品标准成本.loc['固定制造费用','单价']
    B 预算产量 = 各年预算产量.loc[K,'B 产品预算产量']
    B 实际产量 = 产销库存数量.loc[K,'B 产品产量']
    B 产品实际机器工时 = B 产品实际成本.loc['固定制造费用',str(K) + '用量']
    B 产品标准机器工时 = B 产品标准成本.loc['固定制造费用','用量']
    成本差异分析.loc['固定制造费用预算差异',K] = (A 预算产量 * A 产品标准机器工
    时 + B 预算产量 * B 产品标准机器工时) * 标准固定制造费用率 - (A 实际产量 * A
    产品实际机器工时 + B 实际产量 * B 产品实际机器工时) * 实际固定制造费用率
    成本差异分析.loc['固定制造费用效率差异',K] = (A 实际产量 * A 产品标准机器工
    时  + B 实际产量 * B 产品标准机器工时 - A 实际产量 * A 产品实际机器工时 - B
    实际产量 * B 产品实际机器工时) * 标准固定制造费用率
    成本差异分析.loc['固定制造费用产能利用差异',K] = (A 实际产量 * A 产品实际机
    器工时  + B 实际产量 * B 产品实际机器工时 - A 预算产量 * A 产品标准机器工时
    - B 预算产量 * B 产品标准机器工时) * 标准固定制造费用率

for K in Year:
    成本差异分析.loc['材料成本总差异',K] = 成本差异分析.loc['材料数量差异',K] +
    成本差异分析.loc['材料价格差异',K]
    成本差异分析.loc['人工成本总差异',K] = 成本差异分析.loc['人工效率差异',K] +
    成本差异分析.loc['工资率差异',K]
    成本差异分析.loc['变动制造费用总差异',K] = 成本差异分析.loc['变动制造费用
    效率差异',K] + 成本差异分析.loc['变动制造费用率差异',K]
    成本差异分析.loc['固定制造费用总差异',K] = 成本差异分析.loc['固定制造费用
    预算差异',K] + 成本差异分析.loc['固定制造费用效率差异',K] + 成本差异分析.
    loc['固定制造费用产能利用差异',K]
成本差异分析.to_excel(r'D:\数字化管理会计仿真实训\04 - 标准成本法\标准成本差异
分析 - 全部产品.xlsx',sheet_name = 'Sheet1',float_format = '%.2f',index = True)
```

结果输出，如表 4 - 9 所示。

表 4-9 **全部产品成本差异分析表** 单位：元

项　目	2016 年	2017 年	2018 年	2019 年	2020 年
材料数量差异	-4591780.3	-1894406.5	-3112242.1	9318	-285065.4
材料价格差异	2601643.38	4423030.05	1222672.52	5799248.75	1040775.06
材料成本总差异	-1990136.92	2528623.55	-1889569.58	5808566.75	755709.66
人工效率差异	-4247171.5	-6117295.6	-690045.2	-449034.3	-3906177.6
工资率差异	1682870.97	-3650600.73	1495864.45	479603.56	4911930.9
人工成本总差异	-2564300.53	-9767896.33	805819.25	30569.26	1005753.3
变动制造费用效率差异	-148585.5	-197788.5	-1981186.2	-613160.1	-314625.6
变动制造费用率差异	13844673.59	13681937.21	15597877.9	14986629.27	13138844.89
变动制造费用总差异	13696088.09	13484148.71	13616691.7	14373469.17	12824219.29
固定制造费用预算差异	-3860372.5	-3766195.04	-4982326.63	-2970369.85	-5944908.58
固定制造费用效率差异	-297171	-395577	-3962372.4	-1226320.2	-629251.2
固定制造费用产能利用差异	1124271	577377	4244972.4	1697920.2	1138651.2
固定制造费用总差异	-3033272.5	-3584395.04	-4699726.63	-2498769.85	-5435508.58

第三步：分产品计算分析成本差异。

```
# A 产品成本差异分析
Item = ['材料数量差异','材料价格差异','材料成本总差异','人工效率差异','工资率差异',
'人工成本总差异','变动制造费用效率差异','变动制造费用率差异','变动制造费用总差异',
'固定制造费用预算差异','固定制造费用效率差异','固定制造费用产能利用差异','固定制
造费用总差异']
成本差异分析 = pd.DataFrame(index = Item)

for K in Year:
    A 实际产量 = 产销库存数量.loc[K,'A 产品产量']
    A 产品甲材料实际单耗 = A 产品实际成本.loc['甲材料',str(K) + '用量']
    A 产品乙材料实际单耗 = A 产品实际成本.loc['乙材料',str(K) + '用量']
    A 产品甲材料标准单耗 = A 产品标准成本.loc['甲材料','用量']
    A 产品乙材料标准单耗 = A 产品标准成本.loc['乙材料','用量']
    甲材料实际单价 = A 产品实际成本.loc['甲材料',str(K) + '单价']
    乙材料实际单价 = A 产品实际成本.loc['乙材料',str(K) + '单价']
    甲材料标准单价 = A 产品标准成本.loc['甲材料','单价']
    乙材料标准单价 = A 产品标准成本.loc['乙材料','单价']
    成本差异分析.loc['材料数量差异',K] = (A 实际产量 * (A 产品甲材料标准单耗 -
    A 产品甲材料实际单耗)) * 甲材料标准单价 + (A 实际产量 * (A 产品乙材料标准
    单耗 - A 产品乙材料实际单耗)) * 乙材料标准单价
    成本差异分析.loc['材料价格差异',K] = (A 实际产量 * A 产品甲材料实际单耗) *
    (甲材料标准单价 - 甲材料实际单价) + (A 实际产量 * A 产品乙材料实际单耗) *
    (乙材料标准单价 - 乙材料实际单价)
```

```
for K in Year:
    A实际产量=产销库存数量.loc[K,'A产品产量']
    A产品车工实际单耗=A产品实际成本.loc['车工',str(K)+'用量']
    A产品铣工实际单耗=A产品实际成本.loc['铣工',str(K)+'用量']
    A产品车工标准单耗=A产品标准成本.loc['车工','用量']
    A产品铣工标准单耗=A产品标准成本.loc['铣工','用量']
    车工实际工资率=A产品实际成本.loc['车工',str(K)+'单价']
    铣工实际工资率=A产品实际成本.loc['铣工',str(K)+'单价']
    车工标准工资率=A产品标准成本.loc['车工','单价']
    铣工标准工资率=A产品标准成本.loc['铣工','单价']
    成本差异分析.loc['人工效率差异',K]=(A实际产量*(A产品车工标准单耗-A产品车工实际单耗))*车工标准工资率+(A实际产量*(A产品铣工标准单耗-A产品铣工实际单耗))*铣工标准工资率
    成本差异分析.loc['工资率差异',K]=(A实际产量*A产品车工实际单耗)*(车工标准工资率-车工实际工资率)+(A实际产量*A产品铣工实际单耗)*(铣工标准工资率-铣工实际工资率)

for K in Year:
    A实际产量=产销库存数量.loc[K,'A产品产量']
    A产品实际机器工时=A产品实际成本.loc['变动制造费用',str(K)+'用量']
    A产品标准机器工时=A产品标准成本.loc['变动制造费用','用量']
    实际变动制造费用率=A产品实际成本.loc['变动制造费用',str(K)+'单价']
    标准变动制造费用率=A产品标准成本.loc['变动制造费用','单价']
    成本差异分析.loc['变动制造费用效率差异',K]=(A实际产量*(A产品标准机器工时-A产品实际机器工时))*标准变动制造费用率
    成本差异分析.loc['变动制造费用率差异',K]=(A实际产量*A产品实际机器工时)*(标准变动制造费用率-实际变动制造费用率)

for K in Year:
    A预算产量=各年预算产量.loc[K,'A产品预算产量']
    A实际产量=产销库存数量.loc[K,'A产品产量']
    A产品实际机器工时=A产品实际成本.loc['固定制造费用',str(K)+'用量']
    A产品标准机器工时=A产品标准成本.loc['固定制造费用','用量']
    实际固定制造费用率=A产品实际成本.loc['固定制造费用',str(K)+'单价']
    标准固定制造费用率=A产品标准成本.loc['固定制造费用','单价']
    成本差异分析.loc['固定制造费用预算差异',K]=(A预算产量*A产品标准机器工时)*标准固定制造费用率-(A实际产量*A产品实际机器工时)*实际固定制造费用率
    成本差异分析.loc['固定制造费用效率差异',K]=(A实际产量*A产品标准机器工
```

```
        时 - A 实际产量 * A 产品实际机器工时) * 标准固定制造费用率
        成本差异分析.loc['固定制造费用产能利用差异',K] = (A 实际产量 * A 产品实际机器工时 - A 预算产量 * A 产品标准机器工时) * 标准固定制造费用率

for K in Year:
    成本差异分析.loc['材料成本总差异',K] = 成本差异分析.loc['材料数量差异',K] + 成本差异分析.loc['材料价格差异',K]
    成本差异分析.loc['人工成本总差异',K] = 成本差异分析.loc['人工效率差异',K] + 成本差异分析.loc['工资率差异',K]
    成本差异分析.loc['变动制造费用总差异',K] = 成本差异分析.loc['变动制造费用效率差异',K] + 成本差异分析.loc['变动制造费用率差异',K]
    成本差异分析.loc['固定制造费用总差异',K] = 成本差异分析.loc['固定制造费用预算差异',K] + 成本差异分析.loc['固定制造费用效率差异',K] + 成本差异分析.loc['固定制造费用产能利用差异',K]
成本差异分析.to_excel(r'D:\数字化管理会计仿真实训\04-标准成本法\标准成本差异分析-分产品.xlsx',sheet_name='ProductA',float_format='%.2f',index=True)
```

结果输出，如表 4-10 所示。

表 4-10　A 产品成本差异分析表　单位：元

项　目	2016 年	2017 年	2018 年	2019 年	2020 年
材料数量差异	-1045139.2	-1505676	-1115329.6	200659.5	-131359.8
材料价格差异	1430056.32	2459270.8	704685.52	3385794.63	607837.62
材料成本总差异	384917.12	953594.8	-410644.08	3586454.13	476477.82
人工效率差异	-1656928	-2283608.6	2141939.8	1043429.4	-1241947.2
工资率差异	884544.64	-1914717.98	804811.7	329081.58	2561516.1
人工成本总差异	-772383.36	-4198326.58	2946751.5	1372510.98	1319568.9
变动制造费用效率差异	688262.4	1129257	-456271.2	-842769.9	-429904.8
变动制造费用率差异	7997099.26	7558493.52	9340885.4	9713257.53	8049012.04
变动制造费用总差异	8685361.66	8687750.52	8884614.2	8870487.63	7619107.24
固定制造费用预算差异	-987829.6	660673.08	-1564711.53	-2837850.34	-4342379.81
固定制造费用效率差异	1376524.8	2258514	-912542.4	-1685539.8	-859809.6
固定制造费用产能利用差异	-592624.8	-2422314	1123142.4	2013139.8	1398009.6
固定制造费用总差异	-203929.6	496873.08	-1354111.53	-2510250.34	-3804179.81

```
# B 产品成本差异分析
Item = ['材料数量差异','材料价格差异','材料成本总差异','人工效率差异','工资率差异','人工成本总差异','变动制造费用效率差异','变动制造费用率差异','变动制造费用总差异','固定制造费用预算差异','固定制造费用效率差异','固定制造费用产能利用差异','固定制造费用总差异']
成本差异分析 = pd.DataFrame(index = Item)
```

```
for K in Year:
    甲材料实际单价 = A 产品实际成本.loc['甲材料',str(K) + '单价']
    乙材料实际单价 = A 产品实际成本.loc['乙材料',str(K) + '单价']
    甲材料标准单价 = A 产品标准成本.loc['甲材料','单价']
    乙材料标准单价 = A 产品标准成本.loc['乙材料','单价']
    B 实际产量 = 产销库存数量.loc[K,'B 产品产量']
    B 产品甲材料实际单耗 = B 产品实际成本.loc['甲材料',str(K) + '用量']
    B 产品乙材料实际单耗 = B 产品实际成本.loc['乙材料',str(K) + '用量']
    B 产品甲材料标准单耗 = B 产品标准成本.loc['甲材料','用量']
    B 产品乙材料标准单耗 = B 产品标准成本.loc['乙材料','用量']
    成本差异分析.loc['材料数量差异',K] = (B 实际产量 * (B 产品甲材料标准单耗 - B 产品甲材料实际单耗)) * 甲材料标准单价 + (B 实际产量 * (B 产品乙材料标准单耗 - B 产品乙材料实际单耗)) * 乙材料标准单价
    成本差异分析.loc['材料价格差异',K] = (B 实际产量 * B 产品甲材料实际单耗) * (甲材料标准单价 - 甲材料实际单价) + (B 实际产量 * B 产品乙材料实际单耗) * (乙材料标准单价 - 乙材料实际单价)

for K in Year:
    车工实际工资率 = A 产品实际成本.loc['车工',str(K) + '单价']
    铣工实际工资率 = A 产品实际成本.loc['铣工',str(K) + '单价']
    车工标准工资率 = A 产品标准成本.loc['车工','单价']
    铣工标准工资率 = A 产品标准成本.loc['铣工','单价']
    B 实际产量 = 产销库存数量.loc[K,'B 产品产量']
    B 产品车工实际单耗 = B 产品实际成本.loc['车工',str(K) + '用量']
    B 产品铣工实际单耗 = B 产品实际成本.loc['铣工',str(K) + '用量']
    B 产品车工标准单耗 = B 产品标准成本.loc['车工','用量']
    B 产品铣工标准单耗 = B 产品标准成本.loc['铣工','用量']
    成本差异分析.loc['人工效率差异',K] = (B 实际产量 * (B 产品车工标准单耗 - B 产品车工实际单耗)) * 车工标准工资率 + (B 实际产量 * (B 产品铣工标准单耗 - B 产品铣工实际单耗)) * 铣工标准工资率
    成本差异分析.loc['工资率差异',K] = (B 实际产量 * B 产品车工实际单耗) * (车工标准工资率 - 车工实际工资率) + (B 实际产量 * B 产品铣工实际单耗) * (铣工标准工资率 - 铣工实际工资率)

for K in Year:
    实际变动制造费用率 = A 产品实际成本.loc['变动制造费用',str(K) + '单价']
    标准变动制造费用率 = A 产品标准成本.loc['变动制造费用','单价']
    B 实际产量 = 产销库存数量.loc[K,'B 产品产量']
    B 产品实际机器工时 = B 产品实际成本.loc['变动制造费用',str(K) + '用量']
```

```
    B产品标准机器工时 = B产品标准成本.loc['变动制造费用','用量']
    成本差异分析.loc['变动制造费用效率差异',K] = (B实际产量 * (B产品标准机器工时 - B产品实际机器工时)) * 标准变动制造费用率
    成本差异分析.loc['变动制造费用率差异',K] = (B实际产量 * B产品实际机器工时) * (标准变动制造费用率 - 实际变动制造费用率)

for K in Year:
    实际固定制造费用率 = A产品实际成本.loc['固定制造费用',str(K) + '单价']
    标准固定制造费用率 = A产品标准成本.loc['固定制造费用','单价']
    B预算产量 = 各年预算产量.loc[K,'B产品预算产量']
    B实际产量 = 产销库存数量.loc[K,'B产品产量']
    B产品实际机器工时 = B产品实际成本.loc['固定制造费用',str(K) + '用量']
    B产品标准机器工时 = B产品标准成本.loc['固定制造费用','用量']
    成本差异分析.loc['固定制造费用预算差异',K] = (B预算产量 * B产品标准机器工时) * 标准固定制造费用率 - (B实际产量 * B产品实际机器工时) * 实际固定制造费用率
    成本差异分析.loc['固定制造费用效率差异',K] = (B实际产量 * B产品标准机器工时 - B实际产量 * B产品实际机器工时) * 标准固定制造费用率
    成本差异分析.loc['固定制造费用产能利用差异',K] = (B实际产量 * B产品实际机器工时 - B预算产量 * B产品标准机器工时) * 标准固定制造费用率

for K in Year:
    成本差异分析.loc['材料成本总差异',K] = 成本差异分析.loc['材料数量差异',K] + 成本差异分析.loc['材料价格差异',K]
    成本差异分析.loc['人工成本总差异',K] = 成本差异分析.loc['人工效率差异',K] + 成本差异分析.loc['工资率差异',K]
    成本差异分析.loc['变动制造费用总差异',K] = 成本差异分析.loc['变动制造费用效率差异',K] + 成本差异分析.loc['变动制造费用率差异',K]
    成本差异分析.loc['固定制造费用总差异',K] = 成本差异分析.loc['固定制造费用预算差异',K] + 成本差异分析.loc['固定制造费用效率差异',K] + 成本差异分析.loc['固定制造费用产能利用差异',K]

# 将B产品的标准成本差异分析加入"标准成本差异分析-分产品.xlsx"
from openpyxl import load_workbook
book = load_workbook(r'D:\数字化管理会计仿真实训\04-标准成本法\标准成本差异分析-分产品.xlsx')
writer = pd.ExcelWriter(r'D:\数字化管理会计仿真实训\04-标准成本法\标准成本差异分析-分产品.xlsx',engine = 'openpyxl')
writer.book = book
```

```
成本差异分析.to_excel(writer,'ProductB',float_format = '%.2f',index = True)
writer.save()
del 成本差异分析
del writer
```

结果输出，如表 4-11 所示。

表 4-11　B 产品成本差异分析表　单位：元

项　目	2016 年	2017 年	2018 年	2019 年	2020 年
材料数量差异	-3546641.1	-388730.5	-1996912.5	-191341.5	-153705.6
材料价格差异	1171587.06	1963759.25	517987	2413454.12	432937.44
材料成本总差异	-2375054.04	1575028.75	-1478925.5	2222112.62	279231.84
人工效率差异	-2590243.5	-3833687	-2831985	-1492463.7	-2664230.4
工资率差异	798326.33	-1735882.75	691052.75	150521.98	2350414.8
人工成本总差异	-1791917.17	-5569569.75	-2140932.25	-1341941.72	-313815.6
变动制造费用效率差异	-836847.9	-1327045.5	-1524915	229609.8	115279.2
变动制造费用率差异	5847574.33	6123443.69	6256992.5	5273371.74	5089832.86
变动制造费用总差异	5010726.43	4796398.19	4732077.5	5502981.54	5205112.06
固定制造费用预算差异	-2872542.9	-4426868.12	-3417615.1	-132519.51	-1602528.77
固定制造费用效率差异	-1673695.8	-2654091	-3049830	459219.6	230558.4
固定制造费用产能利用差异	1716895.8	2999691	3121830	-315219.6	-259358.4
固定制造费用总差异	-2829342.9	-4081268.12	-3345615.1	11480.49	-1631328.77

第四步：设置利润表模板。

```
# 编制完全成本法利润表模板
Item = ['营业收入','营业成本','    其中:期初产成品','            本期生产产成品','
期末产成品','营业利润','期间费用','    其中:管理费用','            销售费用','
财务费用','各项成本总差异','    其中:材料成本差异','            人工成本差异','
变动制造费用差异','            固定制造费用差异','利润总额']
利润表 = pd.DataFrame(index = Item)
for i in range(2018,2020,1):
    利润表[i] = ''
利润表.to_excel(r'D:\数字化管理会计仿真实训\04-标准成本法\两种利润表模板.xlsx',
sheet_name = '完全成本法',index = True)

# 编制变动成本法利润表模板
Item = ['营业收入','变动生产成本','    其中:期初产成品','            本期生产产成品','
期末产成品','变动非生产成本','各项变动成本总差异','    其中:材料成本差异','
人工成本差异','            变动制造费用差异','边际贡献','固定成本','    其中:固定生产成
本','            固定非生产成本','各项固定成本总差异','    其中:固定制造费用预算差异',
```

```
'利润总额']
利润表 = pd.DataFrame(index = Item)
for i in range(2018,2020,1):
    利润表[i] = ''

# 将变动成本法利润表加入"两种利润表模板.xlsx"
book = load_workbook(r'D:\数字化管理会计仿真实训\04 - 标准成本法\两种利润表模板
.xlsx')
writer = pd.ExcelWriter(r'D:\数字化管理会计仿真实训\04 - 标准成本法\两种利润表模
板.xlsx',engine = 'openpyxl')
writer.book = book
利润表.to_excel(writer,'变动成本法',index = True)
writer.save()
del 利润表
del writer
```

第五步：成本差异全部结转当期损益时，编制两种利润表，并分析利润差异的原因。

```
# 编制完全成本法利润表
各项成本差异 = pd.read_excel(r'D:\数字化管理会计仿真实训\04 - 标准成本法\标准成
本差异分析 - 全部产品.xlsx',sheet_name = "Sheet1",index_col = 0)
完全成本法 = pd.read_excel(r'D:\数字化管理会计仿真实训\04 - 标准成本法\两种利润
表模板.xlsx',sheet_name = "完全成本法",index_col = 0)
完全成本法.drop(columns = [2018,2019],inplace = True)

for k in Year:
    Cost_A = A 产品标准成本.loc['单位成本合计','成本']
    Cost_B = B 产品标准成本.loc['单位成本合计','成本']
    完全成本法[k] = 0
    完全成本法.loc['营业收入',k] = A 产品价格 * 产销库存数量.loc[k,'A 产品销量']
    + B 产品价格 * 产销库存数量.loc[k,'B 产品销量']
    if k != Year[0]:
        完全成本法.loc['  其中:期初产成品',k] = 完全成本法.loc['        期末产
        成品',k - 1]
    完全成本法.loc['        本期生产产成品',k] = Cost_A * 产销库存数量.loc[k,
    'A 产品产量'] + Cost_B * 产销库存数量.loc[k,'B 产品产量']
    完全成本法.loc['        期末产成品',k] = Cost_A * 产销库存数量.loc[k,'A 产品
    期末库存'] + Cost_B * 产销库存数量.loc[k,'B 产品期末库存']
    完全成本法.loc['营业成本',k] = 完全成本法.loc['  其中:期初产成品',k] + 完全
    成本法.loc['        本期生产产成品',k] - 完全成本法.loc['        期末产成
```

```
    品',k]
    完全成本法.loc['营业利润',k] = 完全成本法.loc['营业收入',k] - 完全成本法.loc['营业成本',k]
    完全成本法.loc['  其中:管理费用',k] = 各年期间费用.loc[k,'管理费用']
    完全成本法.loc['        销售费用',k] = 各年期间费用.loc[k,'销售费用总额']
    完全成本法.loc['        财务费用',k] = 各年期间费用.loc[k,'财务费用']
    完全成本法.loc['期间费用',k] = 完全成本法.loc['  其中:管理费用',k] + 完全成本法.loc['        销售费用',k] + 完全成本法.loc['        财务费用',k]
    完全成本法.loc['  其中:材料成本差异',k] = 各项成本差异.loc['材料成本总差异',k]
    完全成本法.loc['        人工成本差异',k] = 各项成本差异.loc['人工成本总差异',k]
    完全成本法.loc['        变动制造费用差异',k] = 各项成本差异.loc['变动制造费用总差异',k]
    完全成本法.loc['        固定制造费用差异',k] = 各项成本差异.loc['固定制造费用总差异',k]
    完全成本法.loc['各项成本总差异',k] = 各项成本差异.loc['材料成本总差异',k] + 各项成本差异.loc['人工成本总差异',k] + 各项成本差异.loc['变动制造费用总差异',k] + 各项成本差异.loc['固定制造费用总差异',k]
    完全成本法.loc['利润总额',k] = 完全成本法.loc['营业利润',k] - 完全成本法.loc['期间费用',k] + 完全成本法.loc['各项成本总差异',k]
完全成本法.to_excel(r'D:\数字化管理会计仿真实训\04-标准成本法\各年度两种利润表-差异全部结转到当期损益.xlsx',float_format='%.2f',sheet_name='完全成本法',index=True)
```

结果输出，如表4-12所示。

表4-12　　完全成本法利润表　　单位：元

项　目	2016年	2017年	2018年	2019年	2020年
营业收入	270261530	270384590	260819280	270826690	263335150
营业成本	224821832	224829296	217290948	225636400	218957932
其中：期初产成品	0	1397396	1667716	1229972	4346500
本期生产产成品	226219228	225099616	216853204	228752928	214611432
期末产成品	1397396	1667716	1229972	4346500	0
营业利润	45439698	45555294	43528332	45190290	44377218
期间费用	6225707.96	6212411.07	6148526.73	6172981.57	6165811.59
其中：管理费用	2011294.33	2003003.52	1994741.73	1992377.93	2017638.97
销售费用	2602601.86	2598712.46	2536312.46	2576542.94	2558540.91
财务费用	1611811.77	1610695.09	1617472.54	1604060.7	1589631.71

续表

项　目	2016 年	2017 年	2018 年	2019 年	2020 年
各项成本总差异	6108378.14	2660480.89	7833214.74	17713835.33	9150173.67
其中：材料成本差异	-1990136.92	2528623.55	-1889569.58	5808566.75	755709.66
人工成本差异	-2564300.53	-9767896.33	805819.25	30569.26	1005753.3
变动制造费用差异	13696088.09	13484148.71	13616691.7	14373469.17	12824219.29
固定制造费用差异	-3033272.5	-3584395.04	-4699726.63	-2498769.85	-5435508.58
利润总额	45322368.18	42003363.82	45213020.01	56731143.76	47361580.08

```
# 编制变动成本法利润表
变动成本法=pd.read_excel(r'D:\数字化管理会计仿真实训\04-标准成本法\两种利润表模板.xlsx',sheet_name="变动成本法",index_col=0)
变动成本法.drop(columns=[2018,2019],inplace=True)

for k in Year:
    Cost_A=A产品标准成本.loc['材料合计','成本']+A产品标准成本.loc['人工合计','成本']+A产品标准成本.loc['变动制造费用','成本']
    Cost_B=B产品标准成本.loc['材料合计','成本']+B产品标准成本.loc['人工合计','成本']+B产品标准成本.loc['变动制造费用','成本']
    变动成本法[k]=0
    变动成本法.loc['营业收入',k]=A产品价格*产销库存数量.loc[k,'A产品销量']+B产品价格*产销库存数量.loc[k,'B产品销量']
    if k!=Year[0]:
        变动成本法.loc['  其中:期初产成品',k]=变动成本法.loc['        期末产成品',k-1]
    变动成本法.loc['        本期生产产成品',k]=Cost_A*产销库存数量.loc[k,'A产品产量']+Cost_B*产销库存数量.loc[k,'B产品产量']
    变动成本法.loc['        期末产成品',k]=Cost_A*产销库存数量.loc[k,'A产品期末库存']+Cost_B*产销库存数量.loc[k,'B产品期末库存']
    变动成本法.loc['变动生产成本',k]=变动成本法.loc['  其中:期初产成品',k]+变动成本法.loc['        本期生产产成品',k]-变动成本法.loc['        期末产成品',k]
    变动成本法.loc['变动非生产成本',k]=各年期间费用.loc[k,'变动销售费用']
    变动成本法.loc['  其中:材料成本差异',k]=各项成本差异.loc['材料成本总差异',k]
    变动成本法.loc['        人工成本差异',k]=各项成本差异.loc['人工成本总差异',k]
    变动成本法.loc['        变动制造费用差异',k]=各项成本差异.loc['变动制造费用总差异',k]
```

```
    变动成本法.loc['各项变动成本总差异',k] = 各项成本差异.loc['材料成本总差异',k] + 各项成本差异.loc['人工成本总差异',k] + 各项成本差异.loc['变动制造费用总差异',k]
    变动成本法.loc['边际贡献',k] = 变动成本法.loc['营业收入',k] - 变动成本法.loc['变动生产成本',k] - 变动成本法.loc['变动非生产成本',k] + 变动成本法.loc['各项变动成本总差异',k]
    变动成本法.loc['  其中:固定生产成本',k] = A产品标准成本.loc['固定制造费用','成本'] * 各年预算产量.loc[k,'A产品预算产量'] + B产品标准成本.loc['固定制造费用','成本'] * 各年预算产量.loc[k,'B产品预算产量']
    变动成本法.loc['        固定非生产成本',k] = 各年期间费用.loc[k,'固定销售费用'] + 各年期间费用.loc[k,'管理费用'] + 各年期间费用.loc[k,'财务费用']
    变动成本法.loc['固定成本',k] = 变动成本法.loc['  其中:固定生产成本',k] + 变动成本法.loc['        固定非生产成本',k]
    变动成本法.loc['  其中:固定制造费用预算差异',k] = 各项成本差异.loc['固定制造费用预算差异',k]
    变动成本法.loc['各项固定成本总差异',k] = 变动成本法.loc['  其中:固定制造费用预算差异',k]
    变动成本法.loc['利润总额',k] = 变动成本法.loc['边际贡献',k] - 变动成本法.loc['固定成本',k] + 变动成本法.loc['各项固定成本总差异',k]

# 将变动成本法利润表加入"各年度两种利润表-差异全部结转到当期损益.xlsx"
book = load_workbook(r'D:\数字化管理会计仿真实训\04-标准成本法\各年度两种利润表-差异全部结转到当期损益.xlsx')
writer = pd.ExcelWriter(r'D:\数字化管理会计仿真实训\04-标准成本法\各年度两种利润表-差异全部结转到当期损益.xlsx', engine = 'openpyxl')
writer.book = book
变动成本法.to_excel(writer,'变动成本法',float_format = '%.2f',index = True)
writer.save()
del 变动成本法
del writer
```

结果输出，如表4－13所示。

表4－13　　　　变动成本法利润表　　　　单位：元

项　目	2016年	2017年	2018年	2019年	2020年
营业收入	270261530	270384590	260819280	270826690	263335150
变动生产成本	176172008	176224724	170110842	176640220	171627418
其中：期初产成品	0	1094564	1306294	963428	3404470
本期生产产成品	177266572	176436454	169767976	179081262	168222948

续表

项　目	2016 年	2017 年	2018 年	2019 年	2020 年
期末产成品	1094564	1306294	963428	3404470	0
变动非生产成本	1275913. 45	1275594. 39	1238189. 05	1282686. 09	1243078. 4
各项变动成本总差异	9141650. 64	6244875. 93	12532941. 37	20212605. 18	14585682. 25
其中：材料成本差异	-1990136. 92	2528623. 55	-1889569. 58	5808566. 75	755709. 66
人工成本差异	-2564300. 53	-9767896. 33	805819. 25	30569. 26	1005753. 3
变动制造费用差异	13696088. 09	13484148. 71	13616691. 7	14373469. 17	12824219. 29
边际贡献	101955259. 2	99129147. 54	102003190. 3	113116389. 1	105050335. 9
固定成本	53075350. 51	53418178. 68	51712965. 68	54090361. 48	50801817. 19
其中：固定生产成本	48125556	48481362	46802628	49200066	45879084
固定非生产成本	4949794. 51	4936816. 68	4910337. 68	4890295. 48	4922733. 19
各项固定成本总差异	-3860372. 5	-3766195. 04	-4982326. 63	-2970369. 85	-5944908. 58
其中：固定制造费用预算差异	-3860372. 5	-3766195. 04	-4982326. 63	-2970369. 85	-5944908. 58
利润总额	45019536. 18	41944773. 82	45307898. 01	56055657. 76	48303610. 08

```
# 分析两种方法之间利润差异
Item = ['期初产成品中的固定生产成本','期末产成品中的固定生产成本','两种方法的利润差异']
利润差异 = pd.DataFrame(index = Item)

Cost_A = A 产品标准成本.loc['固定制造费用','成本']
Cost_B = B 产品标准成本.loc['固定制造费用','成本']
利润差异.loc['期初产成品中的固定生产成本',Bgn_Y] = 0
利润差异.loc['期末产成品中的固定生产成本',Bgn_Y] = 产销库存数量.loc[Bgn_Y,'A 产品期末库存'] * Cost_A + 产销库存数量.loc[Bgn_Y,'B 产品期末库存'] * Cost_B
利润差异.loc['两种方法的利润差异',Bgn_Y] = 利润差异.loc['期末产成品中的固定生产成本',Bgn_Y] - 利润差异.loc['期初产成品中的固定生产成本',Bgn_Y]

for k in Year[1:Yrs_N]:
    利润差异.loc['期末产成品中的固定生产成本',k] = 产销库存数量.loc[k,'A 产品期末库存'] * Cost_A + 产销库存数量.loc[k,'B 产品期末库存'] * Cost_B
    利润差异.loc['期初产成品中的固定生产成本',k] = 利润差异.loc['期末产成品中的固定生产成本',k - 1]
    利润差异.loc['两种方法的利润差异',k] = 利润差异.loc['期末产成品中的固定生产成本',k] - 利润差异.loc['期初产成品中的固定生产成本',k]

# 将两种方法的利润差异加入“各年度两种利润表 - 差异全部结转到当期损益.xlsx”
book = load_workbook(r'D:\数字化管理会计仿真实训\04 - 标准成本法\各年度两种利润
```

```
表-差异全部结转到当期损益.xlsx')
writer = pd.ExcelWriter(r'D:\数字化管理会计仿真实训\04-标准成本法\各年度两种利润表-差异全部结转到当期损益.xlsx',engine = 'openpyxl')
writer.book = book
利润差异.to_excel(writer,'两种方法的利润差异',float_format = '%.2f',index = True)
writer.save()
del 利润差异
del writer
```

结果输出，如表4-14所示。

表4-14　　利润差异分析表　　单位：元

项　目	2016年	2017年	2018年	2019年	2020年
期初产成品中的固定生产成本	0	302832	361422	266544	942030
期末产成品中的固定生产成本	302832	361422	266544	942030	0
两种方法的利润差异	302832	58590	-94878	675486	-942030

第六步：成本差异在期末存货和当期损益之间分配时，编制两种利润表，并分析利润差异的原因。

```
#编制标准成本差异在期末存货和营业成本之间的分配表
各项成本差异分配 = pd.DataFrame(index = range(1,Yrs_N+1))
各项成本差异分配.insert(0,'年份',Year)
各项成本差异分配.set_index('年份',drop = True,append = False,inplace = True,verify_integrity = False)
Item = ['期初A产品材料成本总差异','本期发生A产品材料成本总差异','本期利润表A产品材料成本总差异','期末A产品材料成本总差异','期初A产品人工成本总差异','本期发生A产品人工成本总差异','本期利润表A产品人工成本总差异','期末A产品人工成本总差异','期初A产品变动制造费用总差异','本期发生A产品变动制造费用总差异','本期利润表A产品变动制造费用总差异','期末A产品变动制造费用总差异','期初A产品固定制造费用总差异','本期发生A产品固定制造费用总差异','本期利润表A产品固定制造费用总差异','期末A产品固定制造费用总差异']
for J in Item:
    各项成本差异分配[J] = 0

A产品成本差异 = pd.read_excel(r'D:\数字化管理会计仿真实训\04-标准成本法\标准成本差异分析-分产品.xlsx',sheet_name = "ProductA",index_col = 0)
for K in ['材料成本总差异','人工成本总差异','变动制造费用总差异','固定制造费用总差异']:
    for Y in Year:
        某项成本差异 = A产品成本差异.loc[K,Y]
```

```
        成本差异分配率 = 某项成本差异/产销库存数量.loc[Y,'A产品产量']
        if Y! = Year[0]:
            各项成本差异分配.loc[Y,'期初A产品'+K] = 各项成本差异分配.loc[Y
            -1,'期末A产品'+K]
        各项成本差异分配.loc[Y,'本期发生A产品'+K] = A产品成本差异.loc[K,
        Y]
        各项成本差异分配.loc[Y,'期末A产品'+K] = 成本差异分配率 * 产销库存数
        量.loc[Y,'A产品期末库存']
        各项成本差异分配.loc[Y,'本期利润表A产品'+K] = 各项成本差异分配.loc
        [Y,'期初A产品'+K] + 各项成本差异分配.loc[Y,'本期发生A产品'+K] - 各
        项成本差异分配.loc[Y,'期末A产品'+K]

各项成本差异分配.to_excel(r'D:\数字化管理会计仿真实训\04-标准成本法\各年度标
准成本差异分配表.xlsx',float_format = '%.2f',sheet_name = 'ProductA',index = True)

各项成本差异分配 = pd.DataFrame(index = range(1,Yrs_N + 1))
各项成本差异分配.insert(0,'年份',Year)
各项成本差异分配.set_index('年份',drop = True,append = False,inplace = True,verify_in-
tegrity = False)
Item = ['期初B产品材料成本总差异','本期发生B产品材料成本总差异','本期利润表B
产品材料成本总差异','期末B产品材料成本总差异','期初B产品人工成本总差异','本期
发生B产品人工成本总差异','本期利润表B产品人工成本总差异','期末B产品人工成本
总差异','期初B产品变动制造费用总差异','本期发生B产品变动制造费用总差异','本期
利润表B产品变动制造费用总差异','期末B产品变动制造费用总差异','期初B产品固定
制造费用总差异','本期发生B产品固定制造费用总差异','本期利润表B产品固定制造费
用总差异','期末B产品固定制造费用总差异']
for J in Item:
    各项成本差异分配[J] = 0

B产品成本差异 = pd.read_excel(r'D:\数字化管理会计仿真实训\04-标准成本法\标准
成本差异分析-分产品.xlsx',sheet_name = "ProductB",index_col = 0)
for K in ['材料成本总差异','人工成本总差异','变动制造费用总差异','固定制造费用总差
异']:
    for Y in Year:
        某项成本差异 = B产品成本差异.loc[K,Y]
        成本差异分配率 = 某项成本差异/产销库存数量.loc[Y,'B产品产量']
        if Y! = Year[0]:
            各项成本差异分配.loc[Y,'期初B产品'+K] = 各项成本差异分配.loc[Y
            -1,'期末B产品'+K]
```

```
        各项成本差异分配.loc[Y,'本期发生B产品'+K] = B产品成本差异.loc[K,Y]
        各项成本差异分配.loc[Y,'期末B产品'+K] = 成本差异分配率 * 产销库存数量.loc[Y,'B产品期末库存']
        各项成本差异分配.loc[Y,'本期利润表B产品'+K] = 各项成本差异分配.loc[Y,'期初B产品'+K] + 各项成本差异分配.loc[Y,'本期发生B产品'+K] - 各项成本差异分配.loc[Y,'期末B产品'+K]

# 将B产品的标准成本差异分析追加到"各年度标准成本差异分配表.xlsx"
book = load_workbook(r'D:\数字化管理会计仿真实训\04-标准成本法\各年度标准成本差异分配表.xlsx')
writer = pd.ExcelWriter(r'D:\数字化管理会计仿真实训\04-标准成本法\各年度标准成本差异分配表.xlsx', engine = 'openpyxl')
writer.book = book
各项成本差异分配.to_excel(writer,'ProductB',float_format = '%.2f',index = True)
writer.save()
del writer
```

结果输出，如表4-15和表4-16所示。

表4-15　A产品成本差异分配表　单位：元

项　目	2016年	2017年	2018年	2019年	2020年
期初A产品材料成本总差异	0	2416	7258	-2280.96	66783.71
本期发生A产品材料成本总差异	384917.12	953594.8	-410644.08	3586454.13	476477.82
本期利润表A产品材料成本总差异	382501.12	948752.8	-401105.12	3517389.46	543261.53
期末A产品材料成本总差异	2416	7258	-2280.96	66783.71	0
期初A产品人工成本总差异	0	-4848	-31954.3	16368	25557.66
本期发生A产品人工成本总差异	-772383.36	-4198326.58	2946751.5	1372510.98	1319568.9
本期利润表A产品人工成本总差异	-767535.36	-4171220.28	2898429.2	1363321.32	1345126.56
期末A产品人工成本总差异	-4848	-31954.3	16368	25557.66	0
期初A产品变动制造费用总差异	0	54515.2	66124.2	49350.4	165178.21
本期发生A产品变动制造费用总差异	8685361.66	8687750.52	8884614.2	8870487.63	7619107.24
本期利润表A产品变动制造费用总差异	8630846.46	8676141.52	8901388	8754659.82	7784285.45
期末A产品变动制造费用总差异	54515.2	66124.2	49350.4	165178.21	0
期初A产品固定制造费用总差异	0	-1280	3781.8	-7521.54	-46743.61
本期发生A产品固定制造费用总差异	-203929.6	496873.08	-1354111.53	-2510250.34	-3804179.81
本期利润表A产品固定制造费用总差异	-202649.6	491811.28	-1342808.19	-2471028.26	-3850923.42
期末A产品固定制造费用总差异	-1280	3781.8	-7521.54	-46743.61	0

表 4－16　　　　　　　　　　B 产品成本差异分配表　　　　　　　　　　单位：元

项　目	2016 年	2017 年	2018 年	2019 年	2020 年
期初 B 产品材料成本总差异	0	－14357.64	11256.5	－8639.54	43445.48
本期发生 B 产品材料成本总差异	－2375054.04	1575028.75	－1478925.5	2222112.62	279231.84
本期利润表 B 产品材料成本总差异	－2360696.4	1549414.61	－1459029.46	2170027.6	322677.32
期末 B 产品材料成本总差异	－14357.64	11256.5	－8639.54	43445.48	0
期初 B 产品人工成本总差异	0	－10832.47	－39804.9	－12506.83	－26236.88
本期发生 B 产品人工成本总差异	－1791917.17	－5569569.75	－2140932.25	－1341941.72	－313815.6
本期利润表 B 产品人工成本总差异	－1781084.7	－5540597.32	－2168230.32	－1328211.67	－340052.48
期末 B 产品人工成本总差异	－10832.47	－39804.9	－12506.83	－26236.88	0
期初 B 产品变动制造费用总差异	0	30290.77	34279.16	27643.7	107591.16
本期发生 B 产品变动制造费用总差异	5010726.43	4796398.19	4732077.5	5502981.54	5205112.06
本期利润表 B 产品变动制造费用总差异	4980435.66	4792409.8	4738712.96	5423034.08	5312703.22
期末 B 产品变动制造费用总差异	30290.77	34279.16	27643.7	107591.16	0
期初 B 产品固定制造费用总差异	0	－17103.9	－29168.23	－19544.31	224.46
本期发生 B 产品固定制造费用总差异	－2829342.9	－4081268.12	－3345615.1	11480.49	－1631328.77
本期利润表 B 产品固定制造费用总差异	－2812239	－4069203.79	－3355239.02	－8288.28	－1631104.31
期末 B 产品固定制造费用总差异	－17103.9	－29168.23	－19544.31	224.46	0

```
# 编制完全成本法的利润表
完全成本法 = pd.read_excel(r'D:\数字化管理会计仿真实训\04 - 标准成本法\两种利润表模板.xlsx',sheet_name = "完全成本法",index_col = 0)
完全成本法.drop(columns = [2018,2019],inplace = True)
A产品成本差异分配 = pd.read_excel(r'D:\数字化管理会计仿真实训\04 - 标准成本法\各年度标准成本差异分配表.xlsx',sheet_name = "ProductA",index_col = 0)
A产品成本差异分配
B产品成本差异分配 = pd.read_excel(r'D:\数字化管理会计仿真实训\04 - 标准成本法\各年度标准成本差异分配表.xlsx',sheet_name = "ProductB",index_col = 0)
B产品成本差异分配


for k in Year:
    Cost_A = A产品标准成本.loc['单位成本合计','成本']
    Cost_B = B产品标准成本.loc['单位成本合计','成本']
    完全成本法[k] = 0
    完全成本法.loc['营业收入',k] = A产品价格 * 产销库存数量.loc[k,'A产品销量'] + B产品价格 * 产销库存数量.loc[k,'B产品销量']
    if k != Year[0]:
        完全成本法.loc['    其中:期初产成品',k] = 完全成本法.loc['          期末产成品',k - 1]
    完全成本法.loc['          本期生产产成品',k] = Cost_A * 产销库存数量.loc[k,'A产品产量'] + Cost_B * 产销库存数量.loc[k,'B产品产量']
    完全成本法.loc['          期末产成品',k] = Cost_A * 产销库存数量.loc[k,'A产品
```

```
期末库存'] + Cost_B * 产销库存数量.loc[k,'B产品期末库存']
完全成本法.loc['营业成本',k] = 完全成本法.loc['　其中:期初产成品',k] + 完全成本法.loc['　　　　本期生产产成品',k] - 完全成本法.loc['　　　　期末产成品',k]
完全成本法.loc['营业利润',k] = 完全成本法.loc['营业收入',k] - 完全成本法.loc['营业成本',k]
完全成本法.loc['　其中:管理费用',k] = 各年期间费用.loc[k,'管理费用']
完全成本法.loc['　　　　销售费用',k] = 各年期间费用.loc[k,'销售费用总额']
完全成本法.loc['　　　　财务费用',k] = 各年期间费用.loc[k,'财务费用']
完全成本法.loc['期间费用',k] = 完全成本法.loc['　其中:管理费用',k] + 完全成本法.loc['　　　　销售费用',k] + 完全成本法.loc['　　　　财务费用',k]
完全成本法.loc['　其中:材料成本差异',k] = A产品成本差异分配.loc[k,'本期利润表A产品材料成本总差异'] + B产品成本差异分配.loc[k,'本期利润表B产品材料成本总差异']
完全成本法.loc['　　　　人工成本差异',k] = A产品成本差异分配.loc[k,'本期利润表A产品人工成本总差异'] + B产品成本差异分配.loc[k,'本期利润表B产品人工成本总差异']
完全成本法.loc['　　　　变动制造费用差异',k] = A产品成本差异分配.loc[k,'本期利润表A产品变动制造费用总差异'] + B产品成本差异分配.loc[k,'本期利润表B产品变动制造费用总差异']
完全成本法.loc['　　　　固定制造费用差异',k] = A产品成本差异分配.loc[k,'本期利润表A产品固定制造费用总差异'] + B产品成本差异分配.loc[k,'本期利润表B产品固定制造费用总差异']
完全成本法.loc['各项成本总差异',k] = 完全成本法.loc['　其中:材料成本差异',k] + 完全成本法.loc['　　　　人工成本差异',k] + 完全成本法.loc['　　　　变动制造费用差异',k] + 完全成本法.loc['　　　　固定制造费用差异',k]
完全成本法.loc['利润总额',k] = 完全成本法.loc['营业利润',k] - 完全成本法.loc['期间费用',k] + 完全成本法.loc['各项成本总差异',k]

完全成本法.to_excel(r'D:\数字化管理会计仿真实训\04-标准成本法\各年度两种利润表-差异在当期损益和期末存货之间分配.xlsx',float_format='%.2f',sheet_name='完全成本法',index=True)
```

结果输出，如表4－17所示。

表4－17　　完全成本法的利润表　　单位：元

项　目	2016年	2017年	2018年	2019年	2020年
营业收入	270261530	270384590	260819280	270826690	263335150
营业成本	224821832	224829296	217290948	225636400	218957932

续表

项　目	2016 年	2017 年	2018 年	2019 年	2020 年
其中：期初产成品	0	1397396	1667716	1229972	4346500
本期生产产成品	226219228	225099616	216853204	228752928	214611432
期末产成品	1397396	1667716	1229972	4346500	0
营业利润	45439698	45555294	43528332	45190290	44377218
期间费用	6225707.96	6212411.07	6148526.73	6172981.57	6165811.59
其中：管理费用	2011294.33	2003003.52	1994741.73	1992377.93	2017638.97
销售费用	2602601.86	2598712.46	2536312.46	2576542.94	2558540.91
财务费用	1611811.77	1610695.09	1617472.54	1604060.7	1589631.71
各项成本总差异	6069578.18	2677508.62	7812118.05	17420904.07	9485973.87
其中：材料成本差异	-1978195.28	2498167.41	-1860134.58	5687417.06	865938.85
人工成本差异	-2548620.06	-9711817.6	730198.88	35109.65	1005074.08
变动制造费用差异	13611282.12	13468551.32	13640100.96	14177693.9	13096988.67
固定制造费用差异	-3014888.6	-3577392.51	-4698047.21	-2479316.54	-5482027.73
利润总额	45283568.22	42020391.55	45191923.32	56438212.5	47697380.28

```
# 编制变动成本法的利润表
变动成本法 = pd.read_excel(r'D:\数字化管理会计仿真实训\04-标准成本法\两种利润表模板.xlsx',sheet_name = "变动成本法",index_col = 0)
变动成本法.drop(columns = [2018,2019],inplace = True)

for k in Year:
    Cost_A = A产品标准成本.loc['材料合计','成本'] + A产品标准成本.loc['人工合计','成本'] + A产品标准成本.loc['变动制造费用','成本']
    Cost_B = B产品标准成本.loc['材料合计','成本'] + B产品标准成本.loc['人工合计','成本'] + B产品标准成本.loc['变动制造费用','成本']
    变动成本法[k] = 0
    变动成本法.loc['营业收入',k] = A产品价格 * 产销库存数量.loc[k,'A产品销量'] + B产品价格 * 产销库存数量.loc[k,'B产品销量']
    if k! = Year[0]:
        变动成本法.loc['  其中:期初产成品',k] = 变动成本法.loc['        期末产成品',k - 1]
    变动成本法.loc['        本期生产产成品',k] = Cost_A * 产销库存数量.loc[k,'A产品产量'] + Cost_B * 产销库存数量.loc[k,'B产品产量']
    变动成本法.loc['        期末产成品',k] = Cost_A * 产销库存数量.loc[k,'A产品期末库存'] + Cost_B * 产销库存数量.loc[k,'B产品期末库存']
    变动成本法.loc['变动生产成本',k] = 变动成本法.loc['  其中:期初产成品',k] + 变动成本法.loc['        本期生产产成品',k] - 变动成本法.loc['        期末
```

```
产成品',k]
    变动成本法.loc['变动非生产成本',k] = 各年期间费用.loc[k,'变动销售费用']
    变动成本法.loc['  其中:材料成本差异',k] = A产品成本差异分配.loc[k,'本期利润表A产品材料成本总差异'] + B产品成本差异分配.loc[k,'本期利润表B产品材料成本总差异']
    变动成本法.loc['        人工成本差异',k] = A产品成本差异分配.loc[k,'本期利润表A产品人工成本总差异'] + B产品成本差异分配.loc[k,'本期利润表B产品人工成本总差异']
    变动成本法.loc['        变动制造费用差异',k] = A产品成本差异分配.loc[k,'本期利润表A产品变动制造费用总差异'] + B产品成本差异分配.loc[k,'本期利润表B产品变动制造费用总差异']
    变动成本法.loc['各项变动成本总差异',k] = A产品成本差异分配.loc[k,'本期利润表A产品材料成本总差异'] + A产品成本差异分配.loc[k,'本期利润表A产品人工成本总差异'] + A产品成本差异分配.loc[k,'本期利润表A产品变动制造费用总差异'] + B产品成本差异分配.loc[k,'本期利润表B产品材料成本总差异'] + B产品成本差异分配.loc[k,'本期利润表B产品人工成本总差异'] + B产品成本差异分配.loc[k,'本期利润表B产品变动制造费用总差异']
    变动成本法.loc['边际贡献',k] = 变动成本法.loc['营业收入',k] - 变动成本法.loc['变动生产成本',k] - 变动成本法.loc['变动非生产成本',k] + 变动成本法.loc['各项变动成本总差异',k]
    变动成本法.loc['  其中:固定生产成本',k] = A产品标准成本.loc['固定制造费用','成本'] * 各年预算产量.loc[k,'A产品预算产量'] + B产品标准成本.loc['固定制造费用','成本'] * 各年预算产量.loc[k,'B产品预算产量']
    变动成本法.loc['        固定非生产成本',k] = 各年期间费用.loc[k,'固定销售费用'] + 各年期间费用.loc[k,'管理费用'] + 各年期间费用.loc[k,'财务费用']
    变动成本法.loc['固定成本',k] = 变动成本法.loc['  其中:固定生产成本',k] + 变动成本法.loc['        固定非生产成本',k]
    变动成本法.loc['  其中:固定制造费用预算差异',k] = A产品成本差异.loc['固定制造费用预算差异',k] + B产品成本差异.loc['固定制造费用预算差异',k]
    变动成本法.loc['各项固定成本总差异',k] = 变动成本法.loc['  其中:固定制造费用预算差异',k]
    变动成本法.loc['利润总额',k] = 变动成本法.loc['边际贡献',k] - 变动成本法.loc['固定成本',k] + 变动成本法.loc['各项固定成本总差异',k]

# 将变动成本法利润表加入"各年度两种利润表-差异在当期损益和期末存货之间分配.xlsx"
book = load_workbook(r'D:\数字化管理会计仿真实训\04-标准成本法\各年度两种利润表-差异在当期损益和期末存货之间分配.xlsx')
writer = pd.ExcelWriter(r'D:\数字化管理会计仿真实训\04-标准成本法\各年度两种利
```

```
润表-差异在当期损益和期末存货之间分配.xlsx',engine = 'openpyxl')
writer. book = book
变动成本法.to_excel(writer,'变动成本法',float_format = '%.2f',index = True)
writer. save()
del 变动成本法
del writer
```

结果输出，如表 4-18 所示。

表 4-18　变动成本法利润表　　单位：元

项　目	2016 年	2017 年	2018 年	2019 年	2020 年
营业收入	270261530	270384590	260819280	270826690	263335150
变动生产成本	176172008	176224724	170110842	176640220	171627418
其中：期初产成品	0	1094564	1306294	963428	3404470
本期生产产成品	177266572	176436454	169767976	179081262	168222948
期末产成品	1094564	1306294	963428	3404470	0
变动非生产成本	1275913.45	1275594.39	1238189.05	1282686.09	1243078.4
各项变动成本总差异	9084466.78	6254901.13	12510165.26	19900220.61	14968001.6
其中：材料成本差异	-1978195.28	2498167.41	-1860134.58	5687417.06	865938.85
人工成本差异	-2548620.06	-9711817.6	730198.88	35109.65	1005074.08
变动制造费用差异	13611282.12	13468551.32	13640100.96	14177693.9	13096988.67
边际贡献	101898075.3	99139172.74	101980414.2	112804004.5	105432655.2
固定成本	53075350.51	53418178.68	51712965.68	54090361.48	50801817.19
其中：固定生产成本	48125556	48481362	46802628	49200066	45879084
固定非生产成本	4949794.51	4936816.68	4910337.68	4890295.48	4922733.19
各项固定成本总差异	-3860372.5	-3766195.04	-4982326.63	-2970369.85	-5944908.58
其中：固定制造费用预算差异	-3860372.5	-3766195.04	-4982326.63	-2970369.85	-5944908.58
利润总额	44962352.32	41954799.02	45285121.9	55743273.19	48685929.43

```
#分析两种方法之间利润差异
Item = ['期初产成品中的固定生产成本','期末产成品中的固定生产成本','预算与实际产量差的固定生产成本','完全成本法利润表中固定制造费用总差异','变动成本法利润表中固定制造费用总差异','两种方法的利润差异']
利润差异 = pd. DataFrame(index = Item)

Cost_A = A 产品标准成本.loc['固定制造费用','成本']
Cost_B = B 产品标准成本.loc['固定制造费用','成本']
利润差异[Year[0]] =0
利润差异.loc['期初产成品中的固定生产成本',Bgn_Y] =0
利润差异.loc['期末产成品中的固定生产成本',Bgn_Y] = 产销库存数量.loc[Bgn_Y,'A
```

```
产品期末库存'] * Cost_A + 产销库存数量.loc[Bgn_Y,'B产品期末库存'] * Cost_B
利润差异.loc['预算与实际产量差的固定生产成本',Bgn_Y] = Cost_A * (各年预算产量.loc[Bgn_Y,'A产品预算产量'] - 产销库存数量.loc[Bgn_Y,'A产品产量']) + Cost_B * (各年预算产量.loc[Bgn_Y,'B产品预算产量'] - 产销库存数量.loc[Bgn_Y,'B产品产量'])
利润差异.loc['完全成本法利润表中固定制造费用总差异',Bgn_Y] = A产品成本差异分配.loc[Bgn_Y,'本期利润表A产品固定制造费用总差异'] + B产品成本差异分配.loc[Bgn_Y,'本期利润表B产品固定制造费用总差异']
利润差异.loc['变动成本法利润表中固定制造费用总差异',Bgn_Y] = A产品成本差异.loc['固定制造费用预算差异',Bgn_Y] + B产品成本差异.loc['固定制造费用预算差异',Bgn_Y]
利润差异.loc['两种方法的利润差异',Bgn_Y] = 利润差异.loc['期末产成品中的固定生产成本',Bgn_Y] - 利润差异.loc['期初产成品中的固定生产成本',Bgn_Y] + 利润差异.loc['预算与实际产量差的固定生产成本',Bgn_Y] + 利润差异.loc['完全成本法利润表中固定制造费用总差异',Bgn_Y] - 利润差异.loc['变动成本法利润表中固定制造费用总差异',Bgn_Y]

for k in Year[1:Yrs_N]:
    利润差异[k] = 0
    利润差异.loc['期末产成品中的固定生产成本',k] = 产销库存数量.loc[k,'A产品期末库存'] * Cost_A + 产销库存数量.loc[k,'B产品期末库存'] * Cost_B
    利润差异.loc['期初产成品中的固定生产成本',k] = 利润差异.loc['期末产成品中的固定生产成本',k-1]
    利润差异.loc['预算与实际产量差的固定生产成本',k] = Cost_A * (各年预算产量.loc[k,'A产品预算产量'] - 产销库存数量.loc[k,'A产品产量']) + Cost_B * (各年预算产量.loc[k,'B产品预算产量'] - 产销库存数量.loc[k,'B产品产量'])
    利润差异.loc['完全成本法利润表中固定制造费用总差异',k] = A产品成本差异分配.loc[k,'本期利润表A产品固定制造费用总差异'] + B产品成本差异分配.loc[k,'本期利润表B产品固定制造费用总差异']
    利润差异.loc['变动成本法利润表中固定制造费用总差异',k] = A产品成本差异.loc['固定制造费用预算差异',k] + B产品成本差异.loc['固定制造费用预算差异',k]
    利润差异.loc['两种方法的利润差异',k] = 利润差异.loc['期末产成品中的固定生产成本',k] - 利润差异.loc['期初产成品中的固定生产成本',k] + 利润差异.loc['预算与实际产量差的固定生产成本',k] + 利润差异.loc['完全成本法利润表中固定制造费用总差异',k] - 利润差异.loc['变动成本法利润表中固定制造费用总差异',k]

# 将两种方法的利润差异加入"各年度两种利润表-差异在当期损益和期末存货之间分配.xlsx"
book = load_workbook(r'D:\数字化管理会计仿真实训\04-标准成本法\各年度两种利润表-差异在当期损益和期末存货之间分配.xlsx')
```

```
writer = pd. ExcelWriter(r'D:\数字化管理会计仿真实训\04 - 标准成本法\各年度两种利润表 - 差异在当期损益和期末存货之间分配 . xlsx',engine = 'openpyxl')
writer. book = book
利润差异 . to_excel(writer,'两种方法的利润差异',float_format = '%. 2f',index = True)
writer. save()
del 利润差异
del writer
```

结果输出，如表 4 - 19 所示。

表 4 - 19　　**利润差异分析表**　　单位：元

项　目	2016 年	2017 年	2018 年	2019 年	2020 年
期初产成品中的固定生产成本	0	302832	361422	266544	942030
期末产成品中的固定生产成本	302832	361422	266544	942030	0
预算与实际产量差的固定生产成本	-827100	-181800	-282600	-471600	-509400
完全成本法利润表中固定制造费用总差异	-3014888. 6	-3577392. 51	-4698047. 21	-2479316. 54	-5482027. 73
变动成本法利润表中固定制造费用总差异	-3860372. 5	-3766195. 04	-4982326. 63	-2970369. 85	-5944908. 58
两种方法的利润差异	321215. 9	65592. 53	-93198. 58	694939. 31	-988549. 15

四、虚拟案例演练

明城公司制造甲产品需用 A、B 两种直接材料，标准价格分别为 5 元/千克、10 元/千克，单位产品的标准用量分别为 15 千克/件、10 千克/件。生产甲产品只需一个工种加工，单位产品的工时耗用标准为 6 小时，标准工资率为 8 元/小时。变动制造费用标准分配率 4 元/小时。明城公司每个月甲产品预算产量为 2000 件，固定制造费用预算总额为 90000 元，预算总工时为 12000 小时，其余相关资料如下。

明城公司 2021 年 1—6 月实际产销数量和库存情况如表 4 - 20 所示。

表 4 - 20　　**甲产品产销量和库存数量表**　　单位：件

月　份	1	2	3	4	5	6
期初存货	0	400	200	300	500	200
产　量	20000	19000	19800	20300	20500	21000
销　量	19600	19200	19700	20100	20800	21200
期末存货	400	200	300	500	200	0

2021 年 1—6 月生产甲产品实际消耗材料数量如表 4 - 21 所示。

表 4－21　**甲产品材料消耗总量表**　单位：千克

月　份	1	2	3	4	5	6
A 材料用量	306000	286900	293040	302470	301350	317100
B 材料用量	198000	186200	203940	206045	201925	207900

2021 年 1—6 月，A、B 材料的实际价格如表 4－22 所示。

表 4－22　**A、B 材料的实际价格表**　单位：元

月　份	1	2	3	4	5	6
A 材料价格	4.9	4.8	5.3	4.7	5.15	5.2
B 材料价格	10.2	9.9	10.4	10.15	10.1	9.7

2021 年 1—6 月生产甲产品实际发生的工时如表 4－23 所示。

表 4－23　**明城公司实际工时表**　单位：小时

月　份	1	2	3	4	5	6
实际工时	124000	115900	115830	115710	131200	132300

2021 年 1—6 月明城公司实际发生工资总额和制造费用情况如表 2－24 所示。

表 4－24　**明城公司实际工资总额和制造费用表**　单位：元

月　份	1	2	3	4	5	6
实际工资总额	1016800	961970	903474	890967	1062720	1111320
变动制造费用	483600	457805	440154	474411	551040	549045
固定制造费用	967200	942430	945559	967825	950560	965480

2021 年 1—6 月明城公司实际发生期间费用情况如表 4－25 所示。

表 4－25　**明城公司期间费用表**

月　份	1	2	3	4	5	6
期间费用	300000	302000	300800	298500	300600	299000

假设 2021 年 1 月 1 日，明城公司“生产成本”和“库存商品”科目均无期初余额，每件甲产品售价为 400 元。

实训要求：

（1）计算分析该公司产品成本差异。

（2）如果该公司成本差异全部结转到当期损益，请分别编制完全成本法和变动成本法的利润表，并分析利润差异的原因。

（3）如果该公司成本差异在当期损益和期末存货之间进行分配，请分别编制完全成本法和变动成本法的利润表，并分析形成利润差异的原因。

第五单元

本量利分析

一、实训目标

- 理解本量利分析的基本含义、核心概念和基本模型
- 掌握运用 Python 计算盈亏平衡点、保利点和安全边际等指标的技能
- 掌握运用 Python 测算各种因素变动对盈亏平衡点影响的技能
- 掌握运用 Python 测算成本结构对经营杠杆影响的技能
- 掌握运用 Python 测算多品种条件下盈亏平衡点的技能
- 掌握运用 Python 测算品种结构变动对盈亏平衡点影响的技能

二、知识回顾

（一）本量利分析的含义

本量利分析（CVP）是研究企业在一定时期内成本（Cost）、业务量（Volume）与利润（Profit）相互关系分析的简称，是在成本习性分析和变动成本法的基础上，以数学模型来揭示固定成本、变动成本、销售量、单价、销售额、利润等变量之间内在规律的一种定量分析方法。

（二）本量利分析的基本假设

1. 成本性态分析假设

本量利分析是建立在成本按照性态划分基础之上的一种分析方法，因此对成本进行性态分析是本量利分析最基本的假设。该假设要求企业所发生的全部成本可以按其性态划分为变动成本和固定成本，并且变动成本与业务量成正比例变动，固定成本保持不变，实际上是要求各成本要素的价格、生产效率、规模等都不发生变化。

2. 相关范围假设

本量利分析假设无论是针对固定成本还是变动成本，均基于一定期间和一定业务范围的前提条件。首先，随着时间的推移，固定成本的总额及其内容会发生变化，单位变动成本的

数额及其内容也会发生变化。即使通过分析又计算出了固定成本总额和单位变动成本的大小，那也并非本期间的结果了。其次，业务量发生变化，特别是变化较大时，成本性态是有可能变化的，即使成本的性态不发生变化，固定成本总额和单位变动成本大小也有可能与之前不一样，因而需要重新加以计算。

3. 线性关系假设

线性关系假设包括以下三个方面的内容：

（1）假设销售单价为常数，即销售收入与销售量成正比例关系，销售收入是关于销售数量的简单线性函数。该假设的前提条件是产品处于成熟期，售价比较稳定。

（2）在相关范围内，单位变动成本为常数，变动成本与产销量成正比例关系，即变动成本函数表现为线性方程。

（3）在相关范围内，固定成本的总额保持不变，固定成本函数图像是一条水平直线。

4. 产销平衡假设

本量利分析的核心是分析收入与成本之间的对比关系。如果企业当期生产和销售数量不平衡，就会对企业固定成本产生不确定性的影响。一方面，由于期末产成品存货的原因，部分固定成本可能会隐藏在资产负债表中；另一方面，期初期末产成品存货的存在，企业的收入与成本之间的对比关系会受到存货发出方法的影响。因而，在分析本量利关系时就必须假设产销关系是平衡的。

5. 品种结构不变假设

在产销多种产品的情况下，盈亏平衡点会受到多种产品边际贡献率和产品产销结构的影响，因而只有在产品产销结构不变的基础上进行的盈亏平衡分析才是有效的。

（三）边际贡献与盈亏平衡

1. 边际贡献

边际贡献又称贡献毛益、边际利润或创利额，是指产品的销售收入减去变动成本后的余额。这里的变动成本既包括生产过程中的变动成本（产品变动成本），也包括非生产过程中的变动成本（期间变动成本）。

边际贡献可以用绝对数来表示，包括两种形式。一种是单位概念，称为单位边际贡献，即产品的销售单价减去单位变动成本后的余额。其计算公式为：

单位边际贡献 = 销售单价 − 单位变动成本

单位边际贡献反映的是单位产品创造利润的能力，也就是每增加一个单位产品的销售对利润的增量贡献。

另一种是总额概念，称为边际贡献总额，简称边际贡献，是指产品的销售收入总额减去变动成本总额后的余额。其计算公式为：

边际贡献总额 = 销售收入 − 变动成本总额

　　　　　　 = 单位边际贡献 × 销售数量

边际贡献是企业获得营业利润的源泉，因为销售产品获得边际贡献首先用于补偿企业固定成本，只有固定成本得到全部弥补，剩余的边际贡献才形成企业利润。

边际贡献也可以用相对数，即边际贡献率来表示。边际贡献率是指边际贡献总额占销售收入总额的百分比，或单位边际贡献占销售单价的百分比。它反映每百元销售额中能提供的边际贡献额。其计算公式为：

边际贡献率 = 边际贡献总额 ÷ 销售收入总额 × 100%
　　　　　= 单位边际贡献 ÷ 单位价格 × 100%
　　　　　= (单位价格 - 变动成本) ÷ 单位价格 × 100%
　　　　　= 100% - 变动成本 ÷ 单位价格 × 100%

2. 盈亏平衡

盈亏平衡是指企业在一定期间处于收支相等（所有的销售收入刚好弥补全部成本），利润为零的状态。盈亏平衡分析（又称为保本分析）的核心内容是确定在现有条件不变的情况下，企业需要销售多少产品才能提供足够的边际贡献用于弥补固定成本，即确定企业盈亏平衡点，为企业提供在何种业务量下会出现亏损，在何种业务量下能够盈利等信息，从而揭示企业经营安全的程度，为企业合理安排规划、避免亏损提供帮助。

盈亏平衡点有两种表示形式：一种是用实物量表示的盈亏平衡销售量，即销售多少件产品才能保本；另一种是用价值量表示的盈亏平衡销售额，即销售多少金额的产品才能保本。

计算盈亏平衡点的方法主要有以下几种。

（1）基本模型法。

基本模型法是根据企业利润的基本计算原理，分析盈亏平衡点的一种方法。该方法下，企业利润的计算公式为：

企业利润 = 销售收入 - 变动成本总额 - 固定成本总额

当企业处于盈亏平衡状态时，企业销售收入等于成本总额，利润等于零，即：

销售收入 = 变动成本总额 + 固定成本总额

对上式可进行以下变形，得到盈亏平衡销售量，相关计算公式为：

销售收入 - 变动成本总额 = 固定成本总额

盈亏平衡销售量 × (单价 - 单位变动成本) = 固定成本总额

盈亏平衡销售量 = 固定成本总额 ÷ (单价 - 单位变动成本)

当我们需要用金额来表示盈亏平衡点时，可以进一步变形为：

盈亏平衡销售量 × 单价 = 固定成本总额 ÷ (单价 - 单位变动成本) × 单价

盈亏平衡销售额 = 固定成本总额 ÷ (100% - 变动成本率)

（2）边际贡献率法。

边际贡献率法是指利用边际贡献率与销售收入、利润之间的关系直接计算盈亏平衡点的一种方法。企业的盈亏平衡状态出现在产品提供的边际贡献总额正好等于固定成本总额时，用公式表示为：

边际贡献总额 = 固定成本总额

对上式可进行以下变形，得到盈亏平衡销售收入：

盈亏平衡销售收入 × 边际贡献率 = 固定成本总额

盈亏平衡销售收入 = 固定成本总额 ÷ 边际贡献率

盈亏平衡销售收入 = 固定成本总额 ÷ (100% - 变动成本率)

（3）图示法。

企业成本可以分为变动成本和固定成本两大类。因而，我们可以采用平面直角坐标系中的图像将成本、业务量和利润的关系非常直观地展示出来。根据数据的特征和目的不同，盈亏平衡图可以有几种不同的形式。

第一，基本式。其绘制方法如下。

步骤1：在直角坐标系中，以横轴表示销售量，以纵轴表示总成本和销售收入。在横轴上任取一点的销售量，计算出相应的销售收入并在纵轴上找出与此收入数相对应的点，上述两点在坐标系中的交叉点就是在该销售量下的收入额。将该交叉点与坐标原点相连并直线向上延伸即为销售收入线。销售收入线的斜率即为产品销售单价。

步骤2：绘制固定成本线。由于固定成本与销售量大小无关，因而，固定成本线为一条与横轴平行的直线，其与纵轴的交点即为固定成本总额。

步骤3：绘制总成本线。以固定成本线与纵轴的交点为起点，以单位产品变动成本为斜率，向右上方延伸画出总成本线。需要说明的是，当横轴表示销售金额时，需要用变动成本率作为总成本线的斜率；或者在横轴上任取一点的销售量（销售金额），计算其总成本并标于坐标系中，然后将此点与纵轴上的固定成本点相连并适当向上延伸即可。

步骤4：通过寻找总成本线与销售收入线之间的交点即可得到我们要求的盈亏平衡点，如图5－1所示。

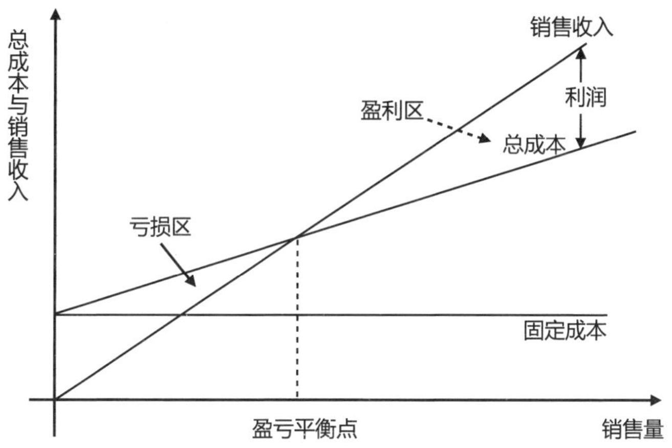

图5－1　基本式盈亏平衡图

基本式盈亏平衡图直观而又形象地描述了本量利之间的关系，具体表现为：

当盈亏平衡点一定时，利润与销售量呈正相关。销售量越高，实现边际贡献总额越大，弥补固定成本后的盈利就越多。销售量每增加一个单位，可使利润增加（或亏损减少）一个单位边际贡献；反之，销售量越小，利润越少或者亏损额就越大。

产品销售量不变时，降低盈亏平衡点，可以使盈利区的面积扩大，或者亏损区的面积缩小，即能实现更多的盈利或产生更少的亏损，也就是产品的盈利性有所提高；反之，盈亏平衡点越高，盈利区的面积就会缩小，亏损区的面积就会扩大，即能实现的盈利越少或产生的亏损越大。

单位销售价格一定时，单位变动成本和固定成本总额的大小决定盈亏平衡点的高低。固定成本总额不变时，单位变动成本越小，单位边际贡献越大，仅需要较少的产品销售创造的边际贡献就能弥补固定成本，即盈亏平衡点就越低；单位边际贡献一定时，固定成本总额越小，盈亏平衡点也就越低；反之，盈亏平衡点就越高。

相比于数字计算，基本式盈亏平衡图更加直观地反映出企业相关范围内利润与业务量和成本之间的关系，方便管理人员规划企业的产品生产和销售。但是基本盈亏平衡图也存在不足，没有办法直观反映产品边际贡献的形成和大小。

第二，边际贡献式。边际贡献式的特点是将固定成本置于变动成本之上，其绘制方法如下。

步骤1：在直角坐标系中，以横轴表示销售量，以纵轴表示总成本和销售收入。

步骤2：绘制变动成本线。在横轴上任取一整数销售量数值计算出变动成本数值，在坐标系上标出该变动成本点，然后以原点作为起点，与该变动成本点连接，便可画出变动成本线。

步骤3：绘制总成本线。在纵轴上确定固定成本的数值点，以此为起点，绘制一条平行于变动成本线的直线，即为总成本线。

步骤4：绘制销售收入线。以原点为起点，在横轴上任取一整数销售量数值，计算其销售收入值，在坐标系上找出与之相对应的销售收入点，连接这两点，就可画出销售收入线。销售收入线与总成本线的交点即为盈亏平衡点，如图5－2所示。

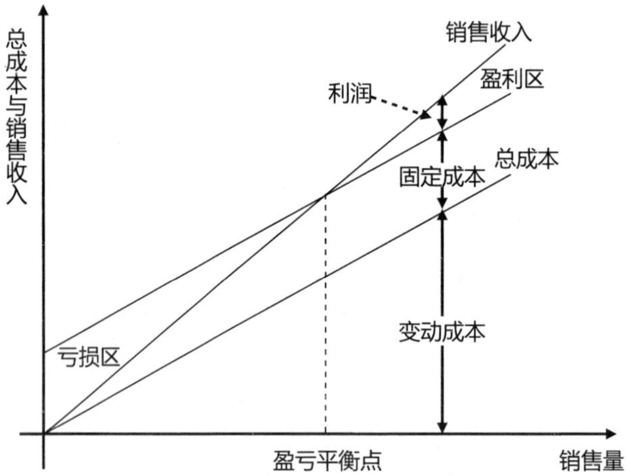

图5－2　边际贡献式盈亏平衡图

边际贡献式盈亏平衡图形象地反映了产品销售量、成本与利润的相互关系。从图5－2中可以直观地看到销售收入、固定成本、变动成本、利润和盈亏平衡点。

边际贡献式盈亏平衡图能得到和基本式盈亏平衡图相同的规律性认识。

边际贡献式盈亏平衡图与基本式盈亏平衡图的主要区别在于：前者通过销售收入线和变动成本线之间的开口，形象地反映边际贡献的形成过程和构成，即产品的销售收入减去变动成本以后就是边际贡献，随着销售量的提高，销售收入线与变动成本线之间的开口越来越大，边际贡献总额也越来越大。

第三，利量式。利量式的特点是将纵轴上的销售收入与成本因素略去，使坐标图上仅仅反映利润与销售量之间的依存关系。其绘制方法如下。

步骤1：在直角坐标系中，以横轴表示销售量（也可以是金额），以纵轴表示利润。

步骤2：根据销售量为零时，全部固定成本都不能得到补偿，确定企业的最大亏损点，即在纵轴的负向找出与固定成本金额相等数值的那一点（零点以下，取负值）。

步骤3：确定任意不为零销售水平的利润点，即在横轴上任取一点的销售量（横坐标），并计算该销售量下的利润大小（纵坐标），经过此点与最大亏损点划出一条直线，该直线与横轴交点的横坐标表示利润为零时的业务水平，也就是盈亏平衡点，如图5－3所示。

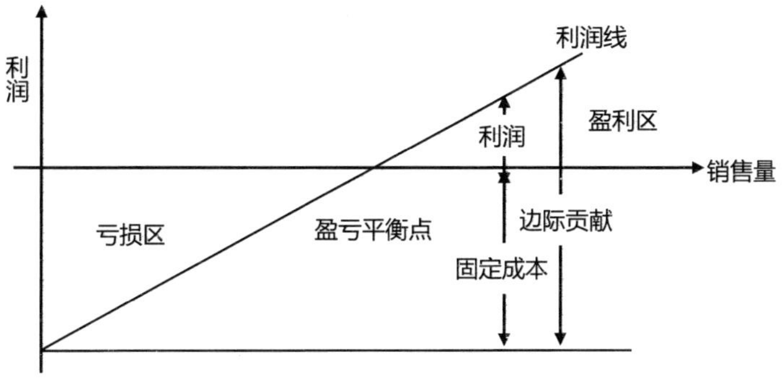

图5－3　利量式盈亏平衡图

利量式盈亏平衡图中的利润线表示的是销售收入与变动成本之间的差量关系，即边际贡献，利润线的斜率就是单位边际贡献。在固定成本既定的情况下，边际贡献越高，利润线的斜率也就越大，盈亏平衡点的临界值也就越小。当横轴表示销售金额的时候，利润线的斜率表示边际贡献率。

此外，利量式盈亏平衡图将固定成本置于横轴之下，能更清晰地表示固定成本在企业盈亏中的特殊作用。

（四）盈亏平衡点的敏感性分析

在实际工作中，企业面临的经营环境千变万化，某些因素可能发生变化，从而引起相应的连锁变动，必定会对盈亏平衡分析的计算结果产生影响。为了准确地分析各种因素变动对盈亏平衡点的影响程度，需要假定其他因素不变，考察当某一个因素变动时，盈亏平衡点变动的幅度相对于该因素变动幅度的倍数。

1. 销售价格变化对盈亏平衡点的影响

在其他因素保持不变的条件下，产品单位售价的下降将导致企业单位产品边际贡献减少，弥补既定的固定成本，需要销售更多的产品，从而使盈亏平衡点上升。

2. 单位变动成本变动对盈亏平衡点的影响

在固定成本和产品销售价格保持不变的情况下，单位变动成本的降低将会使单位产品提供的边际贡献增加，进而降低盈亏平衡点的销售水平；反之，企业盈亏平衡销售量增加。

3. 固定成本变动对盈亏平衡点的影响

一般而言，固定成本不会随着产销量的变动而变动，但是当企业经营模式发生变化时，固定成本也可能会发生变化。在产品销售价格和单位变动成本保持不变的情况下，固定成本的增加，会使总成本增加，导致盈亏平衡点销售水平提高；反之，固定成本减少，会使盈亏平衡点的销售水平降低。

（五）目标利润与安全边际

目标利润分析是指当企业确定了利润目标后，为实现利润目标而进行的产品销售数量规划，也称为保利分析。通过目标利润分析，可以确定为实现利润目标而应达到的销售量目标或销售额目标，从而以销定产，确定生产量目标、生产成本目标以及资金需要量等。

与目标利润对应的产品销售量或销售金额就是保利点，即在单价和成本水平既定的情况下，为确保实现确定的目标利润而应当达到的销售量或销售额的总称。保利点一般有两种表示形式，一种是用实物量表示，称为保利销售量；另一种是用价值量表示，称为保利销售额。

保利点的计算可以采取以下两种方法：

1. 安全边际法

安全边际是指企业计划或者实际销售量超过盈亏平衡点销售量的差额。这个差额表明从预计销售量到盈亏平衡点有多大的差距，或者说在亏损发生之前销售量可低于计划或者实际的数量。

安全边际可以用绝对数和相对数两种形式来表示。其绝对数又有两种形式：一种是用实物量表示，另一种是用货币金额表示。相关计算公式为：

安全边际 = 计划或实际销售量 - 盈亏平衡点销售量

安全边际 = 计划或实际销售额 - 盈亏平衡点销售额

安全边际也可以用其占总销售量的百分比来表示。其计算公式为：

安全边际率 = 安全边际 ÷ 计划或实际销售量 × 100%

一般而言，企业的销售量超过盈亏平衡点越多，安全边际就越大，说明企业发生亏损的可能性就越小，企业的经营也就越安全；反之，企业经营的安全性就越差。

盈亏平衡点销售量产生的边际贡献能够弥补全部固定成本，只有当企业的销售量超过盈亏平衡点的销售量时，超出部分所创造的边际贡献才能形成企业的利润，而超出部分就是安全边际。因而，企业的利润就是安全边际对应的边际贡献，计算公式为：

利润 = 安全边际 × 边际贡献

当目标利润已知时，安全边际可以通过目标利润与单位边际贡献之商求出。

安全边际 = 目标利润 ÷ 单位边际贡献

盈亏平衡点与安全边际之和就是要求的保利点。

保利点 = 盈亏平衡点 + 安全边际

2. 边际贡献法

产品销售产生的边际贡献首先要足额补偿固定成本，剩余的部分才是企业的利润，因此，在目标利润一定的情况下，企业需要的边际贡献总额应该是在固定成本的基础上再加目标利润，即：

需要的边际贡献总额 = 固定成本总额 + 目标利润

保利点 = 需要的边际贡献总额 ÷ 单位边际贡献

= （固定成本总额 + 目标利润） ÷ 单位边际贡献

如果目标利润是税后利润，则需要按照下列公式计算：

$$保利点=\frac{固定成本总额+\dfrac{目标税后利润}{1-所得税税率}}{单位边际贡献}$$

（六）经营杠杆原理

经营杠杆是指由于企业固定成本的存在，使企业息税前利润变化幅度大于企业销售量变化幅度的现象。如果企业没有固定成本，所有成本都是变动的，那么边际贡献总额一定等于利润，则利润的变动方向和幅度与产销量的变动方向和幅度完全一致。但是，在现实经济生活中，企业不可能没有固定成本。在相关范围内，企业产品产销量的增减变动不会改变固定成本总额，但会改变单位产品固定成本和完全成本。当产品产销量增加时，会使单位产品固定成本降低，提高单位产品利润，从而使利润的增长幅度大于产销量的增长幅度；反之，当产品产销量下降时，会使单位产品固定成本上升，降低单位产品的利润，导致利润的下降幅度大于产销量的下降幅度。因此，只要有固定成本存在，利润的变动幅度就会大于产销量的变动幅度，这种现象被称为经营杠杆作用，其程度可以使用息税前利润变化幅度与销售量变化幅度的比例关系来表示，这种比例关系就是经营杠杆系数。经营杠杆能反映企业的经营风险，并能帮助企业进行科学的利润预测分析，因而也是本量利分析的一个重要概念。

$$经营杠杆系数（DOL）=\frac{息税前利润变动百分比}{销售量变动百分比}$$

$$息税前利润变动百分比=\frac{\Delta 销售量\times 单位边际贡献}{销售量\times 单位边际贡献-固定成本}$$

$$销售量变动百分比=\frac{\Delta 销售量}{销售量}$$

$$经营杠杆系数（DOL）\frac{销售量\times 单位边际贡献}{销售量\times 单位边际贡献-固定成本}=\frac{边际贡献总额}{边际贡献总额-固定成本}$$

经营杠杆与安全边际率之间存在互为倒数的关系，即企业的经营杠杆越高，安全边际率越低，经营风险越大；反之，企业的经营杠杆越低，安全边际率越高，经营风险越小。

（七）成本结构决策与经营杠杆

从计算经营杠杆系数的公式可知，在盈利条件下，只要企业有固定成本存在，公式的分子（边际贡献总额）一定大于分母（边际贡献总额-固定成本），所以经营杠杆系数总是大于1，而且在其他因素不变的情况下，固定成本越高，经营杠杆系数越大，企业的经营风险也就越大；反之，固定成本越低，经营杠杆系数越小，企业的经营风险也就越小。可见，经营杠杆系数（经营风险）将随固定成本的变化呈同方向变动。

在经济繁荣时期，企业业务量增加，如果这时采取高经营杠杆，可以使利润的增长速度比业务量的增长速度更快，从而获取比低经营杠杆更多的利润。但是，在经济萧条时期，高杠杆企业利润比业务量下降得更快，比采取低经营杠杆产生更多的亏损，甚至有可能使企业陷入财务困境，直至破产倒闭。固定成本就像“杠杆”一样放大了销售量的波动对利润的影响。

（八）多产品盈亏平衡分析

当企业同时经营两种或以上产品或劳务时，由于各种产品的实物形态、单位售价、单位变动成本、边际贡献等不尽相同，要进行整个企业的盈亏平衡分析，此时就不能借助于有关产品的实物数量指标，而必须利用能够综合反映各种产品销售量的金额指标，即销售收入。在实际工作中，多种产品盈亏平衡点的计算方法主要包括加权平均边际贡献率法和联合单位法等。

1. 加权平均边际贡献率法

加权平均边际贡献率法是指在确定企业加权平均边际贡献率的基础上计算各种产品盈亏平衡点销售额的一种方法。由于企业生产的各种产品的盈利能力不同，其边际贡献率也各不相同，因此，盈亏平衡点销售额计算公式中的边际贡献率应为各种产品的加权平均数，其权重为各种产品所占销售收入的比重。将固定成本总额除以加权平均边际贡献率即可得到盈亏平衡收入。

2. 联合单位法

联合单位法是指在事先掌握多品种之间客观存在的相对稳定产销实物量比例的基础上，确定每一联合单位的单价和单位变动成本，进行多品种本量利分析的一种方法。

如果企业生产的多种产品实物量之间存在着较稳定的数量关系，而且所有产品的销路都很好，那么就可以用联合单位代表按实物量比例构成的一组产品。在联合单位销量比的基础上，可进一步计算出每一联合单位的联合单价和联合单位变动成本，进而可以按单一品种的本量利分析法计算联合单位盈亏平衡点。

三、仿真案例实训

案例背景介绍

坦途户外用品有限公司是一家从事户外帐篷生产销售的中型企业，目前公司主要生产一种圆顶帐篷。为了考察产品销售量、成本和利润之间的特定数量关系，确认有关因素发生变动后对公司经营利润产生的影响，进而为利润预测、利润规划和利润决策等提供重要依据，并对公司经营的安全程度进行分析，促使公司努力降低经营风险，提高经营效益，该公司决定进行系统的本量利分析。坦途公司相关资料如下。

1. 长期资产

坦途公司现有生产设备、房屋建筑物、土地使用权和技术及专利使用权等长期资产，各类长期资产原值如表 5－1 所示。固定资产项目残值率为 5%，均采用年限平均法计提折旧，设备折旧年限为 12 年，房屋建筑物折旧年限为 25 年。技术及专利费用分 10 年摊销。

表 5－1 **长期资产原值表** 单位：元

项目	原值
一、固定资产	535660000
（一）生产设备	231600000

续表

项　目	原　值
1. 基本生产设备	168000000
2. 辅助生产设备	63600000
（二）管理用设备	18060000
（三）房屋建筑物	286000000
1. 生产用房屋建筑物	160000000
2. 管理用房屋建筑物	126000000
二、无形资产	45000000
（一）土地使用权	30000000
（二）技术及专利使用权	15000000
三、合计	580660000

2. 公司员工薪酬福利

坦途公司现有员工总人数为 385 人，其中：生产工人 300 人，平均年薪 50000 元；技术人员 20 人，平均年薪 80000 元；管理人员 40 人，平均年薪 90000 元；销售人员 25 人，平均保底年薪 30000 元，另外销售人员可按照 4 元/顶获得业绩提成，平均每人年销售圆顶帐篷 40000 顶。相关人员福利费按照薪酬的 14% 计提。

3. 单位产品变动成本

圆顶帐篷的单位变动成本为 253. 46 元，其中：单位生产变动成本为 236. 9 元，单位非生产变动成本为 16. 56 元，具体信息如表 5 – 2 所示。

表 5 – 2　　圆顶帐篷单位变动成本表　　单位：元

项　目	单位变动成本
一、生产变动成本	236. 9
（一）直接材料	211
（二）燃料与动力	10. 2
（三）水电费	4. 5
（四）内部运输费	5. 2
（五）机物料消耗	6
二、非生产变动成本	16. 56
（一）业绩提成及福利费	4. 56
（二）物流费	12
三、合计	253. 46

4. 其他固定成本

除上述成本之外，坦途公司每年还发生如下固定成本。

（1）其他固定生产成本，如表 5 – 3 所示。

表 5-3 其他固定生产成本 单位：元

项　目	金　额
一、办公费	2300000
二、照明费用	1600000
三、低值易耗品摊销	2000000
四、质检费	1700000
五、修理费	1800000
六、合计	9400000

（2）其他固定管理费用，如表 5-4 所示。

表 5-4 其他固定管理费用 单位：元

项　目	金　额
一、差旅费	1800000
二、招待费	1200000
三、办公费	2000000
四、劳动保险费	2800000
五、环保卫生费	1600000
六、绿化费	1500000
七、会议费	800000
八、合计	11700000

（3）其他固定销售费用，如表 5-5 所示。

表 5-5 其他固定销售费用 单位：元

项　目	金　额
一、差旅费	3000000
二、招待费	3500000
三、办公费	900000
四、广告费	12000000
五、业务推广费	6000000
六、培训费	1808474
七、仓储费	2200000
八、合计	29408474

5. 产品销售价格和产能

该公司圆顶帐篷的销售价格为 400 元/顶，满负荷产能为 1000000 顶。

6. 所得税税率

坦途公司名义所得税税率为25%。

实训要求：

（1）测算盈亏平衡点以及各因素变动对盈亏平衡点的影响。

（2）测算保利点和安全边际。

（3）测算经营杠杆系数以及各因素变动对经营杠杆系数的影响。

（4）分别进行各因素敏感性分析。

（5）假设坦途公司同时可以生产双人帐篷，其单位变动成本为188.92元，销售价格为360元/顶，请进行多产品盈亏平衡点测算，并分析品种结构的变化对盈亏平衡点的影响。

实训操作示范

第一步：资料准备。

```
# 导入 Python 相应模块
import numpy as np
import pandas as pd
from matplotlib import pyplot as plt
import xlwings as xw

# 读取相关数据
长期资产原值 = pd.read_excel(r'D:\数字化管理会计仿真实训\05 - 本量利分析\表5 - 1 - 长期资产原值表.xlsx',sheet_name = "Sheet1",header = 0,index_col = 0)
单位产品变动成本 = pd.read_excel(r'D:\数字化管理会计仿真实训\05 - 本量利分析\表5 - 2 - 圆顶帐篷单位变动成本表.xlsx',sheet_name = "Sheet1",header = 0,index_col = 0)
其他固定生产成本 = pd.read_excel(r'D:\数字化管理会计仿真实训\05 - 本量利分析\表5 - 3 - 其他固定生产成本.xlsx',sheet_name = "Sheet1",header = 0,index_col = 0)
其他固定管理费用 = pd.read_excel(r'D:\数字化管理会计仿真实训\05 - 本量利分析\表5 - 4 - 其他固定管理费用.xlsx',sheet_name = "Sheet1",header = 0,index_col = 0)
其他固定销售费用 = pd.read_excel(r'D:\数字化管理会计仿真实训\05 - 本量利分析\表5 - 5 - 其他固定销售费用.xlsx',sheet_name = "Sheet1",header = 0,index_col = 0)

# 导入其他基本信息
固定资产残值率 = 0.05
设备折旧年限 = 12
房屋建筑物折旧年限 = 25
技术及专利费用摊销年限 = 10
工人人数 = 300
工人平均工资 = 50000
技术人员人数 = 20
技术人员平均工资 = 80000
```

```
管理人员人数 =40
管理人员平均工资 =90000
销售人员人数 =25
销售人员保底工资 =30000
销售人员业绩提成率 =4
人均销售业务量 =40000
满负荷产能 =1000000
产能利用率 =1
圆顶帐篷销售价格 =400
双人帐篷销售价格 =360
双人帐篷单位变动成本 =188.92
所得税税率 =0.25
```

第二步：编制单位产品边际贡献表。

```
Item = ['一、销售价格','二、变动成本','(一)生产变动成本','(二)非生产变动成本','三、变动成本率','四、单位边际贡献','五、边际贡献率']
产品边际贡献 = pd.DataFrame(index = Item)
产品边际贡献.insert(0,'金额',0)

产品边际贡献.loc['一、销售价格'] = 圆顶帐篷销售价格
产品边际贡献.loc['(一)生产变动成本','金额'] = 单位产品变动成本.loc['一、生产变动成本','圆顶帐篷']
产品边际贡献.loc['(二)非生产变动成本','金额'] = 单位产品变动成本.loc['二、非生产变动成本','圆顶帐篷']
产品边际贡献.loc['二、变动成本'] = 产品边际贡献.loc['(一)生产变动成本'] + 产品边际贡献.loc['(二)非生产变动成本']
产品边际贡献.loc['三、变动成本率'] = 产品边际贡献.loc['二、变动成本']/产品边际贡献.loc['一、销售价格']
产品边际贡献.loc['四、单位边际贡献'] = 产品边际贡献.loc['一、销售价格'] - 产品边际贡献.loc['二、变动成本']
产品边际贡献.loc['五、边际贡献率'] = 产品边际贡献.loc['四、单位边际贡献']/产品边际贡献.loc['一、销售价格']
产品边际贡献.to_excel(r'D:\数字化管理会计仿真实训\05-本量利分析\产品边际贡献.xlsx',sheet_name = 'Sheet1',float_format = '%.4f',index = True)
```

结果输出，如表 5－6 所示。

表 5－6　　单位产品边际贡献表　　单位：元

项　目	金　额
一、销售价格	400
二、变动成本	253.46
（一）生产变动成本	236.9
（二）非生产变动成本	16.56
三、变动成本率	63.37%
四、单位边际贡献	146.54
五、边际贡献率	36.63%

第三步：编制固定成本汇总表。

```
# 编制固定资产折旧表
Item = ['一、基本生产设备投资','(一)基本生产设备原值','(二)基本生产设备当期折旧费','二、辅助生产设备投资','(一)辅助生产设备原值','(二)辅助生产设备当期折旧费','三、管理用设备','(一)管理用设备原值','(二)管理用设备当期折旧费','四、生产用房屋建筑物','(一)生产用房屋建筑物原值','(二)生产用房屋建筑物当期折旧费','五、管理用房屋建筑物','(一)管理用房屋建筑物原值','(二)管理用房屋建筑物当期折旧费','六、当期固定资产折旧费合计']
固定资产折旧 = pd.DataFrame(index = Item)
固定资产折旧.insert(0,'金额',0)

固定资产折旧.loc['(一)基本生产设备原值'] = 长期资产原值.loc['1. 基本生产设备','原值']
固定资产折旧.loc['(二)基本生产设备当期折旧费'] = 固定资产折旧.loc['(一)基本生产设备原值'] * (1 - 固定资产残值率)/设备折旧年限
固定资产折旧.loc['(一)辅助生产设备原值'] = 长期资产原值.loc['2. 辅助生产设备','原值']
固定资产折旧.loc['(二)辅助生产设备当期折旧费'] = 固定资产折旧.loc['(一)辅助生产设备原值'] * (1 - 固定资产残值率)/设备折旧年限
固定资产折旧.loc['(一)管理用设备原值'] = 长期资产原值.loc['(二)管理用设备','原值']
固定资产折旧.loc['(二)管理用设备当期折旧费'] = 固定资产折旧.loc['(一)管理用设备原值'] * (1 - 固定资产残值率)/设备折旧年限
固定资产折旧.loc['(一)生产用房屋建筑物原值'] = 长期资产原值.loc['1. 生产用房屋建筑物','原值']
固定资产折旧.loc['(二)生产用房屋建筑物当期折旧费'] = 固定资产折旧.loc['(一)生产用房屋建筑物原值'] * (1 - 固定资产残值率)/房屋建筑物折旧年限
```

```
固定资产折旧.loc['(一)管理用房屋建筑物原值'] = 长期资产原值.loc['2. 管理用房屋建筑物','原值']
固定资产折旧.loc['(二)管理用房屋建筑物当期折旧费'] = 固定资产折旧.loc['(一)管理用房屋建筑物原值'] * (1 - 固定资产残值率)/房屋建筑物折旧年限
固定资产折旧.loc['六、当期固定资产折旧费合计'] =0
for K in ['(二)基本生产设备当期折旧费','(二)辅助生产设备当期折旧费','(二)管理用设备当期折旧费','(二)生产用房屋建筑物当期折旧费','(二)管理用房屋建筑物当期折旧费']:
    固定资产折旧.loc['六、当期固定资产折旧费合计'] = 固定资产折旧.loc['六、当期固定资产折旧费合计'] + 固定资产折旧.loc[K]

for K in ['一、基本生产设备投资','二、辅助生产设备投资','三、管理用设备','四、生产用房屋建筑物','五、管理用房屋建筑物']:
    固定资产折旧.loc[K] =''
固定资产折旧.to_excel(r'D:\数字化管理会计仿真实训\05 - 本量利分析\固定资产折旧.xlsx',sheet_name = 'Sheet1',float_format = '%.2f',index = True)
固定资产折旧

# 编制无形资产摊销表
Item = ['一、技术及专利使用权','(一)技术及专利使用权原值','(二)技术及专利使用权当期摊销费','二、无形资产当期摊销费合计']
无形资产摊销 = pd.DataFrame(index = Item)
无形资产摊销.insert(0,'金额',0)

无形资产摊销.loc['(一)技术及专利使用权原值'] = 长期资产原值.loc['(二)技术及专利使用权','原值']
无形资产摊销.loc['(二)技术及专利使用权当期摊销费'] = 无形资产摊销.loc['(一)技术及专利使用权原值']/技术及专利费用摊销年限
无形资产摊销.loc['二、无形资产当期摊销费合计'] =0
for K in ['(二)技术及专利使用权当期摊销费']:
    无形资产摊销.loc['二、无形资产当期摊销费合计'] = 无形资产摊销.loc['二、无形资产当期摊销费合计'] + 无形资产摊销.loc[K]

for K in ['一、技术及专利使用权']:
    无形资产摊销.loc[K] =''
无形资产摊销.to_excel(r'D:\数字化管理会计仿真实训\05 - 本量利分析\无形资产摊销.xlsx',sheet_name = 'Sheet1',float_format = '%.2f',index = True)
无形资产摊销

# 编制工资福利表
```

```
Item = ['一、工人工资及福利费','(一)工人人数','(二)工人平均工资','(三)工人工资','(四)工人福利费','(五)工人工资及福利费合计','二、技术人员工资及福利费','(一)技术人员人数','(二)技术人员平均工资','(三)技术人员工资','(四)技术人员福利费','(五)技术人员工资及福利费合计','三、管理人员工资及福利费','(一)管理人员人数','(二)管理人员平均工资','(三)管理人员工资','(四)管理人员福利费','(五)管理人员工资及福利费合计','四、销售人员工资及福利费','(一)销售人员人数','(二)销售人员平均工资','(三)销售人员保底工资','(四)销售人员业绩提成工资','1. 销售人员业绩提成率','2. 人均销售业务量','(五)销售人员工资','(六)销售人员福利费','(七)销售人员工资及福利费合计','五、工资及福利费总额']
工资福利 = pd.DataFrame(index = Item)
工资福利.insert(0,'金额',0)

工资福利.loc['(一)工人人数'] = 工人人数
工资福利.loc['(二)工人平均工资'] = 工人平均工资
工资福利.loc['(一)技术人员人数'] = 技术人员人数
工资福利.loc['(二)技术人员平均工资'] = 技术人员平均工资
工资福利.loc['(一)管理人员人数'] = 管理人员人数
工资福利.loc['(二)管理人员平均工资'] = 管理人员平均工资
工资福利.loc['(一)销售人员人数'] = 销售人员人数
工资福利.loc['(三)销售人员保底工资'] = 销售人员保底工资
工资福利.loc['1. 销售人员业绩提成率'] = 销售人员业绩提成率
工资福利.loc['2. 人均销售业务量'] = 人均销售业务量

for K in ['工人','技术人员','管理人员']:
    工资福利.loc['(三){}工资'.format(K)] = 工资福利.loc['(一){}人数'.format(K)] * 工资福利.loc['(二){}平均工资'.format(K)]
    工资福利.loc['(四){}福利费'.format(K)] = 工资福利.loc['(三){}工资'.format(K)] * 0.14
    工资福利.loc['(五){}工资及福利费合计'.format(K)] = 工资福利.loc['(三){}工资'.format(K)] + 工资福利.loc['(四){}福利费'.format(K)]

工资福利.loc['(四)销售人员业绩提成工资'] = 工资福利.loc['1. 销售人员业绩提成率'] * 工资福利.loc['2. 人均销售业务量']
工资福利.loc['(二)销售人员平均工资'] = 工资福利.loc['(三)销售人员保底工资'] + 工资福利.loc['(四)销售人员业绩提成工资']
工资福利.loc['(五)销售人员工资'] = 工资福利.loc['(二)销售人员平均工资'] * 工资福利.loc['(一)销售人员人数']
工资福利.loc['(六)销售人员福利费'] = 工资福利.loc['(五)销售人员工资'] * 0.14
工资福利.loc['(七)销售人员工资及福利费合计'] = 工资福利.loc['(五)销售人员工资'] +
```

```
工资福利.loc['(六)销售人员福利费']
工资福利.loc['五、工资及福利费总额']=0
for K in ['(五)工人工资及福利费合计','(五)技术人员工资及福利费合计','(五)管理人员工资及福利费合计','(七)销售人员工资及福利费合计']:
    工资福利.loc['五、工资及福利费总额']=工资福利.loc['五、工资及福利费总额']+工资福利.loc[K]

for K in ['一、工人工资及福利费','二、技术人员工资及福利费','三、管理人员工资及福利费','四、销售人员工资及福利费']:
    工资福利.loc[K]=''
工资福利.to_excel(r'D:\数字化管理会计仿真实训\05-本量利分析\工资福利.xlsx',sheet_name='Sheet1',float_format='%.2f',index=True)
工资福利

# 编制固定成本汇总表
Item=['一、生产固定成本','(一)生产部门折旧费','(二)生产部门人员工资及福利费','(三)生产部门办公费','(四)生产部门照明费用','(五)生产部门低值易耗品摊销','(六)生产部门质检费','(七)生产部门修理费','(八)生产固定成本合计','二、非生产固定成本','(一)非生产部门折旧费','(二)非生产部门摊销费','(三)非生产部门人员工资及福利费','(四)非生产部门差旅费','1.管理部门差旅费','2.销售部门差旅费','(五)非生产部门招待费','1.管理部门招待费','2.销售部门招待费','(六)非生产部门办公费','1.管理部门办公费','2.销售部门办公费','(七)劳动保险费','(八)环保卫生费','(九)绿化费','(十)会议费','(十一)广告费','(十二)业务推广费','(十三)培训费','(十四)仓储费','(十五)非生产固定成本合计','三、固定成本总额']
固定成本汇总=pd.DataFrame(index=Item)
固定成本汇总.insert(0,'金额',0)

固定成本汇总.loc['(一)生产部门折旧费']=固定资产折旧.loc['(二)基本生产设备当期折旧费']+固定资产折旧.loc['(二)辅助生产设备当期折旧费']+固定资产折旧.loc['(二)生产用房屋建筑物当期折旧费']
固定成本汇总.loc['(二)生产部门人员工资及福利费']=工资福利.loc['(五)工人工资及福利费合计']+工资福利.loc['(五)技术人员工资及福利费合计']
固定成本汇总.loc['(三)生产部门办公费']=其他固定生产成本.loc['一、办公费']
固定成本汇总.loc['(四)生产部门照明费用']=其他固定生产成本.loc['二、照明费用']
固定成本汇总.loc['(五)生产部门低值易耗品摊销']=其他固定生产成本.loc['三、低值易耗品摊销']
固定成本汇总.loc['(六)生产部门质检费']=其他固定生产成本.loc['四、质检费']
固定成本汇总.loc['(七)生产部门修理费']=其他固定生产成本.loc['五、修理费']
固定成本汇总.loc['(八)生产固定成本合计']=0
```

for K in ['(一)生产部门折旧费','(二)生产部门人员工资及福利费','(三)生产部门办公费','(四)生产部门照明费用','(五)生产部门低值易耗品摊销','(六)生产部门质检费','(七)生产部门修理费']:

　　固定成本汇总.loc['(八)生产固定成本合计'] = 固定成本汇总.loc['(八)生产固定成本合计'] + 固定成本汇总.loc[K]

固定成本汇总.loc['(一)非生产部门折旧费'] = 固定资产折旧.loc['(二)管理用设备当期折旧费'] + 固定资产折旧.loc['(二)管理用房屋建筑物当期折旧费']
固定成本汇总.loc['(二)非生产部门摊销费'] = 无形资产摊销.loc['(二)技术及专利使用权当期摊销费']
固定成本汇总.loc['(三)非生产部门人员工资及福利费'] = 工资福利.loc['(五)管理人员工资及福利费合计'] + 工资福利.loc['(三)销售人员保底工资'] * 工资福利.loc['(一)销售人员人数'] * (1 + 1.14)
固定成本汇总.loc['1. 管理部门差旅费'] = 其他固定管理费用.loc['一、差旅费']
固定成本汇总.loc['2. 销售部门差旅费'] = 其他固定销售费用.loc['一、差旅费']
固定成本汇总.loc['(四)非生产部门差旅费'] = 固定成本汇总.loc['1. 管理部门差旅费'] + 固定成本汇总.loc['2. 销售部门差旅费']
固定成本汇总.loc['1. 管理部门招待费'] = 其他固定管理费用.loc['二、招待费']
固定成本汇总.loc['2. 销售部门招待费'] = 其他固定销售费用.loc['二、招待费']
固定成本汇总.loc['(五)非生产部门招待费'] = 固定成本汇总.loc['1. 管理部门招待费'] + 固定成本汇总.loc['2. 销售部门招待费']
固定成本汇总.loc['1. 管理部门办公费'] = 其他固定管理费用.loc['三、办公费']
固定成本汇总.loc['2. 销售部门办公费'] = 其他固定销售费用.loc['三、办公费']
固定成本汇总.loc['(六)非生产部门办公费'] = 固定成本汇总.loc['1. 管理部门办公费'] + 固定成本汇总.loc['2. 销售部门办公费']
固定成本汇总.loc['(七)劳动保险费'] = 其他固定管理费用.loc['四、劳动保险费']
固定成本汇总.loc['(八)环保卫生费'] = 其他固定管理费用.loc['五、环保卫生费']
固定成本汇总.loc['(九)绿化费'] = 其他固定管理费用.loc['六、绿化费']
固定成本汇总.loc['(十)会议费'] = 其他固定管理费用.loc['七、会议费']
固定成本汇总.loc['(十一)广告费'] = 其他固定销售费用.loc['四、广告费']
固定成本汇总.loc['(十二)业务推广费'] = 其他固定销售费用.loc['五、业务推广费']
固定成本汇总.loc['(十三)培训费'] = 其他固定销售费用.loc['六、培训费']
固定成本汇总.loc['(十四)仓储费'] = 其他固定销售费用.loc['七、仓储费']
固定成本汇总.loc['(十五)非生产固定成本合计'] = 0
for K in ['(一)非生产部门折旧费','(二)非生产部门摊销费','(三)非生产部门人员工资及福利费','(四)非生产部门差旅费','(五)非生产部门招待费','(六)非生产部门办公费','(七)劳动保险费','(八)环保卫生费','(九)绿化费','(十)会议费','(十一)广告费','(十二)业务推广费','(十三)培训费','(十四)仓储费']:

　　固定成本汇总.loc['(十五)非生产固定成本合计'] = 固定成本汇总.loc['(十五)非

```
    生产固定成本合计'] + 固定成本汇总.loc[K]
固定成本汇总.loc['三、固定成本总额'] = 固定成本汇总.loc['(八)生产固定成本合计']
+ 固定成本汇总.loc['(十五)非生产固定成本合计']
固定成本汇总.loc['一、生产固定成本'] = ''
固定成本汇总.loc['二、非生产固定成本'] = ''
固定成本汇总.to_excel(r'D:\数字化管理会计仿真实训\05 - 本量利分析\固定成本汇
总.xlsx',sheet_name = 'Sheet1',float_format = '%.2f',index = True)
```

结果输出，如表 5 - 7 所示。

表 5 - 7　　固定成本汇总表　　单位：元

项　目	金　额
一、生产固定成本	
（一）生产部门折旧费	24415000
（二）生产部门人员工资及福利费	18924000
（三）生产部门办公费	2300000
（四）生产部门照明费用	1600000
（五）生产部门低值易耗品摊销	2000000
（六）生产部门质检费	1700000
（七）生产部门修理费	1800000
（八）生产固定成本合计	52739000
二、非生产固定成本	
（一）非生产部门折旧费	6217750
（二）非生产部门摊销费	1500000
（三）非生产部门人员工资及福利费	5709000
（四）非生产部门差旅费	4800000
1. 管理部门差旅费	1800000
2. 销售部门差旅费	3000000
（五）非生产部门招待费	4700000
1. 管理部门招待费	1200000
2. 销售部门招待费	3500000
（六）非生产部门办公费	2900000
1. 管理部门办公费	2000000
2. 销售部门办公费	900000
（七）劳动保险费	2800000
（八）环保卫生费	1600000
（九）绿化费	1500000
（十）会议费	800000
（十一）广告费	12000000

续表

项　目	金　额
（十二）业务推广费	6000000
（十三）培训费	1808474
（十四）仓储费	2200000
（十五）非生产固定成本合计	54535224
三、固定成本总额	107274224

第四步：编制营业收入表。

```
Item = ['一、满负荷产能','二、产能利用率','三、销售数量','四、销售价格','五、营业收入']
营业收入 = pd.DataFrame(index = Item)
营业收入.insert(0,'金额',0)

营业收入.loc['一、满负荷产能'] = 满负荷产能
营业收入.loc['二、产能利用率'] = 产能利用率
营业收入.loc['三、销售数量'] = 营业收入.loc['一、满负荷产能'] * 营业收入.loc['二、产能利用率']
营业收入.loc['四、销售价格'] = 圆顶帐篷销售价格
营业收入.loc['五、营业收入'] = 营业收入.loc['三、销售数量'] * 营业收入.loc['四、销售价格']
营业收入.to_excel(r'D:\数字化管理会计仿真实训\05 - 本量利分析\营业收入.xlsx', sheet_name = 'Sheet1',float_format = '%.2f',index = True)
```

结果输出，如表 5 - 8 所示。

表 5 - 8　营业收入表　　单位：元

项　目	金　额
一、满负荷产能	1000000
二、产能利用率	100%
三、销售数量	1000000
四、销售价格	400
五、营业收入	400000000

第五步：编制盈亏平衡点测算表，绘制盈亏平衡图。

```
# 编制盈亏平衡点测算表
Item = ['一、固定成本总额','二、圆顶帐篷单位边际贡献','三、盈亏平衡点数量','四、圆顶帐篷边际贡献率','五、盈亏平衡点收入','六、保本作业率']
盈亏平衡点测算 = pd.DataFrame(index = Item)
盈亏平衡点测算.insert(0,'金额',0)

盈亏平衡点测算.loc['一、固定成本总额'] = 固定成本汇总.loc['三、固定成本总额']
```

```
盈亏平衡点测算.loc['二、圆顶帐篷单位边际贡献'] = 产品边际贡献.loc['四、单位边际贡献']
盈亏平衡点测算.loc['三、盈亏平衡点数量'] = 盈亏平衡点测算.loc['一、固定成本总额']/盈亏平衡点测算.loc['二、圆顶帐篷单位边际贡献']
盈亏平衡点测算.loc['四、圆顶帐篷边际贡献率'] = 产品边际贡献.loc['五、边际贡献率']
盈亏平衡点测算.loc['五、盈亏平衡点收入'] = 盈亏平衡点测算.loc['一、固定成本总额']/盈亏平衡点测算.loc['四、圆顶帐篷边际贡献率']
盈亏平衡点测算.loc['六、保本作业率'] = 盈亏平衡点测算.loc['五、盈亏平衡点收入']/营业收入.loc['五、营业收入']
盈亏平衡点测算.to_excel(r'D:\数字化管理会计仿真实训\05-本量利分析\盈亏平衡点测算.xlsx',sheet_name = 'Sheet1',float_format = '%.4f',index = True)
```

结果输出，如表 5－9 所示。

表 5－9　　盈亏平衡点测算表　　单位：元

项　目	金　额
一、固定成本总额	107274224
二、圆顶帐篷单位边际贡献	146.54
三、盈亏平衡点数量	732047.39
四、圆顶帐篷边际贡献率	36.63%
五、盈亏平衡点收入	292818954.6
六、保本作业率	73.2%

```
#绘制基本式盈亏平衡图
# 新建 Excel 文件保存图片
app = xw.App(visible = True,add_book = False)
workbook = app.books.add()

figure = plt.figure()
plt.rcParams['font.sans-serif'] = 'SimHei'
plt.rcParams['axes.unicode_minus'] = False
plt.xlabel('销售数量\n\n 图 5-4:基本式盈亏平衡图',fontdict = {'family':'KaiTi','color':'black','size':15},labelpad = 10)
plt.ylabel('金额',fontdict = {'family':'KaiTi','color':'black','size':15},labelpad = 10)
plt.legend(loc = 'upper right',fontsize = 10)
plt.grid(b = True,axis = 'y',color = 'black',linestyle = 'dashed',linewidth = 1)
plt.xlim(0,1.8e+06)
plt.ylim(0,7e+08)
# 绘制销售收入线
x = np.arange(0,1.8e+06,3e+04)
y = 圆顶帐篷销售价格 * x
plt.plot(x,y)
```

```
# 绘制总固定成本线
x = np.arange(0,1.8e+06,3e+04)
y = 0 * x + 固定成本汇总.loc['三、固定成本总额','金额']
plt.plot(x,y)
# 绘制总成本线
x = np.arange(0,1.8e+06,3e+04)
y = 产品边际贡献.loc['二、变动成本','金额'] * x + 固定成本汇总.loc['三、固定成本总额','金额']
plt.plot(x,y)
plt.show()
worksheet = workbook.sheets.add('基本式盈亏平衡图')
worksheet.pictures.add(figure,top = 50,left = 100)
workbook.save(r'D:\数字化管理会计仿真实训\05 - 本量利分析\三种盈亏平衡图.xlsx')
```

结果输出，如图 5－4 所示。

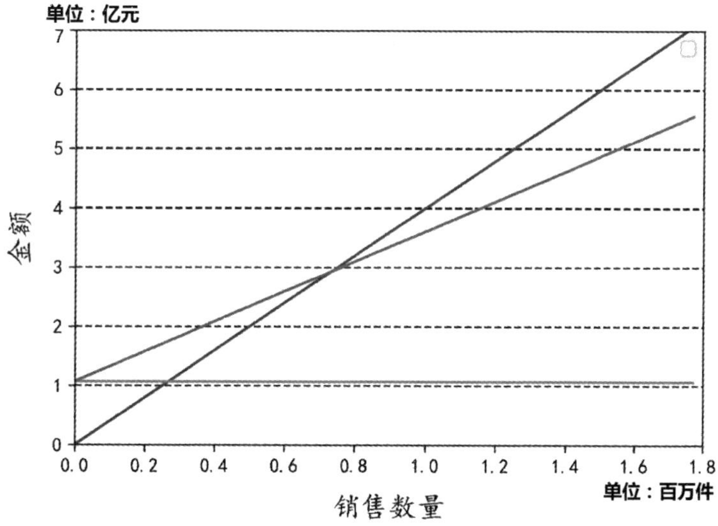

图 5－4 基本式盈亏平衡图

```
#绘制边际贡献式盈亏平衡图
figure = plt.figure()
plt.rcParams['font.sans - serif'] = 'SimHei'
plt.rcParams['axes.unicode_minus'] = False
plt.xlabel('销售数量\n\n 图 5 - 5:边际贡献式盈亏平衡图',fontdict = {'family':'KaiTi','color':'black','size':15},labelpad = 10)
plt.ylabel('金额',fontdict = {'family':'KaiTi','color':'black','size':15},labelpad = 10)
plt.legend(loc = 'upper right',fontsize = 10)
plt.grid(b = True,axis = 'y',color = 'black',linestyle = 'dashed',linewidth = 1)
plt.xlim(0,1.8e+06)
```

```
plt. ylim(0,7e +08)
# 绘制销售收入线
x = np. arange(0,1. 8e +06,3e +04)
y = 圆顶帐篷销售价格 * x
plt. plot(x,y)
# 绘制总变动成本线
x = np. arange(0,1. 8e +06,3e +04)
y = 产品边际贡献 . loc['二、变动成本','金额'] * x
plt. plot(x,y)
# 绘制总成本线
x = np. arange(0,1. 8e +06,3e +04)
y = 产品边际贡献 . loc['二、变动成本','金额'] * x + 固定成本汇总 . loc['三、固定成本总额','金额']
plt. plot(x,y)
plt. show( )
worksheet = workbook. sheets. add('边际贡献式盈亏平衡图')
worksheet. pictures. add(figure,top =50,left =100)
workbook. save(r'D:\数字化管理会计仿真实训\05 - 本量利分析\三种盈亏平衡图 . xlsx')
```

结果输出，如图 5 -5 所示。

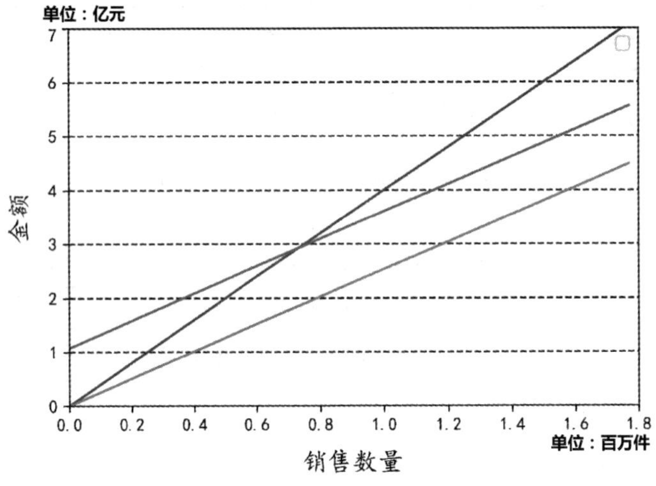

图 5 -5　边际贡献式盈亏平衡图

```
#绘制利量式盈亏平衡图
figure = plt. figure( )
plt. rcParams[ 'font. sans - serif'] = 'SimHei'
plt. rcParams[ 'axes. unicode_minus'] = False
plt. xlabel( '销售数量\n\n 图 5 -6:利量式盈亏平衡图',fontdict = {'family':'KaiTi','color':'black','size':15},labelpad = 10)
plt. ylabel( '金额',fontdict = {'family':'KaiTi','color':'black','size':15},labelpad = 10)
```

```
plt.legend(loc = 'upper right',fontsize = 10)
plt.grid(b = True,axis = 'y',color = 'black',linestyle = 'dashed',linewidth = 1)
plt.xlim(0,1.8e+06)
plt.ylim(-3e+08,4e+08)
# 绘制负的总固定成本线
x = np.arange(0,1.8e+06,3e+04)
y = 0 * x - 固定成本汇总.loc['三、固定成本总额','金额']
plt.plot(x,y)
# 绘制边际贡献总额线
x = np.arange(0,1.8e+06,3e+04)
y = 产品边际贡献.loc['四、单位边际贡献','金额'] * x - 固定成本汇总.loc['三、固定成本总额','金额']
plt.plot(x,y)
# 绘制横轴线
x = np.arange(0,1.8e+06,3e+04)
y = 0 * x
plt.plot(x,y)
plt.show()
worksheet = workbook.sheets.add('利量式盈亏平衡图')
worksheet.pictures.add(figure,top = 50,left = 100)
workbook.save(r'D:\数字化管理会计仿真实训\05 - 本量利分析\三种盈亏平衡图.xlsx')

workbook.close()
app.quit()
```

结果输出，如图 5－6 所示。

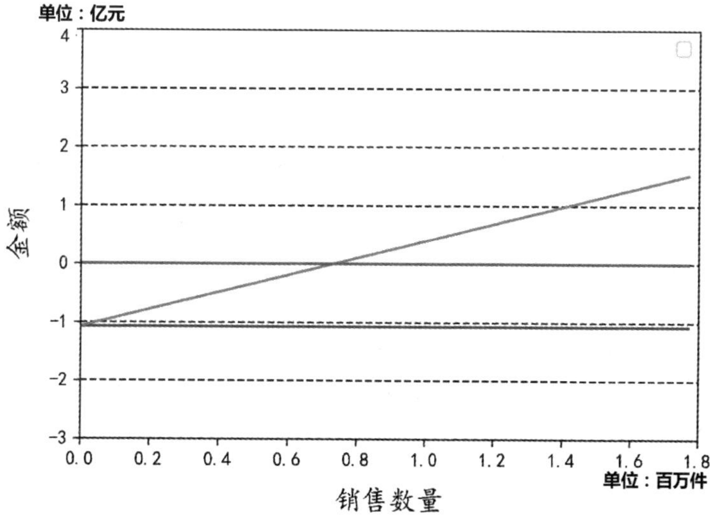

图 5－6　利量式盈亏平衡图

第六步：编制各因素变动时盈亏平衡点测算表。

```
# 固定成本总额变动时盈亏平衡点测算表
OPTION =7
Item = ['一、固定成本总额','二、变动幅度','三、变动后固定成本总额','四、销售价格','五、单位变动成本','六、圆顶帐篷单位边际贡献','七、盈亏平衡点数量','八、圆顶帐篷边际贡献率','九、盈亏平衡点收入']
固定成本总额变动盈亏平衡点测算 = pd.DataFrame(index = Item)
for i in range(0,OPTION):
    固定成本总额变动盈亏平衡点测算.insert(i,'情况{}'.format(i+1),0)

固定成本总额变动盈亏平衡点测算.loc['一、固定成本总额'] = 固定成本汇总.loc['三、固定成本总额','金额']
for i in range(1,OPTION +1):
    固定成本总额变动盈亏平衡点测算.loc['二、变动幅度','情况{}'.format(i)] = -OPTION//2/10 + (i)/10
固定成本总额变动盈亏平衡点测算.loc['三、变动后固定成本总额'] = 固定成本总额变动盈亏平衡点测算.loc['一、固定成本总额'] * (1 + 固定成本总额变动盈亏平衡点测算.loc['二、变动幅度'])
固定成本总额变动盈亏平衡点测算.loc['四、销售价格'] = 圆顶帐篷销售价格
固定成本总额变动盈亏平衡点测算.loc['五、单位变动成本'] = 单位产品变动成本.loc['三、合计','圆顶帐篷']
固定成本总额变动盈亏平衡点测算.loc['六、圆顶帐篷单位边际贡献'] = 固定成本总额变动盈亏平衡点测算.loc['四、销售价格'] - 固定成本总额变动盈亏平衡点测算.loc['五、单位变动成本']
固定成本总额变动盈亏平衡点测算.loc['七、盈亏平衡点数量'] = 固定成本总额变动盈亏平衡点测算.loc['三、变动后固定成本总额']/固定成本总额变动盈亏平衡点测算.loc['六、圆顶帐篷单位边际贡献']
固定成本总额变动盈亏平衡点测算.loc['八、圆顶帐篷边际贡献率'] = 固定成本总额变动盈亏平衡点测算.loc['六、圆顶帐篷单位边际贡献']/固定成本总额变动盈亏平衡点测算.loc['四、销售价格']
固定成本总额变动盈亏平衡点测算.loc['九、盈亏平衡点收入'] = 固定成本总额变动盈亏平衡点测算.loc['三、变动后固定成本总额']/固定成本总额变动盈亏平衡点测算.loc['八、圆顶帐篷边际贡献率']
固定成本总额变动盈亏平衡点测算.to_excel(r'D:\数字化管理会计仿真实训\05-本量利分析\固定成本总额变动盈亏平衡点测算.xlsx',sheet_name = 'Sheet1',float_format = '%.4f',index = True)
```

结果输出，如表5－10所示。

表5－10　　固定成本总额变动盈亏平衡点测算表　　单位：元

项　目	情况1	情况2	情况3	情况4	情况5	情况6	情况7
一、固定成本总额	107274224	107274224	107274224	107274224	107274224	107274224	107274224
二、变动幅度	－30%	－20%	－10%	0	10%	20%	30%
三、变动后固定成本总额	75091956.8	85819379.2	96546801.6	107274224	118001646.4	128729068.8	139456491.2
四、销售价格	400	400	400	400	400	400	400
五、单位变动成本	253.46	253.46	253.46	253.46	253.46	253.46	253.46
六、圆顶帐篷单位边际贡献	146.54	146.54	146.54	146.54	146.54	146.54	146.54
七、盈亏平衡点数量	512433.17	585637.91	658842.65	732047.39	805252.13	878456.86	951661.6
八、圆顶帐篷边际贡献率	36.63%	36.63%	36.63%	36.63%	36.63%	36.63%	36.63%
九、盈亏平衡点收入	204973268.2	234255163.6	263537059.1	292818954.6	322100850	351382745.5	380664640.9

```
# 销售价格变动时盈亏平衡点测算表
Item = ['一、固定成本总额','二、销售价格','三、变动幅度','四、变动后销售价格','五、单位变动成本','六、圆顶帐篷单位边际贡献','七、盈亏平衡点数量','八、圆顶帐篷边际贡献率','九、盈亏平衡点收入']
销售价格变动盈亏平衡点测算 = pd.DataFrame(index = Item)
for i in range(0,OPTION):
    销售价格变动盈亏平衡点测算.insert(i,'情况{}'.format(i+1),0)

销售价格变动盈亏平衡点测算.loc['一、固定成本总额'] = 固定成本汇总.loc['三、固定成本总额','金额']
销售价格变动盈亏平衡点测算.loc['二、销售价格'] = 圆顶帐篷销售价格
for i in range(1,OPTION+1):
    销售价格变动盈亏平衡点测算.loc['三、变动幅度','情况{}'.format(i)] = -OPTION//2/10 + (i)/10
销售价格变动盈亏平衡点测算.loc['四、变动后销售价格'] = 销售价格变动盈亏平衡点测算.loc['二、销售价格'] * (1 + 销售价格变动盈亏平衡点测算.loc['三、变动幅度'])
销售价格变动盈亏平衡点测算.loc['五、单位变动成本'] = 单位产品变动成本.loc['三、合计','圆顶帐篷']
销售价格变动盈亏平衡点测算.loc['六、圆顶帐篷单位边际贡献'] = 销售价格变动盈亏平衡点测算.loc['四、变动后销售价格'] - 销售价格变动盈亏平衡点测算.loc['五、单位变动成本']
销售价格变动盈亏平衡点测算.loc['七、盈亏平衡点数量'] = 销售价格变动盈亏平衡点测
```

```
算.loc['一、固定成本总额']/销售价格变动盈亏平衡点测算.loc['六、圆顶帐篷单位边际贡献']
销售价格变动盈亏平衡点测算.loc['八、圆顶帐篷边际贡献率'] = 销售价格变动盈亏平衡点测算.loc['六、圆顶帐篷单位边际贡献']/销售价格变动盈亏平衡点测算.loc['四、变动后销售价格']
销售价格变动盈亏平衡点测算.loc['九、盈亏平衡点收入'] = 销售价格变动盈亏平衡点测算.loc['一、固定成本总额']/销售价格变动盈亏平衡点测算.loc['八、圆顶帐篷边际贡献率']
销售价格变动盈亏平衡点测算.to_excel(r'D:\数字化管理会计仿真实训\05 - 本量利分析\销售价格变动盈亏平衡点测算.xlsx',sheet_name = 'Sheet1',float_format = '%.4f',index = True)
```

结果输出，如表5-11所示。

表5-11 **销售价格变动盈亏平衡点测算表** 单位：元

项　目	情况1	情况2	情况3	情况4	情况5	情况6	情况7
一、固定成本总额	107274224	107274224	107274224	107274224	107274224	107274224	107274224
二、销售价格	400	400	400	400	400	400	400
三、变动幅度	-30%	-20%	-10%	0	10%	20%	30%
四、变动后销售价格	280	320	360	400	440	480	520
五、单位变动成本	253.46	253.46	253.46	253.46	253.46	253.46	253.46
六、圆顶帐篷单位边际贡献	26.54	66.54	106.54	146.54	186.54	226.54	266.54
七、盈亏平衡点数量	4041982.82	1612176.5	1006891.53	732047.39	575073.57	473533.26	402469.51
八、圆顶帐篷边际贡献率	9.48%	20.79%	29.59%	36.63%	42.40%	47.20%	51.26%
九、盈亏平衡点收入	1131755189	515896478.5	362480952.1	292818954.6	253032371.4	227295963.3	209284146.8

```
# 单位变动成本变动时盈亏平衡点测算表
Item = ['一、固定成本总额','二、销售价格','三、单位变动成本','四、变动幅度','五、变动后单位变动成本','六、圆顶帐篷单位边际贡献','七、盈亏平衡点数量','八、圆顶帐篷边际贡献率','九、盈亏平衡点收入']
单位变动成本变动盈亏平衡点测算 = pd.DataFrame(index = Item)
for i in range(0,OPTION):
    单位变动成本变动盈亏平衡点测算.insert(i,'情况{}'.format(i+1),0)

单位变动成本变动盈亏平衡点测算.loc['一、固定成本总额'] = 固定成本汇总.loc['三、固定成本总额','金额']
单位变动成本变动盈亏平衡点测算.loc['二、销售价格'] = 圆顶帐篷销售价格
单位变动成本变动盈亏平衡点测算.loc['三、单位变动成本'] = 单位产品变动成本.loc
```

```
['三、合计','圆顶帐篷']
for i in range(1,OPTION +1):
    单位变动成本变动盈亏平衡点测算.loc['四、变动幅度','情况{}'.format(i)] = -OPTION//2/10 + (i)/10
单位变动成本变动盈亏平衡点测算.loc['五、变动后单位变动成本'] = 单位变动成本变动盈亏平衡点测算.loc['三、单位变动成本'] * (1 + 单位变动成本变动盈亏平衡点测算.loc['四、变动幅度'])
单位变动成本变动盈亏平衡点测算.loc['六、圆顶帐篷单位边际贡献'] = 单位变动成本变动盈亏平衡点测算.loc['二、销售价格'] - 单位变动成本变动盈亏平衡点测算.loc['五、变动后单位变动成本']
单位变动成本变动盈亏平衡点测算.loc['七、盈亏平衡点数量'] = 单位变动成本变动盈亏平衡点测算.loc['一、固定成本总额']/单位变动成本变动盈亏平衡点测算.loc['六、圆顶帐篷单位边际贡献']
单位变动成本变动盈亏平衡点测算.loc['八、圆顶帐篷边际贡献率'] = 单位变动成本变动盈亏平衡点测算.loc['六、圆顶帐篷单位边际贡献']/单位变动成本变动盈亏平衡点测算.loc['二、销售价格']
单位变动成本变动盈亏平衡点测算.loc['九、盈亏平衡点收入'] = 单位变动成本变动盈亏平衡点测算.loc['一、固定成本总额']/单位变动成本变动盈亏平衡点测算.loc['八、圆顶帐篷边际贡献率']
单位变动成本变动盈亏平衡点测算.to_excel(r'D:\数字化管理会计仿真实训\05-本量利分析\单位变动成本变动盈亏平衡点测算.xlsx',sheet_name='Sheet1',float_format='%.4f',index=True)
```

结果输出，如表5-12所示。

表5-12　**单位变动成本变动盈亏平衡点测算表**　单位：元

项　目	情况1	情况2	情况3	情况4	情况5	情况6	情况7
一、固定成本总额	107274224	107274224	107274224	107274224	107274224	107274224	107274224
二、销售价格	400	400	400	400	400	400	400
三、单位变动成本	253.46	253.46	253.46	253.46	253.46	253.46	253.46
四、变动幅度	-30%	-20%	-10%	0	10%	20%	30%
五、变动后单位变动成本	177.42	202.77	228.11	253.46	278.81	304.15	329.5
六、圆顶帐篷单位边际贡献	222.58	197.23	171.89	146.54	121.19	95.85	70.5
七、盈亏平衡点数量	481962.39	543898.68	624101	732047.39	885144.68	1119211.92	1521577.03
八、圆顶帐篷边际贡献率	55.64%	49.31%	42.97%	36.63%	30.30%	23.96%	17.63%
九、盈亏平衡点收入	192784954.5	217559471.1	249640398.9	292818954.6	354057870.9	447684767.6	608630813.3

第七步：编制保利点和安全边际测算表。

```
目标税后利润 = 44445582
Item = ['一、目标税后利润','二、所得税税率','三、目标税前利润','四、固定成本总额','五、所需边际贡献总额','六、圆顶帐篷单位边际贡献','七、保利点数量','八、盈亏平衡数量','九、保本作业率','十、安全边际数量','十一、安全边际率']
保利点数量和安全边际测算 = pd.DataFrame(index = Item)
保利点数量和安全边际测算.insert(0,'金额',0)

保利点数量和安全边际测算.loc['一、目标税后利润'] = 目标税后利润
保利点数量和安全边际测算.loc['二、所得税税率'] = 所得税税率
保利点数量和安全边际测算.loc['三、目标税前利润'] = 保利点数量和安全边际测算.loc['一、目标税后利润']/(1 - 保利点数量和安全边际测算.loc['二、所得税税率'])
保利点数量和安全边际测算.loc['四、固定成本总额'] = 固定成本汇总.loc['三、固定成本总额','金额']
保利点数量和安全边际测算.loc['五、所需边际贡献总额'] = 保利点数量和安全边际测算.loc['四、固定成本总额'] + 保利点数量和安全边际测算.loc['三、目标税前利润']
保利点数量和安全边际测算.loc['六、圆顶帐篷单位边际贡献'] = 产品边际贡献.loc['四、单位边际贡献']
保利点数量和安全边际测算.loc['七、保利点数量'] = 保利点数量和安全边际测算.loc['五、所需边际贡献总额']/保利点数量和安全边际测算.loc['六、圆顶帐篷单位边际贡献']
保利点数量和安全边际测算.loc['八、盈亏平衡数量'] = 保利点数量和安全边际测算.loc['四、固定成本总额']/保利点数量和安全边际测算.loc['六、圆顶帐篷单位边际贡献']
保利点数量和安全边际测算.loc['九、保本作业率'] = 保利点数量和安全边际测算.loc['八、盈亏平衡数量']/保利点数量和安全边际测算.loc['七、保利点数量']
保利点数量和安全边际测算.loc['十、安全边际数量'] = 保利点数量和安全边际测算.loc['七、保利点数量'] - 保利点数量和安全边际测算.loc['八、盈亏平衡数量']
保利点数量和安全边际测算.loc['十一、安全边际率'] = 保利点数量和安全边际测算.loc['十、安全边际数量']/保利点数量和安全边际测算.loc['七、保利点数量']
保利点数量和安全边际测算.to_excel(r'D:\数字化管理会计仿真实训\05 - 本量利分析\保利点数量和安全边际测算.xlsx', sheet_name = 'Sheet1', float_format = '%.4f', index = True)
```

结果输出，如表 5 - 13 所示。

表 5 - 13　　保利点和安全边际测算表　　单位：元

项　目	金　额
一、目标税后利润	44445582
二、所得税税率	25%
三、目标税前利润	59260776

续表

项　目	金　额
四、固定成本总额	107274224
五、所需边际贡献总额	166535000
六、圆顶帐篷单位边际贡献	146.54
七、保利点数量	1136447.39
八、盈亏平衡数量	732047.39
九、保本作业率	64.42%
十、安全边际数量	404400
十一、安全边际率	35.58%

第八步：编制基本经营杠杆系数测算表。

```
Item = ['一、满负荷产能','二、产能利用率','三、销售数量','四、单位边际贡献','五、边际贡献总额','六、固定成本总额','七、经营杠杆系数']
基本经营杠杆系数测算 = pd.DataFrame(index = Item)
基本经营杠杆系数测算.insert(0,'金额',0)

基本经营杠杆系数测算.loc['一、满负荷产能'] = 满负荷产能
基本经营杠杆系数测算.loc['二、产能利用率'] = 产能利用率
基本经营杠杆系数测算.loc['三、销售数量'] = 基本经营杠杆系数测算.loc['一、满负荷产能'] * 基本经营杠杆系数测算.loc['二、产能利用率']
基本经营杠杆系数测算.loc['四、单位边际贡献'] = 产品边际贡献.loc['四、单位边际贡献']
基本经营杠杆系数测算.loc['五、边际贡献总额'] = 基本经营杠杆系数测算.loc['三、销售数量'] * 基本经营杠杆系数测算.loc['四、单位边际贡献']
基本经营杠杆系数测算.loc['六、固定成本总额'] = 固定成本汇总.loc['三、固定成本总额','金额']
基本经营杠杆系数测算.loc['七、经营杠杆系数'] = 基本经营杠杆系数测算.loc['五、边际贡献总额']/(基本经营杠杆系数测算.loc['五、边际贡献总额'] - 基本经营杠杆系数测算.loc['六、固定成本总额'])
基本经营杠杆系数测算.to_excel(r'D:\数字化管理会计仿真实训\05 - 本量利分析\基本经营杠杆系数测算.xlsx',sheet_name = 'Sheet1',float_format = '%.2f',index = True)
```

结果输出，如表 5 - 14 所示。

表 5 - 14　　基本经营杠杆系数测算表　　单位：元

项　目	金　额
一、满负荷产能	1000000
二、产能利用率	100%
三、销售数量	1000000
四、单位边际贡献	146.54

续表

项　目	金　额
五、边际贡献总额	146540000
六、固定成本总额	107274224
七、经营杠杆系数	3.73

第九步：编制各因素变动时经营杠杆系数测算表。

```
# 产能利用率变动时经营杠杆系数测算表
OPTION = 7
Item = ['一、满负荷产能','二、产能利用率','三、销售数量','四、单位边际贡献','五、边际贡献总额','六、固定成本总额','七、经营杠杆系数']
产能利用率变动经营杠杆系数测算 = pd.DataFrame(index = Item)
for i in range(0,OPTION):
    产能利用率变动经营杠杆系数测算.insert(i,'情况{}'.format(i+1),0)

产能利用率变动经营杠杆系数测算.loc['一、满负荷产能'] = 满负荷产能
for i in range(1,OPTION+1):
    产能利用率变动经营杠杆系数测算.loc['二、产能利用率','情况{}'.format(i)] = OPTION/10 + (i-1)/10
产能利用率变动经营杠杆系数测算.loc['三、销售数量'] = 产能利用率变动经营杠杆系数测算.loc['一、满负荷产能'] * 产能利用率变动经营杠杆系数测算.loc['二、产能利用率']
产能利用率变动经营杠杆系数测算.loc['四、单位边际贡献'] = 产品边际贡献.loc['四、单位边际贡献','金额']
产能利用率变动经营杠杆系数测算.loc['五、边际贡献总额'] = 产能利用率变动经营杠杆系数测算.loc['三、销售数量'] * 产能利用率变动经营杠杆系数测算.loc['四、单位边际贡献']
产能利用率变动经营杠杆系数测算.loc['六、固定成本总额'] = 固定成本汇总.loc['三、固定成本总额','金额']
产能利用率变动经营杠杆系数测算.loc['七、经营杠杆系数'] = 产能利用率变动经营杠杆系数测算.loc['五、边际贡献总额']/(产能利用率变动经营杠杆系数测算.loc['五、边际贡献总额'] - 产能利用率变动经营杠杆系数测算.loc['六、固定成本总额'])
产能利用率变动经营杠杆系数测算.to_excel(r'D:\数字化管理会计仿真实训\05-本量利分析\产能利用率变动经营杠杆系数测算.xlsx',sheet_name='Sheet1',float_format='%.2f',index=True)
```

结果输出，如表5-15所示。

表5-15　产能利用率变动时经营杠杆系数测算表　　单位：元

项　目	情况1	情况2	情况3	情况4	情况5	情况6	情况7
一、满负荷产能	1000000	1000000	1000000	1000000	1000000	1000000	1000000
二、产能利用率	70%	80%	90%	100%	110%	120%	130%

续表

项　目	情况 1	情况 2	情况 3	情况 4	情况 5	情况 6	情况 7
三、销售数量	700000	800000	900000	1000000	1100000	1200000	1300000
四、单位边际贡献	146.54	146.54	146.54	146.54	146.54	146.54	146.54
五、边际贡献总额	102578000	117232000	131886000	146540000	161194000	175848000	190502000
六、固定成本总额	107274224	107274224	107274224	107274224	107274224	107274224	107274224
七、经营杠杆系数	-21.84	11.77	5.36	3.73	2.99	2.56	2.29

```
# 销售价格变动时经营杠杆系数测算表
Item = ['一、销售数量','二、销售价格','三、变动幅度','四、变动后销售价格','五、单位变动成本','六、单位边际贡献','七、边际贡献总额','八、固定成本总额','九、经营杠杆系数']
销售价格变动经营杠杆系数测算 = pd.DataFrame(index = Item)
for i in range(0,OPTION):
    销售价格变动经营杠杆系数测算.insert(i,'情况{}'.format(i+1),0)

销售价格变动经营杠杆系数测算.loc['一、销售数量'] = 满负荷产能
销售价格变动经营杠杆系数测算.loc['二、销售价格'] = 圆顶帐篷销售价格
for i in range(1,OPTION+1):
    销售价格变动经营杠杆系数测算.loc['三、变动幅度','情况{}'.format(i)] = -OPTION//2/10+(i)/10
销售价格变动经营杠杆系数测算.loc['四、变动后销售价格'] = 销售价格变动经营杠杆系数测算.loc['二、销售价格'] * (1 + 销售价格变动经营杠杆系数测算.loc['三、变动幅度'])
销售价格变动经营杠杆系数测算.loc['五、单位变动成本'] = 单位产品变动成本.loc['三、合计','圆顶帐篷']
销售价格变动经营杠杆系数测算.loc['六、单位边际贡献'] = 销售价格变动经营杠杆系数测算.loc['四、变动后销售价格'] - 销售价格变动经营杠杆系数测算.loc['五、单位变动成本']
销售价格变动经营杠杆系数测算.loc['七、边际贡献总额'] = 销售价格变动经营杠杆系数测算.loc['一、销售数量'] * 销售价格变动经营杠杆系数测算.loc['六、单位边际贡献']
销售价格变动经营杠杆系数测算.loc['八、固定成本总额'] = 固定成本汇总.loc['三、固定成本总额','金额']
销售价格变动经营杠杆系数测算.loc['九、经营杠杆系数'] = 销售价格变动经营杠杆系数测算.loc['七、边际贡献总额']/(销售价格变动经营杠杆系数测算.loc['七、边际贡献总额'] - 销售价格变动经营杠杆系数测算.loc['八、固定成本总额'])
销售价格变动经营杠杆系数测算.to_excel(r'D:\数字化管理会计仿真实训\05-本量利分析\销售价格变动经营杠杆系数测算.xlsx',sheet_name = 'Sheet1',float_format = '%.2f',index = True)
```

结果输出，如表 5-16 所示。

表 5-16　　销售价格变动时经营杠杆系数测算表　　单位：元

项　目	情况 1	情况 2	情况 3	情况 4	情况 5	情况 6	情况 7
一、销售数量	1000000	1000000	1000000	1000000	1000000	1000000	1000000
二、销售价格	400	400	400	400	400	400	400
三、变动幅度	-30%	-20%	-10%	0	10%	20%	30%
四、变动后销售价格	280	320	360	400	440	480	520
五、单位变动成本	253.46	253.46	253.46	253.46	253.46	253.46	253.46
六、单位边际贡献	26.54	66.54	106.54	146.54	186.54	226.54	266.54
七、边际贡献总额	26540000	66540000	106540000	146540000	186540000	226540000	266540000
八、固定成本总额	107274224	107274224	107274224	107274224	107274224	107274224	107274224
九、经营杠杆系数	-0.33	-1.63	-145.11	3.73	2.35	1.9	1.67

```
# 单位变动成本变动时经营杠杆系数测算表
Item = ['一、销售数量','二、销售价格','三、单位变动成本','四、变动幅度','五、变动后单位变动成本','六、单位边际贡献','七、边际贡献总额','八、固定成本总额','九、经营杠杆系数']
单位变动成本变动经营杠杆系数测算 = pd.DataFrame(index = Item)
for i in range(0,OPTION):
    单位变动成本变动经营杠杆系数测算.insert(i,'情况{}'.format(i+1),0)

单位变动成本变动经营杠杆系数测算.loc['一、销售数量'] = 满负荷产能
单位变动成本变动经营杠杆系数测算.loc['二、销售价格'] = 圆顶帐篷销售价格
单位变动成本变动经营杠杆系数测算.loc['三、单位变动成本'] = 单位产品变动成本.loc['三、合计','圆顶帐篷']
for i in range(1,OPTION+1):
    单位变动成本变动经营杠杆系数测算.loc['四、变动幅度','情况{}'.format(i)] = -OPTION//2/10+(i)/10
单位变动成本变动经营杠杆系数测算.loc['五、变动后单位变动成本'] = 单位变动成本变动经营杠杆系数测算.loc['三、单位变动成本'] * (1+单位变动成本变动经营杠杆系数测算.loc['四、变动幅度'])
单位变动成本变动经营杠杆系数测算.loc['六、单位边际贡献'] = 单位变动成本变动经营杠杆系数测算.loc['二、销售价格'] - 单位变动成本变动经营杠杆系数测算.loc['五、变动后单位变动成本']
单位变动成本变动经营杠杆系数测算.loc['七、边际贡献总额'] = 单位变动成本变动经营杠杆系数测算.loc['一、销售数量'] * 单位变动成本变动经营杠杆系数测算.loc['六、单位边际贡献']
单位变动成本变动经营杠杆系数测算.loc['八、固定成本总额'] = 固定成本汇总.loc['三、固定成本总额','金额']
```

单位变动成本变动经营杠杆系数测算 . loc['九、经营杠杆系数'] = 单位变动成本变动经营杠杆系数测算 . loc['七、边际贡献总额']/(单位变动成本变动经营杠杆系数测算 . loc['七、边际贡献总额'] - 单位变动成本变动经营杠杆系数测算 . loc['八、固定成本总额'])
单位变动成本变动经营杠杆系数测算 . to_excel(r'D:\数字化管理会计仿真实训\05 - 本量利分析\单位变动成本变动经营杠杆系数测算 . xlsx', sheet_name = 'Sheet1', float_format = '%. 2f', index = True)

结果输出，如表 5 - 17 所示。

表 5 - 17　单位变动成本变动时经营杠杆系数测算表　单位：元

项　目	情况 1	情况 2	情况 3	情况 4	情况 5	情况 6	情况 7
一、销售数量	1000000	1000000	1000000	1000000	1000000	1000000	1000000
二、销售价格	400	400	400	400	400	400	400
三、单位变动成本	253. 46	253. 46	253. 46	253. 46	253. 46	253. 46	253. 46
四、变动幅度	-30%	-20%	-10%	0	10%	20%	30%
五、变动后单位变动成本	177. 42	202. 77	228. 11	253. 46	278. 81	304. 15	329. 5
六、单位边际贡献	222. 58	197. 23	171. 89	146. 54	121. 19	95. 85	70. 5
七、边际贡献总额	222578000	197232000	171886000	146540000	121194000	95848000	70502000
八、固定成本总额	107274224	107274224	107274224	107274224	107274224	107274224	107274224
九、经营杠杆系数	1. 93	2. 19	2. 66	3. 73	8. 71	-8. 39	-1. 92

```
# 固定成本变动时经营杠杆系数测算表
Item = ['一、销售数量','二、销售价格','三、单位变动成本','四、单位边际贡献','五、边际贡献总额','六、固定成本总额','七、变动幅度','八、变动后固定成本总额','九、经营杠杆系数']
固定成本变动经营杠杆系数测算 = pd. DataFrame(index = Item)
for i in range(0, OPTION):
    固定成本变动经营杠杆系数测算 . insert(i, '情况{}'. format(i + 1), 0)

固定成本变动经营杠杆系数测算 . loc['一、销售数量'] = 满负荷产能
固定成本变动经营杠杆系数测算 . loc['二、销售价格'] = 圆顶帐篷销售价格
固定成本变动经营杠杆系数测算 . loc['三、单位变动成本'] = 单位产品变动成本 . loc['三、合计', '圆顶帐篷']
固定成本变动经营杠杆系数测算 . loc['四、单位边际贡献'] = 固定成本变动经营杠杆系数测算 . loc['二、销售价格'] - 固定成本变动经营杠杆系数测算 . loc['三、单位变动成本']
固定成本变动经营杠杆系数测算 . loc['五、边际贡献总额'] = 固定成本变动经营杠杆系数测算 . loc['一、销售数量'] * 固定成本变动经营杠杆系数测算 . loc['四、单位边际贡献']
固定成本变动经营杠杆系数测算 . loc['六、固定成本总额'] = 固定成本汇总 . loc['三、固定成本总额', '金额']
for i in range(1, OPTION + 1):
    固定成本变动经营杠杆系数测算 . loc['七、变动幅度', '情况{}'. format(i)] = - OP-
```

```
    TION//2/10 + (i)/10
固定成本变动经营杠杆系数测算.loc['八、变动后固定成本总额'] = 固定成本变动经营杠杆系数测算.loc['六、固定成本总额'] * (1 + 固定成本变动经营杠杆系数测算.loc['七、变动幅度'])
固定成本变动经营杠杆系数测算.loc['九、经营杠杆系数'] = 固定成本变动经营杠杆系数测算.loc['五、边际贡献总额']/(固定成本变动经营杠杆系数测算.loc['五、边际贡献总额'] - 固定成本变动经营杠杆系数测算.loc['八、变动后固定成本总额'])
固定成本变动经营杠杆系数测算.to_excel(r'D:\数字化管理会计仿真实训\05 - 本量利分析\固定成本变动经营杠杆系数测算.xlsx', sheet_name = 'Sheet1', float_format = '%.2f', index = True)
```

结果输出，如表 5 - 18 所示。

表 5 - 18　　固定成本变动时经营杠杆系数测算表　　单位：元

项　目	情况 1	情况 2	情况 3	情况 4	情况 5	情况 6	情况 7
一、销售数量	1000000	1000000	1000000	1000000	1000000	1000000	1000000
二、销售价格	400	400	400	400	400	400	400
三、单位变动成本	253.46	253.46	253.46	253.46	253.46	253.46	253.46
四、单位边际贡献	146.54	146.54	146.54	146.54	146.54	146.54	146.54
五、边际贡献总额	146540000	146540000	146540000	146540000	146540000	146540000	146540000
六、固定成本总额	107274224	107274224	107274224	107274224	107274224	107274224	107274224
七、变动幅度	-30%	-20%	-10%	0	10%	20%	30%
八、变动后固定成本总额	75091956.8	85819379.2	96546801.6	107274224	118001646.4	128729068.8	139456491.2
九、经营杠杆系数	2.05	2.41	2.93	3.73	5.13	8.23	20.69

第十步：编制各因素敏感性分析表。

```
# 销售数量敏感性分析表
敏感性分析变化系数 = 1.05
Item = ['一、销售数量','二、变化系数','三、变化后销售数量','四、销售价格','五、单位变动成本','六、单位边际贡献','七、边际贡献总额','八、固定成本总额','九、利润总额','十、利润变化幅度','十一、敏感系数']
销售数量敏感性分析 = pd.DataFrame(index = Item)
销售数量敏感性分析.insert(0,'变化前',0)
销售数量敏感性分析.insert(1,'变化后',0)

销售数量敏感性分析.loc['一、销售数量'] = 满负荷产能
销售数量敏感性分析.loc['二、变化系数','变化前'] = 1
销售数量敏感性分析.loc['二、变化系数','变化后'] = 敏感性分析变化系数
销售数量敏感性分析.loe['三、变化后销售数量'] = 销售数量敏感性分析.loc['一、销售数
```

```
量'] * 销售数量敏感性分析.loc['二、变化系数']
销售数量敏感性分析.loc['四、销售价格'] = 圆顶帐篷销售价格
销售数量敏感性分析.loc['五、单位变动成本'] = 单位产品变动成本.loc['三、合计','圆顶帐篷']
销售数量敏感性分析.loc['六、单位边际贡献'] = 产品边际贡献.loc['四、单位边际贡献','金额']
销售数量敏感性分析.loc['七、边际贡献总额'] = 销售数量敏感性分析.loc['三、变化后销售数量'] * 销售数量敏感性分析.loc['六、单位边际贡献']
销售数量敏感性分析.loc['八、固定成本总额'] = 固定成本汇总.loc['三、固定成本总额','金额']
销售数量敏感性分析.loc['九、利润总额'] = 销售数量敏感性分析.loc['七、边际贡献总额'] - 销售数量敏感性分析.loc['八、固定成本总额']
销售数量敏感性分析.loc['十、利润变化幅度','变化前'] = ''
销售数量敏感性分析.loc['十、利润变化幅度','变化后'] = 销售数量敏感性分析.loc['九、利润总额','变化后']/销售数量敏感性分析.loc['九、利润总额','变化前'] - 1
销售数量敏感性分析.loc['十一、敏感系数','变化前'] = ''
销售数量敏感性分析.loc['十一、敏感系数','变化后'] = 销售数量敏感性分析.loc['十、利润变化幅度','变化后']/(销售数量敏感性分析.loc['二、变化系数','变化后'] - 销售数量敏感性分析.loc['二、变化系数','变化前'])
销售数量敏感性分析.to_excel(r'D:\数字化管理会计仿真实训\05 - 本量利分析\销售数量敏感性分析.xlsx',sheet_name = 'Sheet1',float_format = '%.4f',index = True)
```

结果输出，如表 5 - 19 所示。

表 5 - 19　　销售数量敏感性分析表　　单位：元

项　目	变化前	变化后
一、销售数量	1000000	1000000
二、变化系数	1	1.05
三、变化后销售数量	1000000	1050000
四、销售价格	400	400
五、单位变动成本	253.46	253.46
六、单位边际贡献	146.54	146.54
七、边际贡献总额	146540000	153867000
八、固定成本总额	107274224	107274224
九、利润总额	39265776	46592776
十、利润变化幅度		18.66%
十一、敏感系数		3.732

```
# 销售价格敏感性分析表
Item = ['一、销售数量','二、销售价格','三、变化系数','四、变化后销售价格','五、单位变动
```

```
成本','六、单位边际贡献','七、边际贡献总额','八、固定成本总额','九、利润总额','十、利润变化幅度','十一、敏感系数']
销售价格敏感性分析 = pd.DataFrame(index = Item)
销售价格敏感性分析.insert(0,'变化前',0)
销售价格敏感性分析.insert(1,'变化后',0)

销售价格敏感性分析.loc['一、销售数量'] = 满负荷产能
销售价格敏感性分析.loc['二、销售价格'] = 圆顶帐篷销售价格
销售价格敏感性分析.loc['三、变化系数','变化前'] = 1
销售价格敏感性分析.loc['三、变化系数','变化后'] = 敏感性分析变化系数
销售价格敏感性分析.loc['四、变化后销售价格'] = 销售价格敏感性分析.loc['二、销售价格'] * 销售价格敏感性分析.loc['三、变化系数']
销售价格敏感性分析.loc['五、单位变动成本'] = 单位产品变动成本.loc['三、合计','圆顶帐篷']
销售价格敏感性分析.loc['六、单位边际贡献'] = 销售价格敏感性分析.loc['四、变化后销售价格'] - 销售价格敏感性分析.loc['五、单位变动成本']
销售价格敏感性分析.loc['七、边际贡献总额'] = 销售价格敏感性分析.loc['一、销售数量'] * 销售价格敏感性分析.loc['六、单位边际贡献']
销售价格敏感性分析.loc['八、固定成本总额'] = 固定成本汇总.loc['三、固定成本总额','金额']
销售价格敏感性分析.loc['九、利润总额'] = 销售价格敏感性分析.loc['七、边际贡献总额'] - 销售价格敏感性分析.loc['八、固定成本总额']
销售价格敏感性分析.loc['十、利润变化幅度','变化前'] = ''
销售价格敏感性分析.loc['十、利润变化幅度','变化后'] = 销售价格敏感性分析.loc['九、利润总额','变化后']/销售价格敏感性分析.loc['九、利润总额','变化前'] - 1
销售价格敏感性分析.loc['十一、敏感系数','变化前'] = ''
销售价格敏感性分析.loc['十一、敏感系数','变化后'] = 销售价格敏感性分析.loc['十、利润变化幅度','变化后']/(销售价格敏感性分析.loc['三、变化系数','变化后'] - 销售价格敏感性分析.loc['三、变化系数','变化前'])
销售价格敏感性分析.to_excel(r'D:\数字化管理会计仿真实训\05-本量利分析\销售价格敏感性分析.xlsx',sheet_name = 'Sheet1',float_format = '%.4f',index = True)
```

结果输出，如表 5－20 所示。

表 5－20　　　　销售价格敏感性分析表　　　　单位：元

项　目	变化前	变化后
一、销售数量	1000000	1000000
二、销售价格	400	400
三、变化系数	1	1.05

续表

项　目	变化前	变化后
四、变化后销售价格	400	420
五、单位变动成本	253.46	253.46
六、单位边际贡献	146.54	166.54
七、边际贡献总额	146540000	166540000
八、固定成本总额	107274224	107274224
九、利润总额	39265776	59265776
十、利润变化幅度		50.93%
十一、敏感系数		10.187

```
# 单位变动成本敏感性分析表
Item = ['一、销售数量','二、销售价格','三、单位变动成本','四、变化系数','五、变化后单位变动成本','六、单位边际贡献','七、边际贡献总额','八、固定成本总额','九、利润总额','十、利润变化幅度','十一、敏感系数']
单位变动成本敏感性分析 = pd.DataFrame(index = Item)
单位变动成本敏感性分析.insert(0,'变化前',0)
单位变动成本敏感性分析.insert(1,'变化后',0)

单位变动成本敏感性分析.loc['一、销售数量'] = 满负荷产能
单位变动成本敏感性分析.loc['二、销售价格'] = 圆顶帐篷销售价格
单位变动成本敏感性分析.loc['三、单位变动成本'] = 单位产品变动成本.loc['三、合计','圆顶帐篷']
单位变动成本敏感性分析.loc['四、变化系数','变化前'] = 1
单位变动成本敏感性分析.loc['四、变化系数','变化后'] = 敏感性分析变化系数
单位变动成本敏感性分析.loc['五、变化后单位变动成本'] = 单位变动成本敏感性分析.loc['三、单位变动成本'] * 单位变动成本敏感性分析.loc['四、变化系数']
单位变动成本敏感性分析.loc['六、单位边际贡献'] = 单位变动成本敏感性分析.loc['二、销售价格'] - 单位变动成本敏感性分析.loc['五、变化后单位变动成本']
单位变动成本敏感性分析.loc['七、边际贡献总额'] = 单位变动成本敏感性分析.loc['一、销售数量'] * 单位变动成本敏感性分析.loc['六、单位边际贡献']
单位变动成本敏感性分析.loc['八、固定成本总额'] = 固定成本汇总.loc['三、固定成本总额','金额']
单位变动成本敏感性分析.loc['九、利润总额'] = 单位变动成本敏感性分析.loc['七、边际贡献总额'] - 单位变动成本敏感性分析.loc['八、固定成本总额']
单位变动成本敏感性分析.loc['十、利润变化幅度','变化前'] = ''
单位变动成本敏感性分析.loc['十、利润变化幅度','变化后'] = 单位变动成本敏感性分析.loc['九、利润总额','变化后']/单位变动成本敏感性分析.loc['九、利润总额','变化前'] - 1
```

单位变动成本敏感性分析.loc['十一、敏感系数','变化前'] = ''
单位变动成本敏感性分析.loc['十一、敏感系数','变化后'] = 单位变动成本敏感性分析.loc['十、利润变化幅度','变化后']/(单位变动成本敏感性分析.loc['四、变化系数','变化后'] - 单位变动成本敏感性分析.loc['四、变化系数','变化前'])
单位变动成本敏感性分析.to_excel(r'D:\数字化管理会计仿真实训\05 - 本量利分析\单位变动成本敏感性分析.xlsx',sheet_name = 'Sheet1',float_format = '%.4f',index = True)

结果输出，如表 5 - 21 所示。

表 5 - 21　　单位变动成本敏感性分析表　　单位：元

项　目	变化前	变化后
一、销售数量	1000000	1000000
二、销售价格	400	400
三、单位变动成本	253.46	253.46
四、变化系数	1	1.05
五、变化后单位变动成本	253.46	266.13
六、单位边际贡献	146.54	133.87
七、边际贡献总额	146540000	133867000
八、固定成本总额	107274224	107274224
九、利润总额	39265776	26592776
十、利润变化幅度		-32.27%
十一、敏感系数		-6.455

```
# 固定成本敏感性分析表
Item = ['一、销售数量','二、销售价格','三、单位变动成本','四、单位边际贡献','五、边际贡献总额','六、固定成本总额','七、变化系数','八、变化后固定成本总额','九、利润总额','十、利润变化幅度','十一、敏感系数']
固定成本敏感性分析 = pd.DataFrame(index = Item)
固定成本敏感性分析.insert(0,'变化前',0)
固定成本敏感性分析.insert(1,'变化后',0)

固定成本敏感性分析.loc['一、销售数量'] = 满负荷产能
固定成本敏感性分析.loc['二、销售价格'] = 圆顶帐篷销售价格
固定成本敏感性分析.loc['三、单位变动成本'] = 单位产品变动成本.loc['三、合计','圆顶帐篷']
固定成本敏感性分析.loc['四、单位边际贡献'] = 产品边际贡献.loc['四、单位边际贡献','金额']
固定成本敏感性分析.loc['五、边际贡献总额'] = 固定成本敏感性分析.loc['一、销售数量'] * 固定成本敏感性分析.loc['四、单位边际贡献']
固定成本敏感性分析.loc['六、固定成本总额'] = 固定成本汇总.loc['三、固定成本总额',
```

'金额']

固定成本敏感性分析 . loc['七、变化系数','变化前'] = 1

固定成本敏感性分析 . loc['七、变化系数','变化后'] = 敏感性分析变化系数

固定成本敏感性分析 . loc['八、变化后固定成本总额'] = 固定成本敏感性分析 . loc['六、固定成本总额'] * 固定成本敏感性分析 . loc['七、变化系数']

固定成本敏感性分析 . loc['九、利润总额'] = 固定成本敏感性分析 . loc['五、边际贡献总额'] - 固定成本敏感性分析 . loc['八、变化后固定成本总额']

固定成本敏感性分析 . loc['十、利润变化幅度','变化前'] = ''

固定成本敏感性分析 . loc['十、利润变化幅度','变化后'] = 固定成本敏感性分析 . loc['九、利润总额','变化后']/固定成本敏感性分析 . loc['九、利润总额','变化前'] - 1

固定成本敏感性分析 . loc['十一、敏感系数','变化前'] = ''

固定成本敏感性分析 . loc['十一、敏感系数','变化后'] = 固定成本敏感性分析 . loc['十、利润变化幅度','变化后']/(固定成本敏感性分析 . loc['七、变化系数','变化后'] - 固定成本敏感性分析 . loc['七、变化系数','变化前'])

固定成本敏感性分析 . to_excel(r'D:\数字化管理会计仿真实训\05 - 本量利分析\固定成本敏感性分析 . xlsx', sheet_name = 'Sheet1', float_format = '%. 4f', index = True)

结果输出，如表 5 - 22 所示。

表 5 - 22　　固定成本敏感性分析表　　单位：元

项　目	变化前	变化后
一、销售数量	1000000	1000000
二、销售价格	400	400
三、单位变动成本	253. 46	253. 46
四、单位边际贡献	146. 54	146. 54
五、边际贡献总额	146540000	146540000
六、固定成本总额	107274224	107274224
七、变化系数	1	1. 05
八、变化后固定成本总额	107274224	112637935. 2
九、利润总额	39265776	33902064. 8
十、利润变化幅度		- 13. 66%
十一、敏感系数		- 2. 732

第十一步：目标税前利润各因素变化分析。

编制目标税前利润销售数量变化分析表

设定目标税前利润 = 60000000

设定当前销售数量 = 满负荷产能

Item = ['一、目标税前利润','二、固定成本总额','三、所需边际贡献总额','四、当前单位边际贡献','五、所需销售数量','六、当前销售数量','七、销售数量变化幅度']

目标税前利润销售数量变化分析 = pd. DataFrame(index = Item)

```
目标税前利润销售数量变化分析.insert(0,'金额',0)

目标税前利润销售数量变化分析.loc['一、目标税前利润'] = 设定目标税前利润
目标税前利润销售数量变化分析.loc['二、固定成本总额'] = 固定成本汇总.loc['三、固定成本总额','金额']
目标税前利润销售数量变化分析.loc['三、所需边际贡献总额'] = 目标税前利润销售数量变化分析.loc['一、目标税前利润'] + 目标税前利润销售数量变化分析.loc['二、固定成本总额']
目标税前利润销售数量变化分析.loc['四、当前单位边际贡献'] = 产品边际贡献.loc['四、单位边际贡献','金额']
目标税前利润销售数量变化分析.loc['五、所需销售数量'] = 目标税前利润销售数量变化分析.loc['三、所需边际贡献总额']/目标税前利润销售数量变化分析.loc['四、当前单位边际贡献']
目标税前利润销售数量变化分析.loc['六、当前销售数量'] = 设定当前销售数量
目标税前利润销售数量变化分析.loc['七、销售数量变化幅度'] = (目标税前利润销售数量变化分析.loc['五、所需销售数量'] - 目标税前利润销售数量变化分析.loc['六、当前销售数量'])/目标税前利润销售数量变化分析.loc['六、当前销售数量']
目标税前利润销售数量变化分析.to_excel(r'D:\数字化管理会计仿真实训\05-本量利分析\目标税前利润销售数量变化分析.xlsx', sheet_name = 'Sheet1', float_format = '%.4f', index = True)
```

结果输出，如表5-23所示。

表5-23 目标税前利润销售数量变化分析表 单位：元

项　目	金　额
一、目标税前利润	60000000
二、固定成本总额	107274224
三、所需边际贡献总额	167274224
四、当前单位边际贡献	146.54
五、所需销售数量	1141491.907
六、当前销售数量	1000000
七、销售数量变化幅度	14.15%

```
#编制目标税前利润销售价格变化分析表
Item = ['一、目标税前利润','二、固定成本总额','三、所需边际贡献总额','四、当前销售数量','五、所需单位边际贡献','六、当前单位变动成本','七、所需销售价格','八、当前销售价格','九、销售价格变化幅度']
目标税前利润销售价格变化分析 = pd.DataFrame(index = Item)
目标税前利润销售价格变化分析.insert(0,'金额',0)
```

目标税前利润销售价格变化分析.loc['一、目标税前利润'] = 设定目标税前利润
目标税前利润销售价格变化分析.loc['二、固定成本总额'] = 固定成本汇总.loc['三、固定成本总额','金额']
目标税前利润销售价格变化分析.loc['三、所需边际贡献总额'] = 目标税前利润销售价格变化分析.loc['一、目标税前利润'] + 目标税前利润销售价格变化分析.loc['二、固定成本总额']
目标税前利润销售价格变化分析.loc['四、当前销售数量'] = 设定当前销售数量
目标税前利润销售价格变化分析.loc['五、所需单位边际贡献'] = 目标税前利润销售价格变化分析.loc['三、所需边际贡献总额']/目标税前利润销售价格变化分析.loc['四、当前销售数量']
目标税前利润销售价格变化分析.loc['六、当前单位变动成本'] = 单位产品变动成本.loc['三、合计','圆顶帐篷']
目标税前利润销售价格变化分析.loc['七、所需销售价格'] = 目标税前利润销售价格变化分析.loc['五、所需单位边际贡献'] + 目标税前利润销售价格变化分析.loc['六、当前单位变动成本']
目标税前利润销售价格变化分析.loc['八、当前销售价格'] = 圆顶帐篷销售价格
目标税前利润销售价格变化分析.loc['九、销售价格变化幅度'] = (目标税前利润销售价格变化分析.loc['七、所需销售价格'] - 目标税前利润销售价格变化分析.loc['八、当前销售价格'])/目标税前利润销售价格变化分析.loc['八、当前销售价格']
目标税前利润销售价格变化分析.to_excel(r'D:\数字化管理会计仿真实训\05 - 本量利分析\目标税前利润销售价格变化分析.xlsx', sheet_name = 'Sheet1', float_format = '%.4f', index = True)

结果输出，如表 5 - 24 所示。

表 5 - 24　目标税前利润销售价格变化分析表　单位：元

项　目	金　额
一、目标税前利润	60000000
二、固定成本总额	107274224
三、所需边际贡献总额	167274224
四、当前销售数量	1000000
五、所需单位边际贡献	167.2742
六、当前单位变动成本	253.46
七、所需销售价格	420.7342
八、当前销售价格	400
九、销售价格变化幅度	5.18%

#编制目标税前利润单位变动成本变化分析表
Item = ['一、目标税前利润','二、固定成本总额','三、所需边际贡献总额','四、当前销售数量','五、所需单位边际贡献','六、当前销售价格','七、允许单位变动成本','八、当前单位变动成本','九、单位变动成本变化幅度']

```
目标税前利润单位变动成本变化分析 = pd. DataFrame(index = Item)
目标税前利润单位变动成本变化分析 . insert(0,'金额',0)

目标税前利润单位变动成本变化分析 . loc['一、目标税前利润'] = 设定目标税前利润
目标税前利润单位变动成本变化分析 . loc['二、固定成本总额'] = 固定成本汇总 . loc['三、固定成本总额','金额']
目标税前利润单位变动成本变化分析 . loc['三、所需边际贡献总额'] = 目标税前利润单位变动成本变化分析 . loc['一、目标税前利润'] + 目标税前利润单位变动成本变化分析 . loc['二、固定成本总额']
目标税前利润单位变动成本变化分析 . loc['四、当前销售数量'] = 设定当前销售数量
目标税前利润单位变动成本变化分析 . loc['五、所需单位边际贡献'] = 目标税前利润单位变动成本变化分析 . loc['三、所需边际贡献总额']/目标税前利润单位变动成本变化分析 . loc['四、当前销售数量']
目标税前利润单位变动成本变化分析 . loc['六、当前销售价格'] = 圆顶帐篷销售价格
目标税前利润单位变动成本变化分析 . loc['七、允许单位变动成本'] = 目标税前利润单位变动成本变化分析 . loc['六、当前销售价格'] - 目标税前利润单位变动成本变化分析 . loc['五、所需单位边际贡献']
目标税前利润单位变动成本变化分析 . loc['八、当前单位变动成本'] = 单位产品变动成本. loc['三、合计','圆顶帐篷']
目标税前利润单位变动成本变化分析 . loc['九、单位变动成本变化幅度'] = (目标税前利润单位变动成本变化分析 . loc['七、允许单位变动成本'] - 目标税前利润单位变动成本变化分析 . loc['八、当前单位变动成本'])/目标税前利润单位变动成本变化分析 . loc['八、当前单位变动成本']
目标税前利润单位变动成本变化分析 . to_excel(r'D:\数字化管理会计仿真实训\05 - 本量利分析\目标税前利润单位变动成本变化分析 . xlsx', sheet_name = 'Sheet1', float_format = '% . 4f', index = True)
```

结果输出，如表 5 – 25 所示。

表 5 – 25　　　　目标税前利润单位变动成本变化分析表　　　　单位：元

项　目	金　额
一、目标税前利润	60000000
二、固定成本总额	107274224
三、所需边际贡献总额	167274224
四、当前销售数量	1000000
五、所需单位边际贡献	167. 2742
六、当前销售价格	400
七、允许单位变动成本	232. 7258
八、当前单位变动成本	253. 46
九、单位变动成本变化幅度	– 8. 18%

```
#编制目标税前利润固定成本变化分析表
Item = ['一、目标税前利润','二、当前销售数量','三、当前单位边际贡献','四、当前边际贡献总额','五、允许固定成本总额','六、当前固定成本总额','七、固定成本总额变化幅度']
目标税前利润固定成本变化分析 = pd.DataFrame(index = Item)
目标税前利润固定成本变化分析.insert(0,'金额',0)

目标税前利润固定成本变化分析.loc['一、目标税前利润'] = 设定目标税前利润
目标税前利润固定成本变化分析.loc['二、当前销售数量'] = 设定当前销售数量
目标税前利润固定成本变化分析.loc['三、当前单位边际贡献'] = 产品边际贡献.loc['四、单位边际贡献','金额']
目标税前利润固定成本变化分析.loc['四、当前边际贡献总额'] = 目标税前利润固定成本变化分析.loc['二、当前销售数量'] * 目标税前利润固定成本变化分析.loc['三、当前单位边际贡献']
目标税前利润固定成本变化分析.loc['五、允许固定成本总额'] = 目标税前利润固定成本变化分析.loc['四、当前边际贡献总额'] - 目标税前利润固定成本变化分析.loc['一、目标税前利润']
目标税前利润固定成本变化分析.loc['六、当前固定成本总额'] = 固定成本汇总.loc['三、固定成本总额','金额']
目标税前利润固定成本变化分析.loc['七、固定成本总额变化幅度'] =(目标税前利润固定成本变化分析.loc['五、允许固定成本总额'] - 目标税前利润固定成本变化分析.loc['六、当前固定成本总额'])/目标税前利润固定成本变化分析.loc['六、当前固定成本总额']
目标税前利润固定成本变化分析.to_excel(r'D:\数字化管理会计仿真实训\05-本量利分析\目标税前利润固定成本变化分析.xlsx',sheet_name = 'Sheet1',float_format = '%.4f',index = True)
```

结果输出，如表 5-26 所示。

表 5-26 目标税前利润固定成本变化分析表 单位：元

项目	金额
一、目标税前利润	60000000
二、当前销售数量	1000000
三、当前单位边际贡献	146.54
四、当前边际贡献总额	146540000
五、允许固定成本总额	86540000
六、当前固定成本总额	107274224
七、固定成本总额变化幅度	-19.33%

第十二步：编制多种产品盈亏平衡点测算表。

```
# 多种产品加权平均盈亏平衡点测算表
OPTION = 9
```

```
Item = ['一、满负荷产能','二、圆顶帐篷销售比例','三、圆顶帐篷销售数量','四、圆顶帐篷销售价格','五、圆顶帐篷营业收入','六、双人帐篷销售比例','七、双人帐篷销售数量','八、双人帐篷销售价格','九、双人帐篷营业收入','十、营业收入总额','十一、圆顶帐篷营业收入占比','十二、双人帐篷营业收入占比','十三、圆顶帐篷边际贡献率','十四、双人帐篷边际贡献率','十五、加权平均边际贡献率','十六、固定成本总额','十七、盈亏平衡点收入','十八、盈亏平衡点圆顶帐篷数量','十九、盈亏平衡点双人帐篷数量','二十、安全边际率']
多种产品加权平均盈亏平衡点测算 = pd.DataFrame(index = Item)
for i in range(0,OPTION):
    多种产品加权平均盈亏平衡点测算.insert(i,'组合{}'.format(i+1),0)


多种产品加权平均盈亏平衡点测算.loc['一、满负荷产能'] = 满负荷产能
for i in range(1,OPTION+1):
    多种产品加权平均盈亏平衡点测算.loc['二、圆顶帐篷销售比例','组合{}'.format(i)] = 1/(OPTION+1) * i
多种产品加权平均盈亏平衡点测算.loc['三、圆顶帐篷销售数量'] = 多种产品加权平均盈亏平衡点测算.loc['一、满负荷产能'] * 多种产品加权平均盈亏平衡点测算.loc['二、圆顶帐篷销售比例']
多种产品加权平均盈亏平衡点测算.loc['四、圆顶帐篷销售价格'] = 圆顶帐篷销售价格
多种产品加权平均盈亏平衡点测算.loc['五、圆顶帐篷营业收入'] = 多种产品加权平均盈亏平衡点测算.loc['三、圆顶帐篷销售数量'] * 多种产品加权平均盈亏平衡点测算.loc['四、圆顶帐篷销售价格']
多种产品加权平均盈亏平衡点测算.loc['六、双人帐篷销售比例'] = 1 - 多种产品加权平均盈亏平衡点测算.loc['二、圆顶帐篷销售比例']
多种产品加权平均盈亏平衡点测算.loc['七、双人帐篷销售数量'] = 多种产品加权平均盈亏平衡点测算.loc['一、满负荷产能'] * 多种产品加权平均盈亏平衡点测算.loc['六、双人帐篷销售比例']
多种产品加权平均盈亏平衡点测算.loc['八、双人帐篷销售价格'] = 双人帐篷销售价格
多种产品加权平均盈亏平衡点测算.loc['九、双人帐篷营业收入'] = 多种产品加权平均盈亏平衡点测算.loc['七、双人帐篷销售数量'] * 多种产品加权平均盈亏平衡点测算.loc['八、双人帐篷销售价格']
多种产品加权平均盈亏平衡点测算.loc['十、营业收入总额'] = 多种产品加权平均盈亏平衡点测算.loc['五、圆顶帐篷营业收入'] + 多种产品加权平均盈亏平衡点测算.loc['九、双人帐篷营业收入']
多种产品加权平均盈亏平衡点测算.loc['十一、圆顶帐篷营业收入占比'] = 多种产品加权平均盈亏平衡点测算.loc['五、圆顶帐篷营业收入']/多种产品加权平均盈亏平衡点测算.loc['十、营业收入总额']
多种产品加权平均盈亏平衡点测算.loc['十二、双人帐篷营业收入占比'] = 1 - 多种产品加权平均盈亏平衡点测算.loc['十一、圆顶帐篷营业收入占比']
多种产品加权平均盈亏平衡点测算.loc['十三、圆顶帐篷边际贡献率'] = 产品边际贡献.
```

loc['五、边际贡献率','金额']

多种产品加权平均盈亏平衡点测算.loc['十四、双人帐篷边际贡献率'] = (双人帐篷销售价格 - 双人帐篷单位变动成本)/双人帐篷销售价格

多种产品加权平均盈亏平衡点测算.loc['十五、加权平均边际贡献率'] = 多种产品加权平均盈亏平衡点测算.loc['十一、圆顶帐篷营业收入占比'] * 多种产品加权平均盈亏平衡点测算.loc['十三、圆顶帐篷边际贡献率'] + 多种产品加权平均盈亏平衡点测算.loc['十二、双人帐篷营业收入占比'] * 多种产品加权平均盈亏平衡点测算.loc['十四、双人帐篷边际贡献率']

多种产品加权平均盈亏平衡点测算.loc['十六、固定成本总额'] = 固定成本汇总.loc['三、固定成本总额','金额']

多种产品加权平均盈亏平衡点测算.loc['十七、盈亏平衡点收入'] = 多种产品加权平均盈亏平衡点测算.loc['十六、固定成本总额']/多种产品加权平均盈亏平衡点测算.loc['十五、加权平均边际贡献率']

多种产品加权平均盈亏平衡点测算.loc['十八、盈亏平衡点圆顶帐篷数量'] = 多种产品加权平均盈亏平衡点测算.loc['十七、盈亏平衡点收入'] * 多种产品加权平均盈亏平衡点测算.loc['十一、圆顶帐篷营业收入占比']/多种产品加权平均盈亏平衡点测算.loc['四、圆顶帐篷销售价格']

多种产品加权平均盈亏平衡点测算.loc['十九、盈亏平衡点双人帐篷数量'] = 多种产品加权平均盈亏平衡点测算.loc['十七、盈亏平衡点收入'] * 多种产品加权平均盈亏平衡点测算.loc['十二、双人帐篷营业收入占比']/多种产品加权平均盈亏平衡点测算.loc['八、双人帐篷销售价格']

多种产品加权平均盈亏平衡点测算.loc['二十、安全边际率'] = 1 - 多种产品加权平均盈亏平衡点测算.loc['十七、盈亏平衡点收入']/多种产品加权平均盈亏平衡点测算.loc['十、营业收入总额']

多种产品加权平均盈亏平衡点测算.to_excel(r'D:\数字化管理会计仿真实训\05 - 本量利分析\多种产品盈亏平衡点测算表——加权平均边际贡献率.xlsx', sheet_name = 'Sheet1', float_format = '%.4f', index = True)

结果输出，如表 5 - 27 所示。

表 5 - 27　　多种产品盈亏平衡点测算表——加权平均边际贡献率　　单位：元

项　目	组合 1	组合 2	组合 3	组合 4	组合 5	组合 6	组合 7	组合 8	组合 9
一、满负荷产能	1000000	1000000	1000000	1000000	1000000	1000000	1000000	1000000	1000000
二、圆顶帐篷销售比例	10%	20%	30%	40%	50%	60%	70%	80%	90%
三、圆顶帐篷销售数量	100000	200000	300000	400000	500000	600000	700000	800000	900000
四、圆顶帐篷销售价格	400	400	400	400	400	400	400	400	400
五、圆顶帐篷营业收入	40000000	80000000	120000000	160000000	200000000	240000000	280000000	320000000	360000000
六、双人帐篷销售比例	90%	80%	70%	60%	50%	40%	30%	20%	10%
七、双人帐篷销售数量	900000	800000	700000	600000	500000	400000	300000	200000	100000

续表

项 目	组合 1	组合 2	组合 3	组合 4	组合 5	组合 6	组合 7	组合 8	组合 9
八、双人帐篷销售价格	360	360	360	360	360	360	360	360	360
九、双人帐篷营业收入	324000000	288000000	252000000	216000000	180000000	144000000	108000000	72000000	36000000
十、营业收入总额	364000000	368000000	372000000	376000000	380000000	384000000	388000000	392000000	396000000
十一、圆顶帐篷营业收入占比	10.99%	21.74%	32.26%	42.55%	52.63%	62.50%	72.16%	81.63%	90.91%
十二、双人帐篷营业收入占比	89.01%	78.26%	67.74%	57.45%	47.37%	37.50%	27.84%	18.37%	9.09%
十三、圆顶帐篷边际贡献率	36.63%	36.63%	36.63%	36.63%	36.63%	36.63%	36.63%	36.63%	36.63%
十四、双人帐篷边际贡献率	47.52%	47.52%	47.52%	47.52%	47.52%	47.52%	47.52%	47.52%	47.52%
十五、加权平均边际贡献率	46.33%	45.16%	44.01%	42.89%	41.79%	40.72%	39.67%	38.63%	37.62%
十六、固定成本总额	107274224	107274224	107274224	107274224	107274224	107274224	107274224	107274224	107274224
十七、盈亏平衡点收入	231564631.4	237566584.2	243748465.8	250118490.3	256685379.5	263458402.7	270447420.5	277662932.5	285116130.2
十八、盈亏平衡点圆顶帐篷数量	63616.657	129112.274	196571.3434	266083.5003	337743.9204	411653.7543	487920.604	566659.046	647991.205
十九、盈亏平衡点双人帐篷数量	572549.9128	516449.0961	458666.468	399125.2505	337743.9204	274435.8362	209108.8303	141664.7615	71999.0228
二十、安全边际率	36.38%	35.44%	34.48%	33.48%	32.45%	31.39%	30.30%	29.17%	28.00%

```
# 多种产品组合包盈亏平衡点测算表
组合包内产品数量 = 100
Item = ['一、圆顶帐篷销售价格','二、圆顶帐篷单位边际贡献','三、圆顶帐篷销售数量比例','四、双人帐篷销售价格','五、双人帐篷单位边际贡献','六、双人帐篷销售数量比例','七、组合包内产品数量','八、产品组合包销售价格','九、产品组合包边际贡献','十、固定成本总额','十一、盈亏平衡产品组合包数量','十二、盈亏平衡点圆顶帐篷数量','十三、盈亏平衡点双人帐篷数量','十四、盈亏平衡点收入','十五、安全边际率']
多种产品组合包盈亏平衡点测算 = pd.DataFrame(index = Item)
for i in range(0,OPTION):
    多种产品组合包盈亏平衡点测算.insert(i,'组合{}'.format(i+1),0)

多种产品组合包盈亏平衡点测算.loc['一、圆顶帐篷销售价格'] = 圆顶帐篷销售价格
多种产品组合包盈亏平衡点测算.loc['二、圆顶帐篷单位边际贡献'] = 产品边际贡献.loc['四、单位边际贡献','金额']
```

```
for i in range(1,OPTION +1):
    多种产品组合包盈亏平衡点测算.loc['三、圆顶帐篷销售数量比例','组合{}'.format
    (i)] =1/(OPTION +1) * i
多种产品组合包盈亏平衡点测算.loc['四、双人帐篷销售价格'] = 双人帐篷销售价格
多种产品组合包盈亏平衡点测算.loc['五、双人帐篷单位边际贡献'] = 多种产品组合包盈
亏平衡点测算.loc['四、双人帐篷销售价格'] - 双人帐篷单位变动成本
多种产品组合包盈亏平衡点测算.loc['六、双人帐篷销售数量比例'] =1 - 多种产品组合
包盈亏平衡点测算.loc['三、圆顶帐篷销售数量比例']
多种产品组合包盈亏平衡点测算.loc['七、组合包内产品数量'] = 组合包内产品数量
多种产品组合包盈亏平衡点测算.loc['八、产品组合包销售价格'] = 多种产品组合包盈亏平
衡点测算.loc['七、组合包内产品数量'] * (多种产品组合包盈亏平衡点测算.loc['三、圆顶
帐篷销售数量比例'] * 多种产品组合包盈亏平衡点测算.loc['一、圆顶帐篷销售价格'] +
多种产品组合包盈亏平衡点测算.loc['六、双人帐篷销售数量比例'] * 多种产品组合包盈
亏平衡点测算.loc['四、双人帐篷销售价格'])
多种产品组合包盈亏平衡点测算.loc['九、产品组合包边际贡献'] = 多种产品组合包盈亏
平衡点测算.loc['七、组合包内产品数量'] * (多种产品组合包盈亏平衡点测算.loc['三、
圆顶帐篷销售数量比例'] * 多种产品组合包盈亏平衡点测算.loc['二、圆顶帐篷单位边际
贡献'] + 多种产品组合包盈亏平衡点测算.loc['六、双人帐篷销售数量比例'] * 多种产品
组合包盈亏平衡点测算.loc['五、双人帐篷单位边际贡献'])
多种产品组合包盈亏平衡点测算.loc['十、固定成本总额'] = 固定成本汇总.loc['三、固定
成本总额','金额']
多种产品组合包盈亏平衡点测算.loc['十一、盈亏平衡产品组合包数量'] = 多种产品组合
包盈亏平衡点测算.loc['十、固定成本总额']/多种产品组合包盈亏平衡点测算.loc['九、
产品组合包边际贡献']
多种产品组合包盈亏平衡点测算.loc['十二、盈亏平衡点圆顶帐篷数量'] = 多种产品组合
包盈亏平衡点测算.loc['十一、盈亏平衡产品组合包数量'] * 多种产品组合包盈亏平衡点
测算.loc['七、组合包内产品数量'] * 多种产品组合包盈亏平衡点测算.loc['三、圆顶帐篷
销售数量比例']
多种产品组合包盈亏平衡点测算.loc['十三、盈亏平衡点双人帐篷数量'] = 多种产品组合
包盈亏平衡点测算.loc['十一、盈亏平衡产品组合包数量'] * 多种产品组合包盈亏平衡点
测算.loc['七、组合包内产品数量'] * 多种产品组合包盈亏平衡点测算.loc['六、双人帐篷
销售数量比例']
多种产品组合包盈亏平衡点测算.loc['十四、盈亏平衡点收入'] = 多种产品组合包盈亏平
衡点测算.loc['十一、盈亏平衡产品组合包数量'] * 多种产品组合包盈亏平衡点测算.loc
['八、产品组合包销售价格']
多种产品组合包盈亏平衡点测算.loc['十五、安全边际率'] =1 - 多种产品组合包盈亏平
衡点测算.loc['十四、盈亏平衡点收入']/多种产品加权平均盈亏平衡点测算.loc['十、营
业收入总额']
多种产品组合包盈亏平衡点测算.to_excel(r'D:\数字化管理会计仿真实训\05 - 本量利
```

分析\多种产品盈亏平衡点测算表——产品组合包 . xlsx', sheet_name = 'Sheet1', float_format = '%. 4f', index = True)

结果输出，如表 5 - 28 所示。

表 5 - 28　　多种产品盈亏平衡点测算表——产品组合包　　单位：元

项　目	组合 1	组合 2	组合 3	组合 4	组合 5	组合 6	组合 7	组合 8	组合 9
一、圆顶帐篷销售价格	400	400	400	400	400	400	400	400	400
二、圆顶帐篷单位边际贡献	146. 54	146. 54	146. 54	146. 54	146. 54	146. 54	146. 54	146. 54	146. 54
三、圆顶帐篷销售数量比例	10%	20%	30%	40%	50%	60%	70%	80%	90%
四、双人帐篷销售价格	360	360	360	360	360	360	360	360	360
五、双人帐篷单位边际贡献	171. 08	171. 08	171. 08	171. 08	171. 08	171. 08	171. 08	171. 08	171. 08
六、双人帐篷销售数量比例	90%	80%	70%	60%	50%	40%	30%	20%	10%
七、组合包内产品数量	100	100	100	100	100	100	100	100	100
八、产品组合包销售价格	36400	36800	37200	37600	38000	38400	38800	39200	39600
九、产品组合包边际贡献	16862. 6	16617. 2	16371. 8	16126. 4	15881	15635. 6	15390. 2	15144. 8	14899. 4
十、固定成本总额	107274224	107274224	107274224	107274224	107274224	107274224	107274224	107274224	107274224
十一、盈亏平衡产品组合包数量	6361. 6657	6455. 6137	6552. 3781	6652. 0875	6754. 8784	6860. 8959	6970. 2943	7083. 2381	7199. 9023
十二、盈亏平衡点圆顶帐篷数量	63616. 657	129112. 274	196571. 3434	266083. 5003	337743. 9204	411653. 7543	487920. 604	566659. 046	647991. 205
十三、盈亏平衡点双人帐篷数量	572549. 9128	516449. 0961	458666. 468	399125. 2505	337743. 9204	274435. 8362	209108. 8303	141664. 7615	71999. 0228
十四、盈亏平衡点收入	231564631. 4	237566584. 2	243748465. 8	250118490. 3	256685379. 5	263458402. 7	270447420. 5	277662932. 5	285116130. 2
十五、安全边际率	36. 38%	35. 44%	34. 48%	33. 48%	32. 45%	31. 39%	30. 30%	29. 17%	28. 00%

四、虚拟案例演练

任务一：连锁酒店的本量利分析

宾尚公司经营一家连锁酒店。该连锁酒店包括客房部、一个商务中心、一个餐厅和一个健身房。该连锁酒店编制了一份详细的年度预算，其中营业旺季历时 20 周，其余 32 周为淡季。客房部拥有 80 间单人房和 40 间双人房，单人房收费 200 元/间，双人房的收费为单人房收费的 1. 6 倍。有关预算资料如下：

(1) 客房部：单人房每日变动成本为 50 元，双人房每日变动成本为 70 元。客房部年固定成本为 2200000 元。

（2）健身房：连锁酒店住客每人每天收费 10 元，零星散客消费者每人每天收费 20 元。健身设施的年固定成本为 136000 元，日变动成本忽略不计。

（3）餐厅：平均每个客人给餐厅每天带来 15 元的边际贡献。年固定成本为 215000 元。

（4）商务中心：商务中心承包给他人经营，每个营业旺季可增加连锁酒店边际贡献总额 80000 元。

（5）预订情况：营业旺季客房部所有客房都已被预订。在其余 32 周，双人房出租率为 60%，单人房出租率为 70%。零星散客每天为 50 人。

假定双人房每次同时住两个顾客，所有的住客和零星散客都使用健身设施和在餐厅用餐。

实训要求：

（1）请测算客房部达到保本点时，单人房和双人房的最低收费各应为多少？

（2）请对客房部进行敏感性分析。

（3）请测算该连锁酒店的经营杠杆系数。

（4）假设客房部确定的营业旺季目标利润为 500000 元，请测算每间单人房和双人房的收费各应为多少？

（5）假设客房部要求利润增长 10%，其他因素不变，请测算如何确定单人房与双人房的比例。

（6）假设客房部利润为 600000 元，请测算连锁酒店营业旺季总利润可达到多少？

任务二：大湖公司本量利敏感性分析

大湖公司是一家小型橡胶生产企业，年正常产能为 200 吨，2021 年实现销售 100 吨，单价 4000 元/吨。2021 年该公司利润表如表 5－29 所示。

表 5－29　　2021 年大湖公司利润表　　单位：元

项　目	金　额	
销售额		400000
减：销售成本		260000
直接材料	160000	
直接人工	70000	
制造费用：		
变动制造费用	10000	
固定制造费用	20000	
销售毛利		140000
减：经营费用		153000
销售费用：		
变动销售费用	30000	
固定销售费用	50000	
管理费用：		

续表

项　目	金　额	
变动管理费用	8000	
固定管理费用	65000	
利润总额		(13000)

大湖公司变动性制造费用每吨 100 元。该公司已经连续几年亏损，管理当局正在研究扭亏方案的可行性。

方案 1：公司副总经理建议 2022 年单位售价降低 10%，这样估计可以使销售量上升 80%。

方案 2：销售经理建议 2022 年单位售价提高 20%，同时销售佣金提高 15%，广告费投入 10000 元。基于市场研究，销售经理确信这样可以提高 30% 的销售量。

实训要求：

（1）请使用变动成本法分别基于以上两种方案编制 2022 年的利润表。

（2）经过分析，总经理认为改变销售价格是不可行的。他提出在产品生产过程中尽量使用便宜的材料，从而使每吨产品降低成本 500 元。如此一来，为使 2022 年的利润达到 28000 元，销售量要达到多少？

（3）公司董事会认为公司的最大问题是产量过低，同时宣传推广不够，销售量低。因此，公司计划 2022 年产量翻一番，达到 200 吨。经过分析，公司通过增加广告费用加大宣传可以实现销售量 200 吨。请分析 2022 年公司要实现利润至少 30000 元，广告费的投入最多是多少？

（4）大湖公司收到一笔海外的需求订货：海外分销商希望以某个价格订购 50 吨的产品。这笔订单不需要销售佣金，需要运费 10000 元，变动管理费用可以降低 35%。此外，大湖公司还需要额外支付 8000 元的保险费用。请问大湖公司的这笔订单售价达到多少时，可以使公司的总利润达到 22000 元？（假设该订单不会影响到公司的正常生产）。

第六单元

短期经营决策

一、实训目标

- 理解决策相关信息特征
- 掌握与决策相关的成本概念
- 掌握短期经营决策基本方法
- 掌握运用 Python 进行生产决策的分析处理
- 掌握运用 Python 进行产品定价决策的分析

二、知识回顾

（一）经营决策概述

短期决策通常是指对较短时间（一般为一年以内）的生产经营收支产生影响的问题而进行的决策，它一般不涉及新的固定资产投资，因而又称为经营决策。经营管理者在进行决策时将面对很多信息，他们需要根据特定的决策问题，辨认哪些信息是相关的？哪些信息是无关的？甄别相关信息的能力通常决定了决策活动的成败。

1. 决策相关信息的特征

什么信息是相关的取决于所要作的决策。相关信息是指预计的未来成本和收入，它将因不同的选择方案而不同。

相关信息是对未来的预测，而不是对过去的总结。历史数据对决策没有直接影响，但这些数据能够帮助预测未来，所以它们对决策有间接影响。不过，过去的数据本身与决策是不相关的，因为决策不会影响过去的数据，决策只影响未来，无论什么行动也改变不了已经发生的事情。

对于预计的未来数据，只有那些会随选择方案的改变而不同的数据才是与决策相关的，那些不随选择方案变化的数据与决策不相关。例如，如果无论生产什么产品，生产管理人员的工资都保持不变，那么他们的工资对生产对象这项决策就是不相关的。

在权责发生制下，企业部分未来成本是由于过去会计期间的支出分摊至本期的成本，这些成本对应的现金流量支出发生在以前的会计期间，可能会由于决策方案不同，企业部分未来成本在各个备选方案之间存在差异，但这种差异只是概念成本差异而已，并不代表会导致企业现金支出的差异，不应该在决策的时候予以考虑。

2. 甄别决策分析中的相关成本

（1）重置成本与历史成本。

重置成本是指目前从市场上重新购置同样一项资产所需花费的成本。在财务会计中，资产主要是按历史成本入账的，但历史成本是购买资产时实际支付的成本，它已经发生，目前的决策无法改变它，因此它是无关成本。在管理会计决策分析中，要考虑的是资产的重置成本。

（2）付现成本与沉没成本。

付现成本是指由于选择某一方案而需要立即或于最近时期支出现金的成本。当企业在经营活动中现金相对短缺、向市场筹集资金比较困难或借款利率过高时，企业决策部门应重视付现成本的大小而非总成本的大小。这时，决策的取舍标准是付现成本而不是总成本。

还有一类成本是过去已经支付，无法收回或得到补偿的成本，其存在与否和数额的大小都不是目前和未来决策所能改变的，这类成本称为沉没成本。

付现成本与沉没成本的相同点是都支付现金，但付现成本尚未发生且需要在今后支付现金，沉没成本则是已经发生且已支付，在未来时期不需付现。在决策中，付现成本是相关成本，沉没成本是无关成本。

（3）机会成本。

机会成本是指使用有限资源时，由于选择一个方案而放弃其他方案可能失去的最大收益。机会成本不是一项现实的成本支出，只是用于计算各决策方案潜在的经济影响，因而在财务会计核算中不用入账。它是基于资源的稀缺性而产生的成本，为实现有限资源的效益最大化，使用这一资源所获得的收益必须能够弥补因此而放弃的其他收益。若忽视机会成本，可能会造成决策失误。

（4）专属成本与共同成本。

专属成本是指可以明确直接归属于某个决策方案的固定成本。例如，生产某产品的专用设备的购置费、保险费等均属于专属成本。专属成本为相关成本。与专属成本相对应的一个概念——共同成本，是指那些由若干产品的生产或若干部门的存在或若干项目的运作而发生的固定成本。共同成本不会因为备选方案不同而出现差别，因此是无关成本。

（5）可避免成本与不可避免成本。

可避免成本是指与特定备选方案相关联的成本。其发生与否，取决于与其相关联的备选方案是否被选定。如果某个备选方案被选定，与其相关联的某项成本就会发生，否则该项成本就不会发生，则该项成本为可避免成本。不可避免成本是指在生产经营过程中必然发生，其数额与决策活动无关的成本。

（6）可延缓成本与不可延缓成本。

在企业财务资源有限的情况下，对已决定选用的某一方案如果推迟执行，还不至于影响企业全局，则与这一方案有关的成本即为可延缓成本。

有一些决策方案，即便在企业财务资源有限的情况下，也不能推迟执行，否则会对企业生产经营活动的正常进行产生重大不利影响。此时与决策有关的成本必须立即支出，而不能推延，这类成本即为不可延缓成本。

（7）可分成本与联合成本。

可分成本是指联产品和半产品在进一步加工阶段所需要追加的变动成本和固定成本。联合成本是指联产品形成之前发生的由各联产品共同负担的成本。在联产品是否进一步加工的决策中，联合成本对进一步加工的决策无影响，为无关成本；可分成本，对联产品进一步加工的决策有影响，为相关成本。

（8）边际成本。

边际成本是指产量每增减一个单位所引起的成本总额的变动。在一定范围内，单位变动成本保持不变，边际成本即单位变动成本。边际收益是产量每增减一个单位所引起的总收益的变动，在一定范围内，边际收益就是单价。当某一项目的边际收益等于边际成本时，这一项目的收益最大。这一经济学原理在管理会计的生产决策和定价决策中有重要的作用。

（9）差量成本与增量成本。

差量成本是可供选择的方案之间预期成本的差额，它可以使决策者从可供选择的备选方案中估计成本差异，评价备选方案经济效果的优劣。在同一决策方案下，由不同产量或者生产能力的不同利用程度所引起的差量成本称为增量成本。一般来说，在相关范围内，增量成本等于变动成本的差额；但超出相关范围，增量成本就是变动成本差额和固定成本差额之和。因此，不能简单地认为增量成本等于变动成本的差额。

（二）短期经营决策的基本方法

1. 差量分析法

企业进行不同方案的比较、选择的过程，实质是选择最大收益方案的过程。最大收益是在各个备选方案收入、成本的比较中产生的。当备选方案收入相等时，根据差量成本进行选择。当备选方案成本一致时，差量收入成为决策依据。当两个备选方案具有不同的预期收入和预期成本时，根据这两个备选方案间的差量收入、差量成本计算的差量损益进行最优方案选择。如果差量收入大于差量成本，则前一个方案较优；反之，则后一个方案较优。

除差量收入、差量成本和差量损益外，还派生出差量变动成本、差量固定成本、差量边际贡献等具体指标。它们之间的关系如下：

差量总成本 = 差量变动成本 + 差量固定成本

差量边际贡献 = 差量收入 - 差量变动成本

差量损益 = 差量收入 - 差量总成本 = 差量边际贡献 - 差量固定成本

2. 边际贡献分析法

在短期经营决策中，一般不会涉及生产能力的重新配置，固定成本总额在相关范围内并不随业务量（产销量）的增减变动而变动。根据本量利分析的基本原理，固定成本不变时，企业利润与边际贡献同方向同幅度变化。因此，我们可以通过对比各备选方案所能提供的边际贡献总额的大小来选择最满意方案。

在运用边际贡献分析法进行备选方案的择优决策时，应注意以下两点：

（1）只有不存在专属成本时，才能通过比较不同备选方案的边际贡献总额进行择优决策。当存在专属成本时，应计算、比较备选方案的剩余边际贡献（边际贡献总额减去专属成本后的余额），进行择优决策。

（2）由于不同产品资源消耗的数量不同，在企业的某项资源（如原材料、人工工时、机器工时等）受到限制的情况下，不同生产用途下产品数量不一样，因而不能通过计算、比较各备选方案的单位产品边际贡献来正确进行择优决策，而应依据各备选方案的边际贡献总额大小进行决策，或者以单位受限资源边际贡献额作为决策依据。

3. 临界成本分析法

在企业的生产经营决策中，需要根据各备选方案的业务量、成本与利润三者之间的依存关系来分析特定情况下哪个方案更优。如果决策分析的问题不涉及收入，则本量利分析就简化为量本分析，即依据业务量与成本之间的关系来进行各备选方案的择优，通常以不同情况下预计总成本最低的方案为优。例如，零部件自制还是外购的决策、不同工艺进行加工的决策或固定资产的购买与租赁的决策等。这时可以考虑采用临界成本分析法进行方案的择优选择。

根据成本性态分析的原理，总成本包括固定成本和变动成本两部分。不同方案之间成本结构存在差异，有些方案固定成本较高，但单位变动成本较低，或者相反。所谓临界成本点，是指导致两个不同方案的总成本相等的特定业务量水平，当高于或低于该业务量水平时，不同方案就具有了不同的业务量优势区域。利用不同方案的不同业务量优势区域进行最优化方案选择的方法，称为临界成本分析法，参见图 6－1。

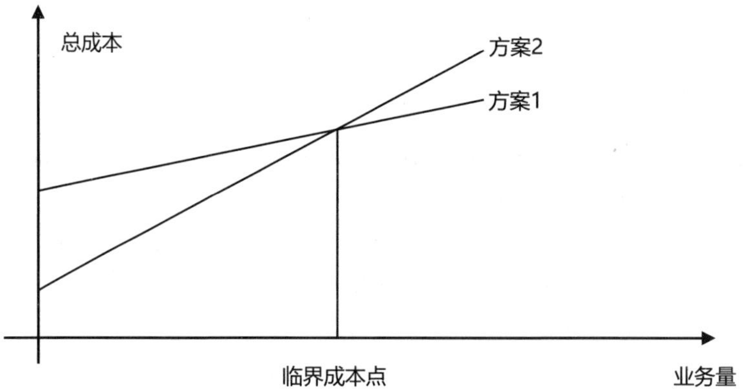

图 6－1 临界成本点分析

图 6－1 中，方案 1 的固定成本较高，单位变动成本较低；方案 2 的固定成本较低，单位变动成本较高。在临界成本点上，方案 1 和方案 2 的总成本相等，两个方案之间没有差异。当业务量低于临界成本点时，方案 2 的总成本低于方案 1；反之，方案 1 成为更好的选择。

（三）生产决策

生产决策是企业经营过程中的重要决策内容，包括产品生产对象决策、产品生产批量决策、是否进一步加工决策、受约束资源利用决策、零部件自制或外购决策、亏损产品处置决策等。

1. 产品生产对象决策

在实际工作中，企业总是根据其现有生产经营能力来安排有关产品的产销活动。但在特定的经济资源条件下，一个企业往往只能按照经济性原则，生产当前市场需要的、本企业有能力生产的若干种产品中的某种产品。如果企业有剩余的生产能力可供使用，或者利用过时老产品腾出来的生产能力，在有几种新产品可供选择而每种新产品都不需要增加专属固定成本时，应选择提供边际贡献总额最多的方案。

如果新产品投产将发生不同的专属固定成本，在决策时就应以各种产品的剩余边际贡献额作为判断方案优劣的标准。剩余边际贡献额等于边际贡献额减去专属固定成本。剩余边际贡献额越大，该产品就越应该优先考虑。

2. 产品生产批量决策

在全年产量已定的情况下，总生产成本是一定的，不是相关成本，但当每次投产批量较大时，即可相应地减少生产设备的调整次数，节约设备调整准备费用。若加大每次投产批量，又会增加在产品和库存产品的数量，从而增加储存费用。生产准备成本、储存成本与生产批量和生产批次相关，属于相关成本，最经济的生产批量应该是生产准备成本与储存成本总和最低时的生产批量。

生产准备成本是指每批产品生产开始前因进行准备工作而发生的成本，如调整机器、准备工卡模具、布置生产线、清理现场、领取原材料等而发生的工资费用、材料费用等。在正常情况下，每次变更产品生产所发生的生产调整准备成本基本上是相等的，因此，年调整准备成本总额与生产批次成正比，与生产批量成反比。生产批次越多，年调整准备成本就越高；反之，就越低。

储存成本是指为储存零部件及产品而发生的仓库及其设备的折旧费、保险费、保管人员工资、维修费、损失、资金占用成本等费用的总和。储存成本与生产批量成正比，与生产批次成反比。

为此，在分批组织产品生产的企业里，决策者应当在综合计量、分析各种影响因素的基础上，权衡利弊，正确处理有关费用之间此增彼减、互为消长的相互关系，合理确定某种或若干种产品的每批投产数量，以使有关产品的生产成本达到现实条件下的最低值。

3. 特殊订单的决策

特殊订单是指不包括在企业正常生产范围之内的一次性的、出价较低的订单。从企业长期经营的角度来看，产品的销售价格应该高于生产和销售该产品的全部成本。但在企业有剩余生产能力的情况下，如果有客户提出低于正常价格甚至低于产品完全成本的特殊订单时，企业是否应该接受该订单？通常从财务会计角度来看是不应该接受的，但从管理会计角度进行分析，有时接受该订单会给企业带来额外的收益。是否接受特殊订单应该考虑以下几种具体情况：

（1）在剩余生产能力无其他用途的情况下，如果接受特殊订单不需要追加专属成本，那么只要该特殊订单的出价大于产品单位变动成本，也就是该特殊订单能提供边际贡献时，就可以接受该订单。其原因在于：由于特殊订单只是利用剩余生产能力进行生产，所以不会影响固定制造费用，只有变动成本才受该订单的影响。因此，特殊订单方案的相关成本中一般不考虑固定制造费用，特殊订单产生的边际贡献可全部为企业带来营业利润。

（2）在剩余生产能力无其他用途的情况下，如果接受特殊订单需要追加专属成本，那么接受此特殊订单的条件是该订单产生的边际贡献应大于专属成本，也就是特殊订单的剩余边际贡献应大于零。

(3) 如果剩余生产能力具有其他方面的用途，那么就应当将在其他用途上产生的收益作为接受特殊订单的机会成本。

(4) 如果特殊订单的订货数量超过了剩余生产能力的生产量，则接受该订单将会放弃部分正常生产量的销售，也就是将部分正常销售量转入了该特殊订单，这种情况下，就应将由此放弃正常销售产生的边际贡献作为特殊订单的机会成本。

4. 是否进一步加工决策

半成品是企业连续生产的中间产品，但它们也往往可以直接对外出售。例如，牧场生产的鲜奶既可以直接出售，也可以进一步加工为奶酪、奶糖和酸奶等奶制品出售。一般来说，继续加工后的产品售价要比半成品的售价高，但相应地也要追加一部分可分成本，包括变动成本以及可能追加的专属成本。因此，如果进一步加工后所增加的相关收入大于增加的成本，则应进一步加工；否则，应在市场上直接出售半成品。

5. 受约束资源利用决策

在现实经济生活中，企业产品的生产量一般至少会受到某种稀缺资源如某种原材料、人工小时或机器小时、占地面积等的约束，从而约束或限制了产品的生产和销售数量。所以当企业一旦确定生产什么产品之后，就应根据市场的需求和企业现有的资源，进一步确定各种产品的最佳生产数量，以期取得最优的经济效益，使各种资源得到最有效的利用。

(1) 一种资源受限的生产决策。

当产品生产量受到某种稀缺资源约束时，就不能以产品的单位边际贡献大小作为决策的标准。原因在于：尽管单位边际贡献是反映产品盈利能力的重要指标，但在企业资源受到约束的情况下，单位边际贡献大的产品可能需要消耗更多的资源，因而有限的资源只能生产出较少的产品，其边际贡献总额不一定最大。因而在企业资源受到约束的情况下进行生产决策，必须以各种产品提供的边际贡献总额的大小来判断方案的优劣，而且通常是以各种产品的单位受约束资源边际贡献指标作为择优标准。

(2) 多种资源约束的决策。

在实际工作中，企业的生产经营都是在多种资源约束下进行的。在生产多品种产品的企业中，经常会面临着在若干个约束条件下，如何充分利用有限经济资源，并在不同产品之间做出最有利分配，以使企业利润最大化的决策问题。企业在决定如何充分利用材料、设备、人工、资金等有限资源时，往往需要应用线性规划方法来实现产品生产的最优组合，以实现利润最大值或成本最小值。

6. 零部件自制或外购决策

企业在经营过程中常常会面临自制或外购的决策。例如，汽车组装所需的发动机是由企业内部生产，还是从外部的供货商购买等。

零部件自制或外购决策的一个特点是只考虑相关成本，不考虑收入。因为不论零部件是自制还是外购，其生产的产品的卖价都一样，所以在进行决策分析时，只考虑各备选方案预计的未来成本，从中选择成本较低者为最满意方案。在决策分析中还应注意以下几点：

(1) 由于自制零部件通常是利用剩余生产能力来生产，无论是否自制，固定成本总是要发生的。因此，自制方案一般不需要考虑固定成本，但如果需要追加专属成本，则应予以考虑。

(2) 如果剩余生产能力有其他用途，则必须考虑机会成本。

7. 亏损产品处置决策

就亏损产品是否停产而言，其衡量标准不是有关产品的收入总额是否能够补偿全部成本、是否能提供经营净收益，而是看其总收入在补偿变动成本之后能否提供边际贡献。只要某种产品能够提供若干边际贡献，就表明它在经济上是有利的，如果没有更好的替代产品，则这种产品就应当继续生产下去。事实上，只有在某种亏损产品的收入无法弥补变动成本，完全不能提供边际贡献（即边际贡献为负数）的情况下，才真正属于在经济上丝毫无益的产品，因而应予以停产。

至于亏损产品是否转产的问题，其衡量标准不是转产后的某种产品能否提供边际贡献，而是要看其边际贡献扣除因为转产所需发生的有关固定性费用之后的边际贡献净额，是否大于亏损产品本身所能提供的边际贡献。

（四）定价决策

产品价格是否恰当，是决定该产品市场竞争力和市场占有率的关键因素，也对企业经营目标的实现存在重要影响。管理者要充分考虑组织内外部因素，审慎选择合理的定价模式。

1. 以成本为基础的定价方法

（1）成本加成定价。

以成本为导向的定价最常用的方法是成本加成定价法，其理论基础是产品的价格必须首先补偿成本，然后再考虑为投资者提供合理的利润。成本加成定价法是在单位产品成本的基础上按预定的加成率计算相应的加成额，进而确定产品目标售价的方法。其基本的计算公式如下：

产品价格 = 单位产品成本 +（单位产品成本 × 加成率）

　　　　 = 单位产品成本 ×（1 + 加成率）

由于成本计算有完全成本法和变动成本法，它们计算出来的成本内涵各不相同，因而成本加成定价法又分为完全成本加成定价法和变动成本加成定价法。

①完全成本加成定价法。企业对产品定价必须要考虑到利润的要求。很多企业通过事前估计或事后计算的产品完全成本，按照事先拟订的加成率确定产品价格，这种方法称为完全成本加成定价法。完全成本加成定价法又包括单位产品总成本和单位产品生产成本两种完全成本基础。

单位产品总成本是产品的生产成本加上分配的销售费用和管理费用，因而也称为单位全部分配成本。以单位产品总成本为基础的定价公式如下：

产品价格 = 单位产品总成本 ×（1 + 加成率）

以单位产品生产成本为基础的定价公式如下：

产品价格 = 单位产品生产成本 ×（1 + 加成率）

以全部成本为基础的加成定价法具有以下几方面的优点：首先，从长远的观点来看，产品或劳务的价格必须要补偿全部成本并应获得正常利润。如果单位总成本或单位生产成本计算正确的话，那么以单位总成本或单位生产成本为基础制定的产品或劳务价格，能够保证企业获得一定的利润。其次，全部成本可以证明产品或劳务价格的正确性。消费者一般理解企业为了维持经营，必须要在其销售的产品或劳务中赚取一定的利润，因而在产品或劳务总成本的基础上加上合理利润的价格对购买者一般来说是公道的。最后，全部成本信息可以从会计部门相对容易地获得，一旦取得总成本或生产成本应有的估计数，则相应价格的计算就比较简单，而且易于理解。

②变动成本加成定价法。企业对产品定价除了可以在产品的全部成本基础上进行加成外，还可以在事前估计或事后计算的产品变动成本基础上，按照事先拟订的加成率确定产品价格，这种方法称为变动成本加成定价法。变动成本加成定价法也包括单位产品变动总成本和单位产品变动生产成本两种变动成本基础。

单位产品变动总成本是产品的变动生产成本加上分配的变动销售费用和变动管理费用。以单位产品变动总成本为基础的定价公式如下：

产品价格 = 单位产品变动总成本 ×（1 + 加成率）

以单位产品变动生产成本为基础的定价公式如下：

产品价格 = 单位产品变动生产成本 ×（1 + 加成率）

变动成本加成定价法有以下几方面的优点：首先，变动成本注重的是与产品或劳务相关的成本，它不要求将固定成本分配于各个产品或劳务上，所以它特别适用于短期定价决策。其次，由于变动成本法区分变动成本和固定成本，那么就可以利用本量利分析来考察价格和销售量的变动对利润的影响，并有助于管理部门建立盈亏平衡分析和边际贡献分析的相关概念，从而可以制定出使企业利润增长的价格。最后，在短期定价决策中，通常最低价格就是接受订单所增加的变动成本，在变动成本基础上，按照企业规定的加成率所确定的价格就可以使企业增加盈利。因此，变动成本加成定价法也是一种简单易行的定价方法。

（2）边际成本定价。

边际成本是每增加一个单位产品销售所增加的总成本；边际收入则指每增加一个单位产品销售所增加的总收入。边际收入与边际成本的差额称为边际利润，表示每增加一个单位产品销售所增加的利润。

当边际收入等于边际成本，也即边际利润等于零时，企业的总利润达到最大，这时的销售价格和销售数量就是产品的最优价格和最优销售量。利用边际成本等于边际收入时利润最大的原理制定产品价格的方法称为边际成本定价法。

2. 以需求为基础的定价方法

（1）基于需求价格弹性的定价。

市场供给与需求关系的变化，是影响企业产品价格的一个重要因素。企业制定价格最需考虑的因素是价格弹性。价格弹性，又称需求价格弹性，是指需求数量变动率与价格变动率之比，反映价格变动引起需求变动的方向和程度。

需求价格弹性系数的大小，说明了产品价格与需求量之间反方向变动程度的大小。对于弹性大的产品，提高价格需求量将大大减少，从而导致提高价格可能使销售收入减少，而降低价格会促使需求量大大提高，因此，对这类产品通过适当降低价格，以刺激需求大幅度提高，达到薄利多销、增加利润的目的。而对于弹性小的产品，当价格变动时，需求量变动幅度很小，即使提高价格，产品销量也不会受到很大的影响，对这类产品在条件允许的范围内应适当调高价格。

（2）需求心理定价策略。

第一，尾数定价策略。尾数定价又称零头定价或缺额定价，即给产品定一个零头数结尾的非整数价格。例如0.99元、9.98元等。

第二，整数定价策略。企业根据顾客“一分价钱一分货”的心理，有意将产品价格定为整数，以显示产品具有一定质量。整数定价多用于价格较贵的耐用品或礼品，以及消费者不太了解的产品。

第三，声望定价策略。声望定价即针对消费者“便宜无好货、价高质必优”的心理，对在消费者心目中享有一定声望，具有较高信誉的产品制定高价。购买这些产品的人最关心的是产品能否显示其身份和地位，价格越高，心理满足的程度也就越大。

第四，习惯定价策略。对消费者已经习惯了的价格，不宜轻易变动。降低价格会使消费者怀疑产品质量。提高价格会使消费者产生不满情绪，导致购买的转移。在需要提价时，应采取改换包装或品牌等措施，减少抵触心理，并引导消费者逐步接受新的习惯价格。

第五，招揽定价策略。这是适应消费者寻求低价的心理，将产品价格定得低于一般市价，甚至低于成本，以吸引顾客、扩大销售的一种定价策略。从总的经济效益看，由于低价产品带动了其他产品的销售，企业是有利可图的。

第六，分档定价。分档定价是指把同类商品比较简单地分成几档，每档定一个价格，以简化交易手续，节省顾客时间。

3. 撇脂定价法

撇脂定价又称高价或吸脂定价，是指在产品刚刚进入市场时将价格定位在较高水平，在竞争者研制出相似的产品以前，尽快地收回投资，并且取得相当的利润，然后随着时间的推移，再逐步降低价格使新产品进入弹性大的市场的定价方法。一般而言，全新产品、受专利保护的产品、需求的价格弹性小的产品、流行产品、未来市场形势难以测定的产品等可以采用撇脂定价策略。

4. 市场渗透定价法

市场渗透定价策略是以一个较低的产品价格打入市场，目的是在短期内加速市场成长，牺牲高毛利以期获得较高的销售量及市场占有率，进而产生显著的成本经济效益，使成本和价格得以不断降低。渗透价格并不意味着绝对的便宜，而是相对于价值来讲比较低。

（五）特殊目的定价

1. 保本定价法

保本定价法是根据盈亏平衡原理而建立起来的一种以保本为目标的定价方法。这个价格水平是企业所能接受的最低价格水平，因此，它所提供的数据资料，在决定是否投产某种产品或是在价格谈判中，都具有重要的参考价值。

2. 保利定价法

保利定价法是指在已知的目标利润或目标边际贡献、预计销量和相关成本指标的基础上计算以保利为目的的一种价格定价方法。

三、仿真案例实训

任务一：产品品种与生产数量组合决策

案例背景介绍

腾达公司使用相同的机器设备和生产流程可以生产 A、B 两种产品，每个月最大开工机器工时为 200000 小时，该企业每个月固定总成本 3000000 元。A、B 两种产品单位售价分别为 80 元和 60 元，需要的单位机器工时分别为 0.5 小时和 0.4 小时，各自单位变动成本信息如表 6－1 所示。

表 6－1　A、B 两种产品变动成本表　　单位：元

成本项目	A 产品	B 产品
直接材料	25	18
直接人工	15	12
变动制造费用	20	17

实训要求：

（1）请问该企业应该优先生产哪种产品？

（2）由于市场容量有限，A、B 两种产品的最大销售量分别为 300000 件和 375000 件，请问该企业应该如何安排产量组合？

（3）假设 B 产品可以更改生产方案，将部分自制的零部件外包生产，直接材料将增加 10%，但单位机器工时减少 20%，更改生产方案需要一次性支出成本 50000 元，请问该企业是否应该改变 B 产品生产工艺？

实训操作示范

第一步：资料准备。

```
# 导入 Python 相应模块
import numpy as np
import pandas as pd
import xlwings as xw
from matplotlib import pyplot as plt

# 导入基本信息
最大开工机器工时 =200000
A 产品价格 =80
A 产品单位机器工时 =0.5
A 产品直接材料 =25
```

```
A产品直接人工 = 15
A产品变动制造费用 = 20
A产品最大销量 = 300000
B产品价格 = 60
B产品单位机器工时 = 0.4
B产品直接材料 = 18
B产品直接人工 = 12
B产品变动制造费用 = 17
B产品最大销量 = 375000
B产品新方案直接材料变化率 = 0.1
B产品新方案机器工时变化率 = -0.2
B产品更改生产方案成本 = 50000
```

第二步：产品生产对象决策。

```
# 单位机器工时边际贡献计算表
Item = ['单位产品工时','单位价格','单位变动成本','    其中:直接材料','        直接人工','        变动制造费用','单位边际贡献','每工时边际贡献']
单位工时边际贡献计算表 = pd.DataFrame(index = Item)
单位工时边际贡献计算表['A产品'] = 0
单位工时边际贡献计算表['B产品'] = 0

i = 0
A和B产品信息 = [[A产品单位机器工时,B产品单位机器工时],[A产品价格,B产品价格],[A产品直接材料,B产品直接材料],[A产品直接人工,B产品直接人工],[A产品变动制造费用,B产品变动制造费用]]
for K in ['A','B']:
    单位工时边际贡献计算表.loc['单位产品工时','{}产品'.format(K)] = A和B产品信息[0][i]
    单位工时边际贡献计算表.loc['单位价格','{}产品'.format(K)] = A和B产品信息[1][i]
    单位工时边际贡献计算表.loc['    其中:直接材料','{}产品'.format(K)] = A和B产品信息[2][i]
    单位工时边际贡献计算表.loc['        直接人工','{}产品'.format(K)] = A和B产品信息[3][i]
    单位工时边际贡献计算表.loc['        变动制造费用','{}产品'.format(K)] = A和B产品信息[4][i]
    单位工时边际贡献计算表.loc['单位变动成本','{}产品'.format(K)] = 单位工时边际贡献计算表.loc['    其中:直接材料','{}产品'.format(K)] + 单位工时边际贡献计算表.loc['        直接人工','{}产品'.format(K)] + 单位工时边际贡献计算表.loc
```

```
        ['            变动制造费用','{}产品'.format(K)]
        单位工时边际贡献计算表.loc['单位边际贡献','{}产品'.format(K)] = 单位工时边际贡献计算表.loc['单位价格','{}产品'.format(K)] - 单位工时边际贡献计算表.loc['单位变动成本','{}产品'.format(K)]
        单位工时边际贡献计算表.loc['每工时边际贡献','{}产品'.format(K)] = 单位工时边际贡献计算表.loc['单位边际贡献','{}产品'.format(K)]/单位工时边际贡献计算表.loc['单位产品工时','{}产品'.format(K)]
        i = i + 1
单位工时边际贡献计算表.to_excel(r'D:\数字化管理会计仿真实训\06-短期经营决策\单位工时边际贡献计算表.xlsx',sheet_name = 'Sheet1',float_format = '%.2f',index = True)

# 屏幕输出结论
if 单位工时边际贡献计算表.loc['每工时边际贡献','A 产品'] > 单位工时边际贡献计算表.loc['每工时边际贡献','B 产品']:
    print('决策结论:由于单位工时生产 A 产品能获得更大的边际贡献,应该优先生产 A 产品。')
elif 单位工时边际贡献计算表.loc['每工时边际贡献','A 产品'] < 单位工时边际贡献计算表.loc['每工时边际贡献','B 产品']:
    print('决策结论:由于单位工时生产 B 产品能获得更大的边际贡献,应该优先生产 B 产品。')
else:
    print('决策结论:无论生产哪种产品,单位工时能获得边际贡献一样,优先生产谁都可以。')
```

结果输出，如表 6－2 所示。

表 6－2　　单位工时边际贡献计算表

项　目	A 产品	B 产品
单位产品工时	0.5	0.4
可生产总量	400000	500000
单位价格	80	60
单位变动成本	60	47
其中：直接材料	25	18
直接人工	15	12
变动制造费用	20	17
单位边际贡献	20	13
每工时边际贡献	40	32.5

决策结论：由于单位工时生产 A 产品能获得更大的边际贡献，应该优先生产 A 产品。

第三步：市场容量有限，A、B产品产量组合决策。

```
Item = ['可用总工时','A产品生产数量','A产品单位工时','A产品耗用总工时','剩余可用工时','B产品单位工时','B产品生产数量','B产品生产缺口']
市场容量有限A_B产量计算表 = pd.DataFrame(index = Item)
市场容量有限A_B产量计算表['数额'] = 0

市场容量有限A_B产量计算表.loc['可用总工时','数额'] = 最大开工机器工时
市场容量有限A_B产量计算表.loc['A产品生产数量','数额'] = A产品最大销量
市场容量有限A_B产量计算表.loc['A产品单位工时','数额'] = A产品单位机器工时
市场容量有限A_B产量计算表.loc['A产品耗用总工时','数额'] = 市场容量有限A_B产量计算表.loc['A产品生产数量','数额'] * 市场容量有限A_B产量计算表.loc['A产品单位工时','数额']
市场容量有限A_B产量计算表.loc['剩余可用工时','数额'] = 市场容量有限A_B产量计算表.loc['可用总工时','数额'] - 市场容量有限A_B产量计算表.loc['A产品耗用总工时','数额']
市场容量有限A_B产量计算表.loc['B产品单位工时','数额'] = B产品单位机器工时
市场容量有限A_B产量计算表.loc['B产品生产数量','数额'] = 市场容量有限A_B产量计算表.loc['剩余可用工时','数额']/市场容量有限A_B产量计算表.loc['B产品单位工时','数额']
市场容量有限A_B产量计算表.loc['B产品生产缺口','数额'] = B产品最大销量 - 市场容量有限A_B产量计算表.loc['B产品生产数量','数额']
市场容量有限A_B产量计算表.to_excel(r'D:\数字化管理会计仿真实训\06-短期经营决策\市场容量有限A_B产量计算表.xlsx',sheet_name = 'Sheet1',index = True)

print('决策结论:应该生产A产品{:.0f}件,B产品{:.0f}件。'.format(市场容量有限A_B产量计算表.loc['A产品生产数量','数额'],市场容量有限A_B产量计算表.loc['B产品生产数量','数额']))
```

结果输出，如表6-3所示。

表6-3　市场容量有限时A、B产量计算表

项　目	数　额
可用总工时	200000
A产品生产数量	300000
A产品单位工时	0.5
A产品耗用总工时	150000
剩余可用工时	50000
B产品单位工时	0.4

续表

项　目	数　额
B 产品生产数量	125000
B 产品生产缺口	250000

决策结论：应该生产 A 产品 300000 件，B 产品 125000 件。

第四步：B 产品生产方案决策。

```
Item = ['B 产品可用生产工时','B 产品单位产品工时','B 产品可生产总量','B 产品单位价格','B 产品单位变动成本','  其中:直接材料','        直接人工','        变动制造费用','B 产品单位边际贡献','更改生产方案成本','B 产品边际贡献总额']
B 产品改变方案边际贡献计算表 = pd.DataFrame(index = Item)
B 产品改变方案边际贡献计算表['改变前'] = 0
B 产品改变方案边际贡献计算表['改变后'] = 0
B 产品改变方案边际贡献计算表.loc['更改生产方案成本','改变后'] = B 产品更改生产方案成本

for K in ['改变前','改变后']:
    B 产品改变方案边际贡献计算表.loc['B 产品可用生产工时','{}'.format(K)] = 最大开工机器工时 - A 产品最大销量 * A 产品单位机器工时
    if K == '改变前':
        B 产品改变方案边际贡献计算表.loc['B 产品单位产品工时','改变前'] = B 产品单位机器工时
    else:
        B 产品改变方案边际贡献计算表.loc['B 产品单位产品工时','改变后'] = B 产品单位机器工时 * (1 + B 产品新方案机器工时变化率)
    B 产品改变方案边际贡献计算表.loc['B 产品可生产总量','{}'.format(K)] = B 产品改变方案边际贡献计算表.loc['B 产品可用生产工时','{}'.format(K)]/B 产品改变方案边际贡献计算表.loc['B 产品单位产品工时','{}'.format(K)]
    B 产品改变方案边际贡献计算表.loc['B 产品单位价格','{}'.format(K)] = B 产品价格
    if K == '改变前':
        B 产品改变方案边际贡献计算表.loc['  其中:直接材料','改变前'] = B 产品直接材料
    else:
        B 产品改变方案边际贡献计算表.loc['  其中:直接材料','改变后'] = B 产品直接材料 * (1 + B 产品新方案直接材料变化率)
    B 产品改变方案边际贡献计算表.loc['        直接人工','{}'.format(K)] = B 产品直接人工
```

```
    B产品改变方案边际贡献计算表.loc['        变动制造费用','{}'.format(K)] = B产品变动制造费用
    B产品改变方案边际贡献计算表.loc['B产品单位变动成本','{}'.format(K)] = B产品改变方案边际贡献计算表.loc['  其中:直接材料','{}'.format(K)] + B产品改变方案边际贡献计算表.loc['        直接人工','{}'.format(K)] + B产品改变方案边际贡献计算表.loc['        变动制造费用','{}'.format(K)]
    B产品改变方案边际贡献计算表.loc['B产品单位边际贡献','{}'.format(K)] = B产品改变方案边际贡献计算表.loc['B产品单位价格','{}'.format(K)] - B产品改变方案边际贡献计算表.loc['B产品单位变动成本','{}'.format(K)]
    B产品改变方案边际贡献计算表.loc['B产品边际贡献总额','{}'.format(K)] = B产品改变方案边际贡献计算表.loc['B产品单位边际贡献','{}'.format(K)] * B产品改变方案边际贡献计算表.loc['B产品可生产总量','{}'.format(K)] - B产品改变方案边际贡献计算表.loc['更改生产方案成本','{}'.format(K)]
B产品改变方案边际贡献计算表.to_excel(r'D:\数字化管理会计仿真实训\06-短期经营决策\B产品改变方案边际贡献计算表.xlsx',sheet_name='Sheet1',float_format='%.2f',index=True)

#屏幕输出结论
if B产品改变方案边际贡献计算表.loc['B产品边际贡献总额','改变前'] < B产品改变方案边际贡献计算表.loc['B产品边际贡献总额','改变后']:
    print('决策结论:由于改变B产品生产方案后边际贡献总额更大,应该改变。')
elif B产品改变方案边际贡献计算表.loc['B产品边际贡献总额','改变前'] > B产品改变方案边际贡献计算表.loc['B产品边际贡献总额','改变后']:
    print('决策结论:由于改变B产品生产方案后边际贡献总额更小,不应该改变。')
else:
    print('决策结论:无论是否改变B产品生产方案,边际贡献总额一样,改变与否都可以。')
```

结果输出，如表6-4所示。

表6-4　　B产品改变方案边际贡献计算表

项　目	改变前	改变后
B产品可用生产工时	50000	50000
B产品单位产品工时	0.4	0.32
B产品可生产总量	125000	156250
B产品单位价格	60	60
B产品单位变动成本	47	48.8
其中：直接材料	18	19.8
直接人工	12	12
变动制造费用	17	17

续表

项　目	改变前	改变后
B 产品单位边际贡献	13	11.2
更改生产方案成本	0	50000
B 产品边际贡献总额	1625000	1700000

决策结论：由于改变 B 产品生产方案后边际贡献总额更大，应该改变。

任务二：产品经济生产批量决策

案例背景介绍

凯源公司计划下年度生产销售甲产品 18000 件，该产品每日销售数量为 50 件，生产周期内每日生产数量为 250 件，每件产品生产成本为 18 元，产品年持有成本为生产成本的 5%，每批生产的设备调整准备成本为 45 元。

实训要求：

（1）请计算确定，为了使相关成本总额最低，其最优生产批量为多少？相关总成本为多少？

（2）假设每批生产数量达到 2500 件，每件产品生产成本可以下降万分之六，请问最优生产批量为多少？

（3）假设单位产品年持有成本以 5% 为单位增加 50%，每批生产的设备调整准备成本以 5% 为单位减少 50%，请计算最优生产批量和相关总成本。

实训操作示范

第一步：资料准备。

```
# 导入 Python 相应模块
import numpy as np
import pandas as pd
import xlwings as xw
from matplotlib import pyplot as plt

# 导入基本信息
总产量 = 18000
日销售量 = 50
日生产量 = 250
单位生产成本 = 18
年持有成本率 = 0.05
批调整成本 = 45
批最低生产量 = 2500
生产成本下降率 = 0.0006
```

```
变动单位 = 0.05
变动幅度 = 0.5
变动次数 = int(变动幅度/变动单位)
```

第二步：基本经济生产批量决策。

```
经济生产批量 = (2 * 批调整成本 * 总产量/(单位生产成本 * 年持有成本率) * 日生产量/(日生产量 - 日销售量)) * * 0.5
相关总成本 = (2 * 批调整成本 * 总产量 * (单位生产成本 * 年持有成本率) * (1 - 日销售量/日生产量)) * * 0.5
print('决策结论:该企业经济生产批量为{:.0f}元,相关总成本为{:.0f}件。'.format(经济生产批量,相关总成本))
```

结果输出：

决策结论：该企业经济生产批量为 1500 元，相关总成本为 1080 件。

```
# 设置图表元素
figure = plt.figure(figsize = (9,5),dpi = 200)
plt.rcParams['font.sans - serif'] = 'SimHei'
plt.rcParams['axes.unicode_minus'] = False
plt.xlabel('每批生产产量\n\n 图 6 - 2:经济生产批量决策图',fontdict = {'family':'KaiTi','color':'black','size':15},labelpad = 10)
plt.ylabel('相关总成本',fontdict = {'family':'KaiTi','color':'black','size':15},labelpad = 10)
plt.legend(loc = 'upper right',fontsize = 10)
plt.grid(b = True,axis = 'y',color = 'black',linestyle = 'dashed',linewidth = 1)

# 根据参数绘图
x = np.arange(8e +02,2.8e +03,1e +01)
y = (单位生产成本 * 年持有成本率) * 1/2 * (x - x/日生产量 * 日销售量) + 总产量/x * 批调整成本
plt.plot(x,y)
plt.show()

# 保存图表
app = xw.App(visible = True,add_book = False)
workbook = app.books.add()
worksheet = workbook.sheets.add('经济生产批量决策图')
worksheet.pictures.add(figure,top = 50,left = 100)
workbook.save(r'D:\数字化管理会计仿真实训\06 - 短期经营决策\图 6 - 2 经济生产批量决策图.xlsx')
```

```
workbook.close()
app.quit()
```

结果输出，如图 6－2 所示。

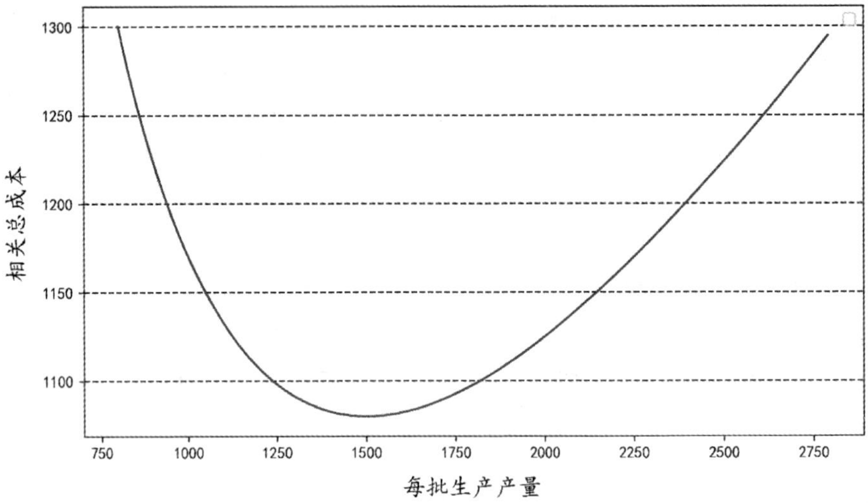

图 6－2 经济生产批量决策图

第三步：是否扩大批量降低生产成本决策。

```
# 设置图表元素
figure = plt.figure(figsize = (9,5),dpi = 200)
plt.rcParams['font.sans-serif'] = 'SimHei'
plt.rcParams['axes.unicode_minus'] = False
plt.xlabel('每批生产产量\n\n 图 6-3:扩大批量降低生产成本决策图',fontdict = {'family':'KaiTi','color':'black','size':15},labelpad = 10)
plt.ylabel('相关总成本',fontdict = {'family':'KaiTi','color':'black','size':15},labelpad = 10)
plt.legend(loc = 'upper right',fontsize = 10)
plt.grid(b = True,axis = 'y',color = 'black',linestyle = 'dashed',linewidth = 1)

# 根据参数绘图
x = np.arange(6e+02,批最低生产量,1e+01)
y = (单位生产成本 * 年持有成本率) * 1/2 * (x - x/日生产量 * 日销售量) + 总产量/x * 批调整成本
plt.plot(x,y)
x = np.arange(批最低生产量,4e+03,1e+01)
y = (单位生产成本 * 年持有成本率 * (1 - 生产成本下降率)) * 1/2 * (x - x/日生产量 * 日销售量) + 总产量/x * 批调整成本 - 总产量 * 单位生产成本 * 生产成本下降率
plt.plot(x,y)
plt.show()
```

```
# 保存图表
app = xw.App(visible = True,add_book = False)
workbook = app.books.add()
worksheet = workbook.sheets.add('扩大批量降低生产成本决策图')
worksheet.pictures.add(figure,top = 50,left = 100)
workbook.save(r'D:\数字化管理会计仿真实训\06 - 短期经营决策\图 6 - 3 扩大批量降低生产成本决策图.xlsx')
workbook.close()
app.quit()
```

结果输出，如图 6 - 3 所示。

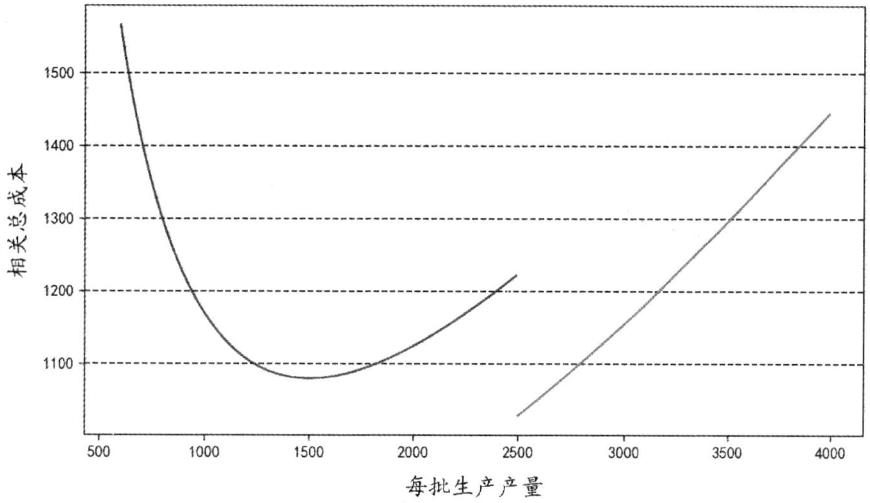

图 6 - 3 扩大批量降低生产成本决策图

决策结论：该企业应该扩大生产批量到 2500 件。

第四步：相关因素变化时经济生产批量决策。

```
# 编制经济生产批量变化表
年持有成本变动表 = pd.DataFrame(index = range(0,变动次数 + 1))
年持有成本变动表['年持有成本变动比率'] = 0
for i in range(0,变动次数 + 1):
    年持有成本变动表.loc[i,'年持有成本变动比率'] = i * 变动单位

批调整准备成本变动表 = pd.DataFrame(index = range(0,变动次数 + 1))
批调整准备成本变动表['批调整准备成本变动比率'] = 0
for i in range(0,变动次数 + 1):
    批调整准备成本变动表.loc[i,'批调整准备成本变动比率'] = - i * 变动单位
```

```
经济生产批量变化表 = pd.DataFrame(index = range(0,变动次数 +1))
经济生产批量变化表['EBQ'] =0

for i in range(0,变动次数 +1):
    经济生产批量变化表['HC 增加{}%'.format(round(i * 变动单位 * 100,0))] =0
    经济生产批量变化表.loc[i,'EBQ'] = 'AC 下降{}%'.format(round(i * 变动单位 *
    100,0))

for i in range(0,变动次数 +1):
    for j in range(0,变动次数 +1):
        每批调整成本 = 批调整成本 * (1 - i * 变动单位)
        单位产品年持有成本 = 单位生产成本 * 年持有成本率 * (1 + j * 变动单位)
        经济生产批量变化表.loc[i,'HC 增加{}%'.format(round(j * 变动单位 * 100,
        0))] = round(((2 * 每批调整成本 * 总产量/单位产品年持有成本 * 日生产量/
        (日生产量 - 日销售量)) * *0.5,2)

经济生产批量变化表.set_index('EBQ',drop = True,append = False,inplace = True,verify_
integrity = False)
经济生产批量变化表.to_excel(r'D:\数字化管理会计仿真实训\06 - 短期经营决策\经济
生产批量变化表.xlsx',sheet_name = 'Sheet1',float_format = '%.2f',index = True)
```

结果输出，如表 6 - 5 所示。

表 6 - 5　　　　经济生产批量变化表

经济生产批量		单位产品年持有成本									
		增加 5%	增加 10%	增加 15%	增加 20%	增加 25%	增加 30%	增加 35%	增加 40%	增加 45%	增加 50%
每批调整成本	下降 5%	1426.78	1393.98	1363.34	1334.63	1307.67	1282.28	1258.31	1235.63	1214.14	1193.73
	下降 10%	1388.73	1356.8	1326.98	1299.04	1272.79	1248.08	1224.74	1202.68	1181.76	1161.9
	下降 15%	1349.6	1318.57	1289.59	1262.44	1236.93	1212.91	1190.24	1168.79	1148.46	1129.16
	下降 20%	1309.31	1279.2	1251.09	1224.74	1200	1176.7	1154.7	1133.89	1114.17	1095.45
	下降 25%	1267.73	1238.58	1211.36	1185.85	1161.9	1139.33	1118.03	1097.89	1078.79	1060.66
	下降 30%	1224.74	1196.59	1170.28	1145.64	1122.5	1100.7	1080.12	1060.66	1042.21	1024.7
	下降 35%	1180.19	1153.06	1127.71	1103.97	1081.67	1060.66	1040.83	1022.08	1004.3	987.42
	下降 40%	1133.89	1107.82	1083.47	1060.66	1039.23	1019.05	1000	981.98	964.9	948.68
	下降 45%	1085.62	1060.66	1037.35	1015.5	994.99	975.67	957.43	940.17	923.82	908.3
	下降 50%	1035.1	1011.3	989.07	968.25	948.68	930.26	912.87	896.42	880.83	866.03

```
相关总成本变化表 = pd.DataFrame(index = range(0,变动次数 +1))
相关总成本变化表['相关总成本'] =0
for i in range(0,变动次数 +1):
```

```
        相关总成本变化表['HC增加{}%'.format(round(i*变动单位*100,0))]=0
        相关总成本变化表.loc[i,'相关总成本'] = 'AC下降{}%'.format(round(i*变动单位*100,0))

for i in range(0,变动次数+1):
    for j in range(0,变动次数+1):
        每批调整成本=批调整成本*(1-i*变动单位)
        单位产品年持有成本=单位生产成本*年持有成本率*(1+j*变动单位)
        相关总成本变化表.loc[i,'HC增加{}%'.format(round(j*变动单位*100,0))]=round((2*每批调整成本*总产量*单位产品年持有成本*(1-日销售量/日生产量))**0.5,2)

相关总成本变化表.set_index('相关总成本',drop=True,append=False,inplace=True,verify_integrity=False)
相关总成本变化表.to_excel(r'D:\数字化管理会计仿真实训\06-短期经营决策\相关总成本变化表.xlsx',sheet_name='Sheet1',float_format='%.2f',index=True)
```

结果输出，如表6-6所示。

表6-6　　相关总成本变化表

相关总成本		单位产品年持有成本									
		增加5%	增加10%	增加15%	增加20%	增加25%	增加30%	增加35%	增加40%	增加45%	增加50%
每批调整成本	下降5%	1078.65	1104.03	1128.85	1153.12	1176.9	1200.21	1223.07	1245.52	1267.56	1289.23
	下降10%	1049.88	1074.59	1098.74	1122.37	1145.51	1168.2	1190.45	1212.3	1233.76	1254.85
	下降15%	1020.3	1044.31	1067.78	1090.75	1113.24	1135.28	1156.91	1178.14	1198.99	1219.49
	下降20%	989.84	1013.13	1035.9	1058.18	1080	1101.39	1122.37	1142.96	1163.2	1183.08
	下降25%	958.4	980.96	1003.01	1024.58	1045.71	1066.41	1086.73	1106.67	1126.26	1145.51
	下降30%	925.91	947.7	969	989.84	1010.25	1030.25	1049.88	1069.15	1088.07	1106.67
	下降35%	892.23	913.22	933.75	953.83	973.5	992.78	1011.69	1030.25	1048.49	1066.41
	下降40%	857.22	877.4	897.12	916.41	935.31	953.83	972	989.84	1007.36	1024.58
	下降45%	820.73	840.04	858.92	877.4	895.49	913.22	930.62	947.7	964.47	980.96
	下降50%	782.53	800.95	818.95	836.56	853.81	870.72	887.31	903.59	919.59	935.31

任务三：多重约束下资源利用决策

案例背景介绍

大陆公司主要生产销售A、B两种产品，销售单价分别为75元/件和56元/件，两种产品单位机器工时分别为0.5小时和0.4小时，每个月最大可利用机器工时为200000小时，每个月固定总成本2800000元。该公司仓储面积只有700000平方米，A、B两种产品单位仓储面积分别为2平方米和1平方米。由于市场容量有限，A、B两种产品的最大销售量分别为 320000 件和 350000 件。A、B 产品单位变动成本信息如表 6 -7 所示。

表 6 -7 A、B 产品单位变动成本信息表 单位：元

成本项目	A 产品	B 产品
直接材料	22	17
直接人工	14	11
变动制造费用	19	15

实训要求：

请问大陆公司如何决定 A、B 产品产量才能实现利润最大化？

实训操作示范

第一步：资料准备。

```
# 导入 Python 相应模块
import numpy as np
import pandas as pd
import xlwings as xw
from matplotlib import pyplot as plt

# 导入基本信息
最大开工机器工时 =200000
最大仓储面积 =700000
A 产品价格 =75
A 产品单位机器工时 =0.5
A 产品直接材料 =22
A 产品直接人工 =14
A 产品变动制造费用 =19
A 产品单位边际贡献 =A 产品价格 -A 产品直接材料 -A 产品直接人工 -A 产品变动制造费用
A 产品最大销量 =320000
A 产品单位仓储面积 =2
B 产品价格 =56
B 产品单位机器工时 =0.4
B 产品直接材料 =17
B 产品直接人工 =11
B 产品变动制造费用 =15
B 产品单位边际贡献 =B 产品价格 -B 产品直接材料 -B 产品直接人工 -B 产品变动制造费用
B 产品最大销量 =350000
```

B 产品单位仓储面积 = 1

第二步：设置图表元素。

```
figure = plt. figure( figsize = (7,5) ,dpi = 200)
plt. rcParams[ 'font. sans - serif'] = 'SimHei'
plt. rcParams[ 'axes. unicode_minus'] = False
plt. xlabel( 'A 产品产量\n\n 图 6 -4:多重约束下产量组合决策图',fontdict = { 'family': 'KaiTi','color': 'black','size':15} ,labelpad = 10)
plt. ylabel( 'B 产品产量',fontdict = { 'family': 'KaiTi','color': 'black','size':15} ,labelpad = 10)
plt. legend( loc = 'upper right',fontsize = 10)
plt. grid( b = True ,axis = 'y',color = 'black',linestyle = 'dashed',linewidth = 1)
plt. ylim( -1e +05,5e +05)
```

第三步：根据参数画直线。

```
x = np. arange(0,5e +05,1e +03)
y = -1e +20 * x + A 产品最大销量 * 1e +20
plt. plot( x,y)
x = np. arange(0,5e +05,1e +03)
y =0 * x + B 产品最大销量
plt. plot( x,y)
x = np. arange(0,5e +05,1e +03)
y = -A 产品单位机器工时/B 产品单位机器工时 * x + 最大开工机器工时/B 产品单位机器工时
plt. plot( x,y)
x = np. arange(0,5e +05,1e +03)
y = -A 产品单位仓储面积/B 产品单位仓储面积 * x + 最大仓储面积/B 产品单位仓储面积
plt. plot( x,y)
x = np. arange(0,5e +05,1e +03)
y = -A 产品单位仓储面积/B 产品单位仓储面积 * x + 最大仓储面积/B 产品单位仓储面积
plt. plot( x,y)
QA =(最大开工机器工时 * B 产品单位仓储面积 - 最大仓储面积 * B 产品单位机器工时)/(A 产品单位机器工时 * B 产品单位仓储面积 - A 产品单位仓储面积 * B 产品单位机器工时)
QB = -A 产品单位仓储面积/B 产品单位仓储面积 * QA + 最大仓储面积/B 产品单位仓储面积
```

```
K = A产品单位边际贡献 * QA + B产品单位边际贡献 * QB
for i in range(-1,2):
    x = np.arange(0,5e+05,1e+03)
    y = -A产品单位边际贡献/B产品单位边际贡献 * x + K/B产品单位边际贡献 + i *
    1e+05
    plt.plot(x,y)
plt.show()
```

第四步：保存图表。

```
app = xw.App(visible = True,add_book = False)
workbook = app.books.add()
worksheet = workbook.sheets.add('多重约束下产量组合决策图')
worksheet.pictures.add(figure,top = 50,left = 100)
workbook.save(r'D:\数字化管理会计仿真实训\06-短期经营决策\图6-4 多重约束下
产量组合决策图.xlsx')
workbook.close()
app.quit()
```

结果输出，如图6-4所示。

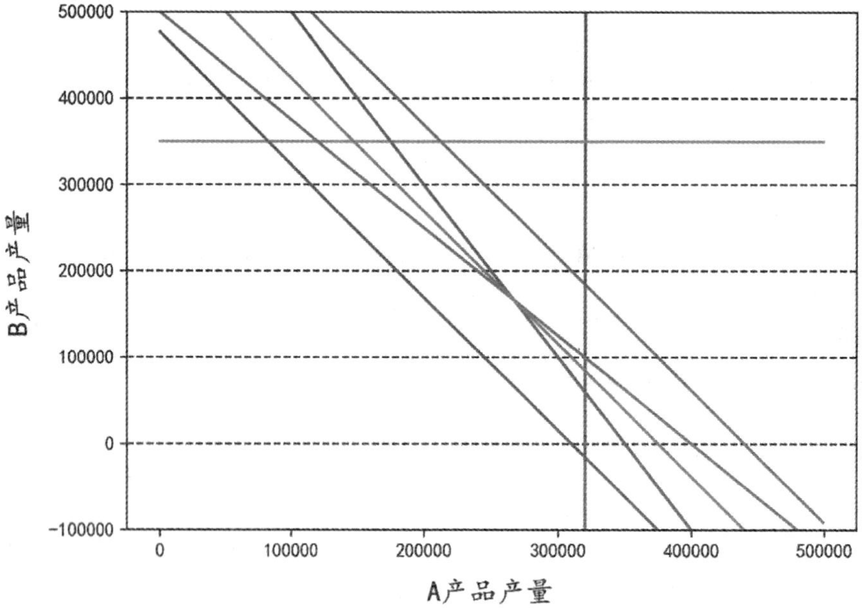

图6-4 多重约束下产量组合决策图

任务四：产品定价决策

案例背景介绍

建达公司生产经营甲产品，由于行业市场竞争十分激烈，为了增强产品市场竞争力，扩大市场份额，建立行业优势地位，该公司正在考虑不同的定价方案。该公司正常能力为12000件，预计甲产品销量为10000件，甲产品的成本资料如表6－8所示，请帮助该公司进行相应的价格决策。

表6－8　甲产品的成本资料表

成本项目	金　额
变动生产成本	50元/件
其中：直接材料	30元/件
直接人工	8元/件
变动制造费用	12元/件
固定生产成本总额	80000元
变动性销售与管理费用	15元/件
固定性销售与管理费用	60000元

实训要求：

（1）为建立行业价格门槛，该公司决定采用保本定价法，请为该公司确定保本价格。

（2）假设该公司预算目标税前利润为80000元，请确定该产品的保利价格。

（3）假设甲产品售价90元/件且不受新客户订单影响，请针对以下三种新客户订单情况进行价格决策：

情况1：新客户预定2000件甲产品，请问该企业接受该新客户订单的最低价格是多少？

情况2：新客户预定3000件甲产品，请问该企业接受该新客户订单的最低价格是多少？

情况3：新客户预定3000件甲产品，产能缺口通过租用设备来解决，预计租金为21000元，请问该企业接受该新客户订单的最低价格是多少？

实训操作示范

第一步：资料准备。

```
# 导入 Python 相应模块
import numpy as np
import pandas as pd
import xlwings as xw
from matplotlib import pyplot as plt

# 导入基本信息
现有产能 = 12000
预计销量 = 10000
```

```
销售单价 = 90
目标税前利润 = 80000
订单01_新客户预定 = 2000
订单02_新客户预定 = 3000
订单03_新客户预定 = 3000
订单03_设备租金 = 21000
单位直接材料 = 30
单位直接人工 = 8
单位变动制造费用 = 12
单位变动销售与管理费用 = 15
固定生产成本总额 = 80000
固定销售与管理费用总额 = 60000
```

第二步：制定保本价格。

```
Item = ['销售数量','单位变动成本','　其中:直接材料','　　　　直接人工','　　　　变动制造费用','　　　　变动销售与管理费用','变动成本总额','固定成本总额','　其中:固定生产成本','　　　　固定销售与管理费用','全部成本总额','保本价格']
保本价格计算表 = pd.DataFrame(index = Item)
保本价格计算表['数额'] = 0

保本价格计算表.loc['销售数量','数额'] = 预计销量
保本价格计算表.loc['　其中:直接材料','数额'] = 单位直接材料
保本价格计算表.loc['　　　　直接人工','数额'] = 单位直接人工
保本价格计算表.loc['　　　　变动制造费用','数额'] = 单位变动制造费用
保本价格计算表.loc['　　　　变动销售与管理费用','数额'] = 单位变动销售与管理费用
保本价格计算表.loc['单位变动成本','数额'] = 保本价格计算表.loc['　其中:直接材料','数额'] + 保本价格计算表.loc['　　　　直接人工','数额'] + 保本价格计算表.loc['　　　　变动制造费用','数额'] + 保本价格计算表.loc['　　　　变动销售与管理费用','数额']
保本价格计算表.loc['变动成本总额','数额'] = 保本价格计算表.loc['销售数量','数额'] * 保本价格计算表.loc['单位变动成本','数额']
保本价格计算表.loc['　其中:固定生产成本','数额'] = 固定生产成本总额
保本价格计算表.loc['　　　　固定销售与管理费用','数额'] = 固定销售与管理费用总额
保本价格计算表.loc['固定成本总额','数额'] = 保本价格计算表.loc['　其中:固定生产成本','数额'] + 保本价格计算表.loc['　　　　固定销售与管理费用','数额']
保本价格计算表.loc['全部成本总额','数额'] = 保本价格计算表.loc['变动成本总额','数额'] + 保本价格计算表.loc['固定成本总额','数额']
保本价格计算表.loc['保本价格','数额'] = 保本价格计算表.loc['全部成本总额','数额']/保本价格计算表.loc['销售数量','数额']
保本价格计算表.to_excel(r'D:\数字化管理会计仿真实训\06-短期经营决策\保本价格
```

```
计算表.xlsx',sheet_name='Sheet1',float_format='%.2f',index=True)
```

结果输出，如表6-9所示。

表6-9 保本价格计算表

项 目	数 额
销售数量	10000
单位变动成本	65
其中：直接材料	30
直接人工	8
变动制造费用	12
变动销售与管理费用	15
变动成本总额	650000
固定成本总额	140000
其中：固定生产成本	80000
固定销售与管理费用	60000
全部成本总额	790000
保本价格	79

第三步：制定保利价格。

```
Item=['销售数量','目标税前利润','固定成本总额','  其中:固定生产成本','        固定销售与管理费用','所需边际贡献总额','单位变动成本','  其中:直接材料','        直接人工','        变动制造费用','        变动销售与管理费用','变动成本总额','所需营业收入','保利价格']
保利价格计算表=pd.DataFrame(index=Item)
保利价格计算表['数额']=0

保利价格计算表.loc['销售数量','数额']=预计销量
保利价格计算表.loc['目标税前利润','数额']=目标税前利润
保利价格计算表.loc['  其中:固定生产成本','数额']=固定生产成本总额
保利价格计算表.loc['        固定销售与管理费用','数额']=固定销售与管理费用总额
保利价格计算表.loc['固定成本总额','数额']=保利价格计算表.loc['  其中:固定生产成本','数额']+保利价格计算表.loc['        固定销售与管理费用','数额']
保利价格计算表.loc['所需边际贡献总额','数额']=保利价格计算表.loc['目标税前利润','数额']+保利价格计算表.loc['固定成本总额','数额']
保利价格计算表.loc['  其中:直接材料','数额']=单位直接材料
保利价格计算表.loc['        直接人工','数额']=单位直接人工
保利价格计算表.loc['        变动制造费用','数额']=单位变动制造费用
保利价格计算表.loc['        变动销售与管理费用','数额']=单位变动销售与管理费用
保利价格计算表.loc['单位变动成本','数额']=保利价格计算表.loc['  其中:直接材料',
```

```
'数额'] + 保利价格计算表.loc['        直接人工','数额'] + 保利价格计算表.loc['        变动制造费用','数额'] + 保利价格计算表.loc['        变动销售与管理费用','数额']
保利价格计算表.loc['变动成本总额','数额'] = 保利价格计算表.loc['销售数量','数额'] * 保利价格计算表.loc['单位变动成本','数额']
保利价格计算表.loc['所需营业收入','数额'] = 保利价格计算表.loc['变动成本总额','数额'] + 保利价格计算表.loc['所需边际贡献总额','数额']
保利价格计算表.loc['保利价格','数额'] = 保利价格计算表.loc['所需营业收入','数额']/保利价格计算表.loc['销售数量','数额']
保利价格计算表.to_excel(r'D:\数字化管理会计仿真实训\06-短期经营决策\保利价格计算表.xlsx',sheet_name='Sheet1',float_format='%.2f',index=True)
```

结果输出，如表6-10所示。

表6-10　　保利价格计算表

项　目	数　额
销售数量	10000
目标税前利润	80000
固定成本总额	140000
其中：固定生产成本	80000
固定销售与管理费用	60000
所需边际贡献总额	220000
单位变动成本	65
其中：直接材料	30
直接人工	8
变动制造费用	12
变动销售与管理费用	15
变动成本总额	650000
所需营业收入	870000
保利价格	87

第四步：情况1中特殊订单定价决策。

```
Item = ['销售价格','单位变动成本',' 其中:直接材料','        直接人工','        变动制造费用','        变动销售与管理费用','单位边际贡献','新客户订单挤压现有销量的影响',' 其中:现有产能','        当前销量','        剩余产能','        新客户预定数量','新客户订单变动成本总额','新客户订单挤压现有边际贡献总额','新客户订单营业收入下限','新客户订单单价下限']
特殊订单01_价格计算表 = pd.DataFrame(index = Item)
特殊订单01_价格计算表['数额'] = 0
```

```
特殊订单01_价格计算表.loc['销售价格','数额'] = 销售单价
特殊订单01_价格计算表.loc['  其中:直接材料','数额'] = 单位直接材料
特殊订单01_价格计算表.loc['          直接人工','数额'] = 单位直接人工
特殊订单01_价格计算表.loc['          变动制造费用','数额'] = 单位变动制造费用
特殊订单01_价格计算表.loc['          变动销售与管理费用','数额'] = 单位变动销售与管理费用
特殊订单01_价格计算表.loc['单位变动成本','数额'] = 特殊订单01_价格计算表.loc['  其中:直接材料','数额'] + 特殊订单01_价格计算表.loc['          直接人工','数额'] + 特殊订单01_价格计算表.loc['          变动制造费用','数额'] + 特殊订单01_价格计算表.loc['          变动销售与管理费用','数额']
特殊订单01_价格计算表.loc['单位边际贡献','数额'] = 特殊订单01_价格计算表.loc['销售价格','数额'] - 特殊订单01_价格计算表.loc['单位变动成本','数额']
特殊订单01_价格计算表.loc['  其中:现有产能','数额'] = 现有产能
特殊订单01_价格计算表.loc['        当前销量','数额'] = 预计销量
特殊订单01_价格计算表.loc['        剩余产能','数额'] = 特殊订单01_价格计算表.loc['  其中:现有产能','数额'] - 特殊订单01_价格计算表.loc['        当前销量','数额']
特殊订单01_价格计算表.loc['          新客户预定数量','数额'] = 订单01_新客户预定
特殊订单01_价格计算表.loc['新客户订单挤压现有销量的影响','数额'] = 特殊订单01_价格计算表.loc['          新客户预定数量','数额'] - 特殊订单01_价格计算表.loc['        剩余产能','数额']
特殊订单01_价格计算表.loc['新客户订单变动成本总额','数额'] = 特殊订单01_价格计算表.loc['          新客户预定数量','数额'] * 特殊订单01_价格计算表.loc['单位变动成本','数额']
特殊订单01_价格计算表.loc['新客户订单挤压现有边际贡献总额','数额'] = 特殊订单01_价格计算表.loc['新客户订单挤压现有销量的影响','数额'] * 特殊订单01_价格计算表.loc['单位边际贡献','数额']
特殊订单01_价格计算表.loc['新客户订单营业收入下限','数额'] = 特殊订单01_价格计算表.loc['新客户订单变动成本总额','数额'] + 特殊订单01_价格计算表.loc['新客户订单挤压现有边际贡献总额','数额']
特殊订单01_价格计算表.loc['新客户订单单价下限','数额'] = 特殊订单01_价格计算表.loc['新客户订单营业收入下限','数额']/特殊订单01_价格计算表.loc['          新客户预定数量','数额']
特殊订单01_价格计算表.to_excel(r'D:\数字化管理会计仿真实训\06-短期经营决策\特殊订单01_价格计算表.xlsx',sheet_name='Sheet1',float_format='%.2f',index=True)
```

结果输出，如表6-11所示。

表 6－11　　情况 1 中特殊订单定价计算表

项　目	数　额
销售价格	90
单位变动成本	65
其中：直接材料	30
直接人工	8
变动制造费用	12
变动销售与管理费用	15
单位边际贡献	25
新客户订单挤压现有销量的影响	0
其中：现有产能	12000
当前销量	10000
剩余产能	2000
新客户预定数量	2000
新客户订单变动成本总额	130000
新客户订单挤压现有边际贡献总额	0
新客户订单营业收入下限	130000
新客户订单单价下限	65

第五步：情况 2 中特殊订单定价决策。

```
Item = ['销售价格','单位变动成本','  其中:直接材料','          直接人工','          变动制造费用','          变动销售与管理费用','单位边际贡献','新客户订单挤压现有销量的影响','  其中:现有产能','          当前销量','          剩余产能','          新客户预定数量','新客户订单变动成本总额','新客户订单挤压现有边际贡献总额','新客户订单营业收入下限','新客户订单单价下限']
特殊订单02_价格计算表 = pd.DataFrame(index = Item)
特殊订单02_价格计算表['数额'] = 0

特殊订单02_价格计算表.loc['销售价格','数额'] = 销售单价
特殊订单02_价格计算表.loc['  其中:直接材料','数额'] = 单位直接材料
特殊订单02_价格计算表.loc['          直接人工','数额'] = 单位直接人工
特殊订单02_价格计算表.loc['          变动制造费用','数额'] = 单位变动制造费用
特殊订单02_价格计算表.loc['          变动销售与管理费用','数额'] = 单位变动销售与管理费用
特殊订单02_价格计算表.loc['单位变动成本','数额'] = 特殊订单02_价格计算表.loc['  其中:直接材料','数额'] + 特殊订单02_价格计算表.loc['          直接人工','数额'] + 特殊订单02_价格计算表.loc['          变动制造费用','数额'] + 特殊订单02_价格计算表.loc['          变动销售与管理费用','数额']
特殊订单02_价格计算表.loc['单位边际贡献','数额'] = 特殊订单02_价格计算表.loc
```

```
['销售价格','数额'] - 特殊订单02_价格计算表.loc['单位变动成本','数额']
特殊订单02_价格计算表.loc['  其中：现有产能','数额'] = 现有产能
特殊订单02_价格计算表.loc['        当前销量','数额'] = 预计销量
特殊订单02_价格计算表.loc['        剩余产能','数额'] = 特殊订单02_价格计算表.loc['  其中：现有产能','数额'] - 特殊订单02_价格计算表.loc['        当前销量','数额']
特殊订单02_价格计算表.loc['        新客户预定数量','数额'] = 订单02_新客户预定
特殊订单02_价格计算表.loc['新客户订单挤压现有销量的影响','数额'] = 特殊订单02_价格计算表.loc['        新客户预定数量','数额'] - 特殊订单02_价格计算表.loc['        剩余产能','数额']
特殊订单02_价格计算表.loc['新客户订单变动成本总额','数额'] = 特殊订单02_价格计算表.loc['        新客户预定数量','数额'] * 特殊订单02_价格计算表.loc['单位变动成本','数额']
特殊订单02_价格计算表.loc['新客户订单挤压现有边际贡献总额','数额'] = 特殊订单02_价格计算表.loc['新客户订单挤压现有销量的影响','数额'] * 特殊订单02_价格计算表.loc['单位边际贡献','数额']
特殊订单02_价格计算表.loc['新客户订单营业收入下限','数额'] = 特殊订单02_价格计算表.loc['新客户订单变动成本总额','数额'] + 特殊订单02_价格计算表.loc['新客户订单挤压现有边际贡献总额','数额']
特殊订单02_价格计算表.loc['新客户订单单价下限','数额'] = 特殊订单02_价格计算表.loc['新客户订单营业收入下限','数额']/特殊订单02_价格计算表.loc['        新客户预定数量','数额']
特殊订单02_价格计算表.to_excel(r'D:\数字化管理会计仿真实训\06 - 短期经营决策\特殊订单02_价格计算表.xlsx',sheet_name = 'Sheet1',float_format = '%.2f',index = True)
```

结果输出，如表6-12所示。

表6-12　　　　情况2中特殊订单定价计算表

项　目	数　额
销售价格	90
单位变动成本	65
其中：直接材料	30
直接人工	8
变动制造费用	12
变动销售与管理费用	15
单位边际贡献	25
新客户订单挤压现有销量的影响	1000
其中：现有产能	12000
当前销量	10000
剩余产能	2000

续表

项　目	数　额
新客户预定数量	3000
新客户订单变动成本总额	195000
新客户订单挤压现有边际贡献总额	25000
新客户订单营业收入下限	220000
新客户订单单价下限	73.33

第六步：情况3中特殊订单定价决策。

```
Item = ['销售价格','单位变动成本','  其中:直接材料','        直接人工','        变动制造费用','        变动销售与管理费用','单位边际贡献','新客户订单挤压现有销量的影响','  其中:现有产能','        当前销量','        剩余产能','        新客户预定数量','新客户订单变动成本总额','新客户订单挤压现有边际贡献总额','专用设备租金','新客户订单营业收入下限','新客户订单单价下限']
特殊订单03_价格计算表 = pd.DataFrame(index = Item)
特殊订单03_价格计算表['数额'] = 0

特殊订单03_价格计算表.loc['销售价格','数额'] = 销售单价
特殊订单03_价格计算表.loc['  其中:直接材料','数额'] = 单位直接材料
特殊订单03_价格计算表.loc['        直接人工','数额'] = 单位直接人工
特殊订单03_价格计算表.loc['        变动制造费用','数额'] = 单位变动制造费用
特殊订单03_价格计算表.loc['        变动销售与管理费用','数额'] = 单位变动销售与管理费用
特殊订单03_价格计算表.loc['单位变动成本','数额'] = 特殊订单03_价格计算表.loc['  其中:直接材料','数额'] + 特殊订单03_价格计算表.loc['        直接人工','数额'] + 特殊订单03_价格计算表.loc['        变动制造费用','数额'] + 特殊订单03_价格计算表.loc['        变动销售与管理费用','数额']
特殊订单03_价格计算表.loc['单位边际贡献','数额'] = 特殊订单03_价格计算表.loc['销售价格','数额'] - 特殊订单03_价格计算表.loc['单位变动成本','数额']
特殊订单03_价格计算表.loc['  其中:现有产能','数额'] = 现有产能
特殊订单03_价格计算表.loc['        当前销量','数额'] = 预计销量
特殊订单03_价格计算表.loc['        剩余产能','数额'] = 特殊订单03_价格计算表.loc['  其中:现有产能','数额'] - 特殊订单03_价格计算表.loc['        当前销量','数额']
特殊订单03_价格计算表.loc['        新客户预定数量','数额'] = 订单03_新客户预定
特殊订单03_价格计算表.loc['新客户订单挤压现有销量的影响','数额'] = 特殊订单03_价格计算表.loc['        新客户预定数量','数额'] - 特殊订单03_价格计算表.loc['
        剩余产能','数额']
特殊订单03_价格计算表.loc['新客户订单变动成本总额','数额'] = 特殊订单03_价格计算表.loc['        新客户预定数量','数额'] * 特殊订单03_价格计算表.loc['单位变动
```

```
成本','数额']
特殊订单03_价格计算表.loc['新客户订单挤压现有边际贡献总额','数额'] = 特殊订单03_价格计算表.loc['新客户订单挤压现有销量的影响','数额'] * 特殊订单03_价格计算表.loc['单位边际贡献','数额']
特殊订单03_价格计算表.loc['专用设备租金','数额'] = 订单03_设备租金
特殊订单03_价格计算表.loc['新客户订单营业收入下限','数额'] = 特殊订单03_价格计算表.loc['新客户订单变动成本总额','数额'] + min(特殊订单03_价格计算表.loc['新客户订单挤压现有边际贡献总额','数额'],特殊订单03_价格计算表.loc['专用设备租金','数额'])
特殊订单03_价格计算表.loc['新客户订单单价下限','数额'] = 特殊订单03_价格计算表.loc['新客户订单营业收入下限','数额']/特殊订单03_价格计算表.loc['        新客户预定数量','数额']
特殊订单03_价格计算表.to_excel(r'D:\数字化管理会计仿真实训\06-短期经营决策\特殊订单03_价格计算表.xlsx',sheet_name='Sheet1',float_format='%.2f',index=True)
```

结果输出，如表6－13所示。

表6－13　　情况3中特殊订单定价计算表

项　目	数　额
销售价格	90
单位变动成本	65
其中：直接材料	30
直接人工	8
变动制造费用	12
变动销售与管理费用	15
单位边际贡献	25
新客户订单挤压现有销量的影响	1000
其中：现有产能	12000
当前销量	10000
剩余产能	2000
新客户预定数量	3000
新客户订单变动成本总额	195000
新客户订单挤压现有边际贡献总额	25000
专用设备租金	21000
新客户订单营业收入下限	216000
新客户订单单价下限	72

```
# 上述三种情况的决策也可以用下面的循环语句实现
Item = ['销售价格','单位变动成本','  其中:直接材料','        直接人工','        变动制造费用','        变动销售与管理费用','单位边际贡献','新客户订单挤压现有销量
```

```
的影响','  其中:现有产能','          当前销量','          剩余产能','          新客户预定数量','新客户订单变动成本总额','新客户订单挤压现有边际贡献总额','专用设备租金',
'新客户订单营业收入下限','新客户订单单价下限']
特殊订单价格计算表 = pd. DataFrame(index = Item)
特殊订单价格计算表['数额'] = 0
for i in range(1,4):
    特殊订单价格计算表.loc['销售价格','数额'] = 销售单价
    特殊订单价格计算表.loc['  其中:直接材料','数额'] = 单位直接材料
    特殊订单价格计算表.loc['          直接人工','数额'] = 单位直接人工
    特殊订单价格计算表.loc['          变动制造费用','数额'] = 单位变动制造费用
    特殊订单价格计算表.loc['          变动销售与管理费用','数额'] = 单位变动销售
    与管理费用
    特殊订单价格计算表.loc['单位变动成本','数额'] = 特殊订单价格计算表.loc['  其
    中:直接材料','数额'] + 特殊订单价格计算表.loc['          直接人工','数额'] + 特
    殊订单价格计算表.loc['          变动制造费用','数额'] + 特殊订单价格计算表.loc
    ['          变动销售与管理费用','数额']
    特殊订单价格计算表.loc['单位边际贡献','数额'] = 特殊订单价格计算表.loc['销售
    价格','数额'] - 特殊订单价格计算表.loc['单位变动成本','数额']
    特殊订单价格计算表.loc['  其中:现有产能','数额'] = 现有产能
    特殊订单价格计算表.loc['          当前销量','数额'] = 预计销量
    特殊订单价格计算表.loc['          剩余产能','数额'] = 特殊订单价格计算表.loc
    ['  其中:现有产能','数额'] - 特殊订单价格计算表.loc['          当前销量','数额']
    if i == 1:
        特殊订单价格计算表.loc['          新客户预定数量','数额'] = 订单01_新客户
        预定
    elif i == 2:
        特殊订单价格计算表.loc['          新客户预定数量','数额'] = 订单02_新客户
        预定
    else:
        特殊订单价格计算表.loc['          新客户预定数量','数额'] = 订单03_新客户
        预定

    特殊订单价格计算表.loc['新客户订单挤压现有销量的影响','数额'] = 特殊订单价
    格计算表.loc['          新客户预定数量','数额'] - 特殊订单价格计算表.loc['
        剩余产能','数额']
    特殊订单价格计算表.loc['新客户订单变动成本总额','数额'] = 特殊订单价格计算
    表.loc['          新客户预定数量','数额'] * 特殊订单价格计算表.loc['单位变动成
    本','数额']
    特殊订单价格计算表.loc['新客户订单挤压现有边际贡献总额','数额'] = 特殊订单
```

```
价格计算表.loc['新客户订单挤压现有销量的影响','数额'] * 特殊订单价格计算表.loc['单位边际贡献','数额']
特殊订单价格计算表.loc['新客户订单营业收入下限','数额'] = 特殊订单价格计算表.loc['新客户订单变动成本总额','数额'] + 特殊订单价格计算表.loc['新客户订单挤压现有边际贡献总额','数额']
if i == 3:
    特殊订单价格计算表.loc['专用设备租金','数额'] = 订单03_设备租金
    特殊订单价格计算表.loc['新客户订单营业收入下限','数额'] = 特殊订单价格计算表.loc['新客户订单变动成本总额','数额'] + min(特殊订单价格计算表.loc['新客户订单挤压现有边际贡献总额','数额'],特殊订单价格计算表.loc['专用设备租金','数额'])
特殊订单价格计算表.loc['新客户订单单价下限','数额'] = 特殊订单价格计算表.loc['新客户订单营业收入下限','数额']/特殊订单价格计算表.loc['　新客户预定数量','数额']
特殊订单价格计算表.to_excel(r'D:\数字化管理会计仿真实训\06-短期经营决策\特殊订单0{}_价格计算表.xlsx'.format(i),sheet_name='Sheet1',float_format='%.2f',index=True)
```

四、虚拟案例演练

任务一：产品品种决策

天禧公司现有生产能力 40000 机器工时，目前生产 A、B、C 三种产品各 1800 件，尚有部分生产能力剩余。有关资料如表 6-14 所示。

表 6-14　A、B、C 三种产品成本资料表

项　目	A 产品	B 产品	C 产品
产品单位价格	48 元	60 元	25 元
单位变动成本	20 元	35 元	14 元
固定成本分摊	20 元	15 元	7.5 元

A、B、C 三种产品的单位固定成本按照它们所需用的机器小时进行分配，分配率为 2.5 元/工时。

实训要求：

请根据以上资料，通过计算，确定该公司在无力增加新产品的条件下，为了能够最有效地利用剩余生产能力，应当优先增加哪种产品的产量。

任务二：产品组合和定价决策

东林公司生产经营甲、乙、丙三种产品，三种产品目前产销数量均为 1000 件，公司产能为 13000 机器工时，产品有关资料如表 6-15 所示。

表 6－15 甲、乙、丙三种产品资料表

项　目	甲产品	乙产品	丙产品
销售单价	50 元	60 元	40 元
单位变动成本	25 元	40 元	30 元
单位固定成本	15 元	12 元	15 元
单位产品利润	10 元	8 元	－5 元
单位产品生产工时	6 小时	4 小时	3 小时

实训要求：

（1）该公司是否应该停止丙产品的生产？

（2）假定三种产品没有销量限制，该公司应该如何进行产量安排？

（3）假定三种产品没有销量限制，如果客户想订购 500 个单位的丙产品，那么该订货的最低价格应该是多少？

（4）假定该公司已经接受一项销售合同，约定每种产品提供 600 件，如果三种产品各自总市场需求量分别为 1300 件，则该公司应该如何生产以使利润能够最大？

任务三：零部件外购和自制决策

裕兴公司生产空调需要电动马达 5000 个，既可以向供应商采购，也可以自己生产。外购单价为每个 80 元；如果自己制造马达，有关成本如表 6－16 所示。

表 6－16 电动马达成本资料表

成本项目	金　额
直接材料	45 元
直接人工	20 元
制造费用（其中 60% 为变动性制造费用）	20 元
合计	85 元

此外，自制马达还需要添置设备一台，需投资 9000 元。

实训要求：

（1）在决定是自制还是外购该零件的过程中，裕兴公司的相关成本是多少？

（2）基于定量分析，裕兴公司应该选择哪种方案？

（3）裕兴公司在决策过程中还有哪些定性因素需要考虑？

任务四：多重约束条件下产量组合决策

东达公司现有甲、乙两个生产部门，其正常生产能力分别为 20000 机器工时和 16400 机器工时。根据市场需求，该公司决定下年度生产 A、B 两种产品，这两种产品都要经过甲、乙两个生产部门进行加工，有关资料如表 6－17 所示。

表 6－17　　A、B 产品有关资料表

项　目	单位产品加工工时/小时		预计销量/件	单位产品边际贡献/元
	甲部门	乙部门		
A 产品	10	4	1800	20
B 产品	5	8	2000	30

实训要求：

请计算确定，为了既充分、有效地利用现有全部正常生产能力，又使未来年度的利润额达到最高，该公司应如何具体安排 A、B 两种产品的生产数量。

任务五：多重约束条件下产量组合决策

明溪公司生产经营甲、乙两种产品，产品单位销售价格和成本的数据如表 6－18 所示。

表 6－18　　甲、乙产品有关资料表

项　目	甲产品	乙产品
销售价格	200 元	340 元
直接材料	70 元	74 元
直接人工	42 元	46 元
变动制造费用	6 元	8 元
固定制造费用分摊	24 元	32 元
毛利	58 元	180 元
销售费用（假定全部为变动性的）	16 元	48 元
管理费用（假定全部为固定性的）	12 元	16 元
税前利润	30 元	116 元

甲产品每月最高销售数量为 2000 件，乙产品每月最高销售数量为 500 件。公司管理层决定每月制造和销售至少 1000 件甲产品和至少 300 件乙产品。该公司的生产能力受到焊接和装配生产能力的限制，每个甲产品需要焊接 5 分钟，装配需要耗费 15 分钟，每个乙产品需要焊接 8 分钟，装配需要耗费 45 分钟。在装配区中每月总共有 500 机器工时可供利用，而焊接能力每月仅有 120 工时。假定生产没有其他相关限制。

实训要求：

（1）如果管理部门的目标是实现利润最大化，请列出产销这两种产品的目标函数和约束条件。

（2）管理部门为使利润最大化将愿意生产甲、乙产品各多少？

（3）最佳产品组合方案下的边际贡献总额为多少？

第七单元

全面预算管理

一、实训目标

- 理解全面预算的职能
- 掌握各项业务预算、财务预算的编制程序和方法
- 掌握运用 Python 的相应模块自动编制全部经营预算表格的技能
- 掌握运用 Python 的相应模块自动编制预算财务报表的技能
- 理解预算编制过程在协调各部门之间的关系，实现企业经营目标中的作用
- 理解通过全面预算管理对企业资源配置的引导作用
- 理解全面预算管理工作在企业评价实际工作业绩中的核心地位

二、知识回顾

（一）全面预算概述

全面预算是由一系列相互联系的预算构成的体系，是以货币及数量形式反映企业未来一段期间内全部经营活动及成果的具体目标及数量说明，是对现代企业经营决策的具体化和数量化。

编制全面预算对明确企业经营目标、协调各部门之间的关系、控制日常经营活动、评价企业实际工作业绩等都具有极其重要的作用，对完善公司治理结构、建立现代企业制度、提高公司核心竞争力也具有重大意义。

（二）全面预算体系

全面预算体系按照其涉及的业务活动内容可以分为三大部分：经营预算、财务预算和资本预算。

1. 经营预算

经营预算是指为供、产、销及管理活动所编制的，与企业日常业务直接相关的预算，销售预算是经营预算的编制起点。这些预算以实物量指标和价值量指标分别反映企业收入与费

用的构成情况。经营预算包括销售预算、生产预算、直接材料耗用量及采购预算、直接人工预算、制造费用预算、产品成本预算、期末存货预算、销售费用预算与管理费用预算。

2. 财务预算

财务预算是指反映企业预算期现金收支、经营成果和财务状况的各项预算，主要包括现金预算、财务费用预算、预算利润表和预算资产负债表。

3. 资本预算

资本预算是指企业为那些在预算期内不经常发生的、一次性业务活动所编制的预算，如固定资产资本支出预算、新产品项目上马预算。

经营预算和财务预算是全面预算管理相辅相成的两部分，离开了经营预算的财务预算，将会由于缺乏业务基础而成为“数字游戏”；离开了财务预算的业务计划，将由于缺乏量化的经营目标而成为工作事项的罗列。

企业全面预算流程如图 7－1 所示。

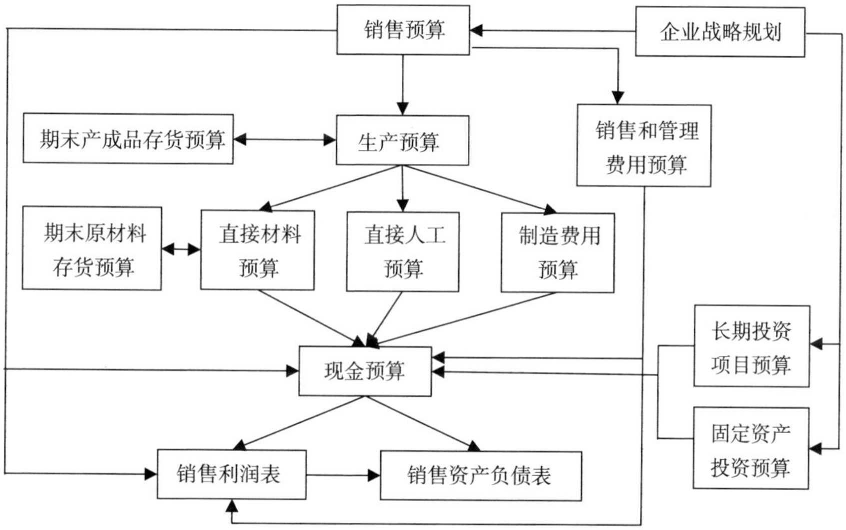

图 7－1　企业全面预算流程

（三）全面预算的职能

1. 规划职能

企业无论大小均具有目标，目标的制定和执行是决定目标能否得以实现的两个方面。企业的预算能够通过提前将资源配置在实现目标的各个方面，从资源上保证和引导目标得以实现，使企业的目标更加具体化。

2. 控制职能

由于很多系统并不是自运行的，需要得到相应的干预才能保证目标的实现，为了保证目标的实现，需要行为和计划的一致性。预算是计划的数字化，我们需要在实际行动中保证行动按照计划执行，且实际结果和计划出现差异时，能够发现差异、衡量差异，找出差异产生的原因并反馈到下一期。

3. 沟通职能

由于预算编制是以企业整体为对象的，我们需要对企业目标进行分解，使得各个分部和部门能够明确自身的目标与其他相关单位的目标，加强彼此的了解，增进彼此的协作，保证企业目标的实现。

4. 协调职能

随着外部环境的变化，部门之间的协作和流程的一体化是企业在赢得顾客和创造价值过程中的保证，预算可以明确各个部门在实现企业目标中自身的定位以及对整体的贡献，保证自己和企业其他部门和职能之间的协作来实现企业目标的一致性和企业价值的最大化。

5. 激励职能

根据激励理论，如果能够让员工亲自参与其计划的制订过程，就可以增强激励的强度。同时，预算可作为业绩评价的标准，为进行业绩评价和相应的奖惩提供依据。

（四）全面预算的编制程序

企业预算的编制涉及经营管理的各个部门，只有执行人参与预算的编制，才能使预算成为他们自愿努力完成的目标。

1. 销售预算

编制销售预算的依据主要是：

（1）科学的销售预测；

（2）产品的销售单价；

（3）产品销售的收款条件。

销售预算通常应分别按产品的名称、数量、单价、金额等资料来编制。在实际工作中，在销售预算的正表下面，往往还附有预算期的“销售活动现金预算”，其中包括前期应收账款的收回以及本期销售货款的收入。这张附表主要是为以后编制现金预算准备的。

2. 生产预算

编制生产预算的依据主要是：

（1）销售预算的每季度预算销售量；

（2）计划期每季度预算期初、期末存货量。

在编制生产预算时，应根据以下公式计算每季度预算生产量，然后填入表内：

预算生产量 = 预算销售量 + 预算期末存货量 - 预算期初存货量

3. 直接材料预算

编制直接材料预算的依据主要是：

（1）生产预算的每季度预算生产量；

（2）单位产品的材料消耗定额；

（3）计划期的期初、期末存料量；

（4）材料的计划单价；

（5）采购材料的付款条件等。

直接材料预算编制的方法是：按材料类别分别根据下列公式计算预算采购量，然后再乘以计划单价，填入预算表内：

预算采购量 = 预算生产需用量 + 预算期末库存量 - 预算期初库存量

在实际工作中，直接材料预算下面往往还附有预算期的“材料采购现金预算”，其中包括前期应付购料款的偿还以及本期购料款的支付。

4. 直接人工预算

编制直接人工预算的依据主要是：

（1）生产预算的每季度预算生产量；

（2）单位工时工资率（包括基本工资、各种津贴及社会保险费等）；

（3）单位产品的工时定额。

通常情况下，由于企业往往需要雇用不同工种的人工，直接人工预算应按不同工种分别计算，然后予以合计。其计算公式如下：

预算直接人工成本 = 预算生产量 × Σ（单位工时工资率 × 单位产品工时定额）

5. 制造费用预算

编制制造费用预算的依据主要是：

（1）计划期的一定业务量（比如全年产量所需工时总数）；

（2）上级管理部门下达的成本降低率；

（3）计划期各费用明细项目的具体情况等。

编制制造费用预算的方法如下：对于变动制造费用项目，一般情况下应以计划期的一定业务量为基础规划具体预算数字；对于固定制造费用项目，则大多根据基期的实际开支水平，再结合上级下达的成本降低率进行计算填入预算表内。另外，在预算正表下面还要附有“制造费用现金支出”，以便以后编制财务预算类的现金预算。但固定资产折旧费不属于现金支出项目，故在编制“制造费用现金支出”时应剔除。

6. 产品成本预算

产品成本预算是直接材料预算、直接人工预算、制造费用预算的汇总。

7. 销售及管理费用预算

销售费用预算以销售预算为基础，分析销售收入和销售费用的关系，力求提高销售费用的使用效率。管理费用是做好一般管理业务所必需的费用，多属于固定成本，一般以过去的实际开支为基础，按预算期的可预见变化来调整。在编制此类预算时，也可以使用零基预算法。

8. 现金预算

现金预算是为反映企业在计划期预算的现金收支的详细情况而编制的预算。编制现金预算的依据主要是业务预算中的图表和专门决策预算。现金预算实际上是其他预算有关现金部分的汇总，以及收支差额平衡措施的具体计划。它的编制要以其他各项预算为基础。现金预算的内容包括现金收入、现金支出、现金多余或不足的计算，以及不足部分的筹资方案和多余部分的利用方案等。

编制现金预算时，主要把它分成以下四个部分：

（1）现金收入，包括计划期的期初现金余额加上该期预算可能发生的现金收入，其主要来源是销售收入和应收账款的收回，可从销售预算的附表中获得这些资料。

（2）现金支出，包括计划期预算可能发生的一切现金支出，如支付购料款、支付直接人工、制造费用和销售及管理费用等，这些资料可从经营预算中获得。此外，还有购置固定资产、预付企业所得税及股利等多项支出，这些资料可从专门决策预算中获得。

（3）现金余缺与资金融通，将现金收入总额与现金支出总额进行对比，如收入大于支出，即出现剩余，可用来进行短期投资，或归还借款；如收入小于支出，即出现短缺，则需向银行借款或采用其他方式筹措资金。

（4）期末现金余额，就是将计划期的现金收入总额减去现金支出总额，再减去资金投放或归还总额，或加上资金筹措总额。

9. 预算财务报表

预算财务报表包括预算利润表、预算资产负债表。预算财务报表主要为企业管理服务，是控制企业资金、成本和利润总量的重要手段。

（1）预算利润表。编制预算利润表的依据主要是：①经营预算；②专门决策预算；③现金预算。预算利润表按贡献式编列。

（2）预算资产负债表。它是为反映企业计划期末预算的财务状况而编制的预算报表。其编制的依据主要是：①基期末的资产负债表；②经营预算；③专门决策预算；④财务预算。预算资产负债表的编制应以基期末的资产负债表为基础，然后根据计划期各项预算的有关资料作必要的调整。

（五）预算的分类

1. 固定预算与弹性预算

固定预算又称静态预算，是指在编制预算时，只根据预算期内正常、可实现的某一固定的业务量（如生产量、销售量等）水平作为唯一基础来编制预算的方法。固定预算适用于经营业务稳定，生产产品产销量稳定，能准确预测产品需求及产品成本的企业，也可用于编制固定费用预算。

弹性预算是指根据可预见的不同业务活动水平，分别规定相应目标和任务的预算。其主要的编制思路是：首先确定可预见的不同业务活动水平，然后利用成本性态，找出不同性态的成本和费用的发生金额与业务量之间的关系，其中固定成本在相关的业务范围之内并不会随业务量水平的变化而变化，变动成本则在其相关范围之内随业务量的变化成正比例变化，混合费用则需要找到业务量和成本费用关系，将混合费用分解为固定成本和变动成本两个部分。

2. 增量预算与零基预算

增量预算是指在过去年份预算的基础上，根据未来期间相应的生产经营的变化情况进行调整之后得到的预算。该方法存在的问题是其依据的过去年份的预算本身存在着非效率的问题，因此可能会导致“错误的基础”，从而产生“错误的结果”。

为了克服该弊端，产生了零基预算。该方法的实质是公司的一切预算从零开始编制，不以过去的预算作为参照，每次编制的预算都是第一次编制，没有之前的成本的影响，所有的事项在编制时都需要进行评估，评估每一项成本和费用的发生是否合理及金额的大小是否符合成本效益原则。但零基预算本身也存在多种问题，比如每次都逐项评估的工作量巨大、成本高昂，评估的主观性较强，容易导致一些短视行为，且部门之间会由于利益争夺而产生矛盾，冲突的发生和解决的代价往往较高。

3. 定期预算与滚动预算

定期预算的编制是针对一个特定的期间，最常见的是以一个会计年度作为编制对象。但这种预算随着时间的推移，无法考虑时间变化对预算的影响。因此，企业管理当局等到原有预算结束再编制新的预算，随着预算的执行，预算中覆盖的期间逐渐缩短，且无法将执行中环境发生变化对预算带来的影响及时体现出来。

滚动预算的出现弥补了定期预算的缺陷。滚动预算是指在编制预算时，将预算期与会计年度脱离，随着预算的执行不断延伸补充预算，逐期向后滚动，使预算期永远保持为一个固定期间的一种预算编制方法。该预算方法可以及时考虑时间推移带来的各种情况变化，进行及时的预算调整，且可以保持固定的预算期间，滚动可以按月、按季进行。该预算能够使企业高层管理人员对未来 12 个月（起点不固定）的经营活动进行动态的计划，能够保证新的变化及时体现在预算当中。

三、仿真案例实训

案例背景介绍

兴腾公司生产销售一种皮尺，根据本公司以往产品销售情况，结合市场环境分析，预计 2025 年 1 –4 季度和 2026 年 1 –2 季度销售数量如表 7 –1 所示，销售单价为 7.5 元/个。根据历史经验，每个季度产品销售收入中，现销比例为 70%，于当季收到现金，赊销比例为 30%，其中 25% 将于下一季度收到现金，剩余 5% 无法收回。2025 年初应收账款预计可全部收回。

表 7 –1　**销售数量预测表**　单位：个

时　间	销售数量
2025 年第 1 季度	22500
2025 年第 2 季度	50000
2025 年第 3 季度	30000
2025 年第 4 季度	25000
2026 年第 1 季度	15000
2026 年第 2 季度	28000

假定兴腾公司预算年度内每季度产成品结存量是下一季度销售数量的 20%，年初皮尺产成品库存数量为 3600 个。

兴腾公司生产皮尺仅消耗一种原材料，产品材料消耗定额为 5 米/个，原材料单价为 0.4 元/米，预算年度内每季度原材料结存量是下一季度生产耗用数量的 10%，年初原材料库存数量为 13000 米。根据供货协议，材料采购货款中有 50% 在本季度内支付现金，剩余 50% 货款下一季度付清。

生产每个皮尺的直接人工消耗定额为 0.05 小时，每小时人工工资为 10 元。

每小时人工发生变动制造费用为 20 元。公司计划于 2025 年第 2 季度支出 50000 元购置一台自动切割机。预计 2025 年各个季度其他固定制造费用如表 7 –2 所示，均为付现成本。

表 7－2 **兴腾公司 2025 年其他固定制造费用** 单位：元

项 目	第 1 季度	第 2 季度	第 3 季度	第 4 季度
其他固定制造费用	9250	9250	8750	9045

该公司变动销售费用率为 0.5 元/件，预计 2025 年各个季度其他固定销售费用如表 7－3 所示，均为付现成本。

表 7－3 **兴腾公司 2025 年其他固定销售费用** 单位：元

项 目	第 1 季度	第 2 季度	第 3 季度	第 4 季度
其他固定销售费用	12500	12500	12500	12500

该公司变动管理费用主要为存货持有成本和相关管理成本，预计变动管理费用为期末存货总价值的 20%。预计 2025 年各个季度其他固定管理费用如表 7－4 所示，均为付现成本。

表 7－4 **兴腾公司 2025 年其他固定管理费用** 单位：元

项 目	第 1 季度	第 2 季度	第 3 季度	第 4 季度
其他固定管理费用	20000	20000	20000	20000

兴腾公司 2025 年年初资产负债情况如表 7－5 所示。

表 7－5 **兴腾公司 2025 年年初资产负债表** 单位：元

项 目	期初余额
资产	
一、流动资产	130350
1. 现金及等价物	55000
2. 应收账款	52150
3. 原材料存货	5200
4. 产成品存货	18000
二、非流动资产	745000
1. 土地使用权	150000
2. 固定资产	575000
（1）生产用固定资产	400000
（2）销售 & 管理用固定资产 *	175000
3. 长期股权投资	20000
三、资产合计	875350
负债与所有者权益	
一、流动负债	29200
1. 应付账款	14200
2. 应交税费	15000
3. 短期借款	0

续表

项　目	期初余额
二、非流动负债	500000
1. 长期借款	500000
三、所有者权益	346150
1. 普通股	200000
2. 留存收益	146150
四、负债与所有者权益合计	875350

* 销售 & 管理用固定资产中 30% 为销售部门固定资产，70% 为管理部门固定资产。

兴腾公司其他相关信息如下：

（1）预计 2025 年第 1 季度发放现金股利 84450 元。

（2）为发展需要，预计 2025 年第 2 季度购置自动切割机一台，价格为 50000 元，款项于购买当季全额支付。

（3）公司固定资产的月折旧率为 1%。

（4）预计 2025 年第 3 季度使用现金 30000 元进行股权投资。

（5）预计 2025 年第 3、第 4 季度分别清缴企业所得税 20000 元和 15000 元。

（6）预计 2025 年每个季度需要向银行支付长期借款利息，年利率为 16%。

（7）兴腾公司设置期末现金余额警戒线为 30000 元，若现金余额低于 30000 元，则向银行申请短期借款，年利率为 12%，最小借款单位为万元，若现金余额超过 80000 元，则考虑归还银行短期借款。假设当期借款发生在期初，当期还款发生在期末，按季度支付银行利息。

（8）企业所得税税率为 25%。

（9）兴腾公司采用变动成本法计算利润。

实训要求：

请帮助兴腾公司编制 2025 年各项经营预算和财务预算。

实训操作示范

第一步：资料准备。

```
# 导入 Python 相应模块
import numpy as np
import pandas as pd


# 读取销售数量预测表,并进行行列转秩
data = pd.read_excel(r'D:\数字化管理会计仿真实训\07 - 全面预算管理\表 7 - 1 - 销售数量预测表.xlsx',sheet_name = "Sheet1",header = 0)
data.set_index('时间',drop = False,append = False,inplace = True,verify_integrity = False)
销量预测 = data.values # data 是数组,直接从文件读出来的数据格式是数组
销量预测 = list(map(list,zip( * 销量预测)))# 将 data 的行列转换
index1 = list(data.keys())#获取原有 csv 文件的标题,并形成列表
```

```
销量预测 = pd.DataFrame(销量预测,index = index1)# 指定行索引,保存为数组
销量预测.reset_index(level = None,drop = False,inplace = True,col_level = 0,col_fill = '')
销量预测.columns = 销量预测.iloc[0]
销量预测 = 销量预测.shift( -1).dropna()
销量预测.set_index('时间',drop = True,append = False,inplace = True,verify_integrity = False)

# 读取年初资产负债表
年初资产负债表 = pd.read_excel(r'D:\数字化管理会计仿真实训\07 - 全面预算管理\表 7 - 5 - 兴腾公司 2025 年年初资产负债表.xlsx',sheet_name = "Sheet1",header = 0,index_col = 0)

# 导入其他基本信息
销售价格 =7.5
本季收现率 =0.7
下季收现率 =0.25
期初产成品库存数量 =3600
期末产成品库存系数 =0.2
期初原材料库存 =13000
期末材料库存系数 =0.1
本季采购付现率 =0.5
单位产品原材料消耗 =5
原材料单价 =0.4
单位产品人工工时 =0.05
直接人工工资率 =10
变动制造费用率 =20
固定资产月折旧率 =0.01
变动销售费用率 =0.5
长期借款年利率 =0.16
短期借款年利率 =0.12
所得税税率 =0.25
```

第二步：编制销售预算及销售活动现金预算。

```
# 设置销售预算空表
Item = ['销售数量','销售价格','营业收入','销售活动现金预算','2024 年第 4 季度末应收账款','2025 年第 1 季度现金流入','2025 年第 1 季度末应收账款','2025 年第 2 季度现金流入','2025年第 2 季度末应收账款','2025 年第 3 季度现金流入','2025 年第 3 季度末应收账款','2025 年第 4 季度现金流入','2025 年第 4 季度末应收账款','2026 年第 1 季度现金流入','2026 年第 1 季度末应收账款','2026 年第 2 季度现金流入','2026 年第 2 季度末应收账
```

```
款','销售活动现金流入合计']
销售预算 = pd.DataFrame(index = Item)
for i in range(0,7):
    销售预算.insert(i,'{}年第{}季度'.format(2025 + (i)//4,1 + i%4),0)
销售预算.insert(7,'2025 年合计',0)
销售预算.loc['销售活动现金预算'] = ''

# 编制各个季度销售活动预算
销售预算.loc['销售数量'] = 销量预测.loc['销售数量']
销售预算.loc['销售价格'] = 销售价格
销售预算.loc['销售价格','2025 年合计'] = ''
销售预算.loc['营业收入'] = 销售预算.loc['销售数量'] * 销售预算.loc['销售价格']
for K in ['销售数量','营业收入']:
    销售预算.loc[K,'2025 年合计'] = 0
    for i in range(1,5):
        销售预算.loc[K,'2025 年合计'] = 销售预算.loc[K,'2025 年合计'] + 销售预
        算.loc[K,'2025年第{}季度'.format(i)]
销售预算 1 = 销售预算.copy()
销售预算 1.drop(columns = ['2026 年第 3 季度'],inplace = True)
销售预算 1.to_excel(r'D:\数字化管理会计仿真实训\07 - 全面预算管理\销售预算 -
01.xlsx',sheet_name = 'Sheet1',float_format = '%.2f',index = True)
```

结果输出，如表 7－6 所示。

表 7－6　　销售预算及销售活动现金预算　　单位：元

项　目	2025 年第 1 季度	2025 年第 2 季度	2025 年第 3 季度	2025 年第 4 季度	2026 年第 1 季度	2026 年第 2 季度	2025 年合计
销售数量	22500	50000	30000	25000	15000	28000	127500
销售价格	7.5	7.5	7.5	7.5	7.5	7.5	
营业收入	168750	375000	225000	187500	112500	210000	956250
销售活动现金预算							
2024 年年末应收账款							
2025 年第 1 季度现金流入							
2025 年第 1 季度末应收账款							
2025 年第 2 季度现金流入							
2025 年第 2 季度末应收账款							
2025 年第 3 季度现金流入							
2025 年第 3 季度末应收账款							
2025 年第 4 季度现金流入							

续表

项　目	2025年第1季度	2025年第2季度	2025年第3季度	2025年第4季度	2026年第1季度	2026年第2季度	2025年合计
2025年第4季度末应收账款							
2026年第1季度现金流入							
2026年第1季度末应收账款							
2026年第2季度现金流入							
销售活动现金流入合计							

```
#编制销售活动现金预算
销售预算.loc['2024年第4季度末应收账款','2025年第1季度'] = 年初资产负债表.loc['2. 应收账款','期初余额']
for i in range(3,9):
    quarter = ['{}年第{}季度'.format(2024 + i//4,1 + i%4),'{}年第{}季度'.format(2024 + (i+1)//4,2 + i%4 - (i%4 >=3) * 4),'{}年第{}季度'.format(2024 + (i + 2)//4,3 + i%4 - (i%4 >=2) * 4)]
    销售预算.loc[quarter[1] + '现金流入',quarter[1]] = 销售预算.loc['营业收入',quarter[1]] * 本季收现率
    销售预算.loc[quarter[1] + '末应收账款',quarter[2]] = 销售预算.loc['营业收入',quarter[1]] * 下季收现率
    销售预算.loc['销售活动现金流入合计',quarter[1]] = 销售预算.loc[quarter[0] + '末应收账款',quarter[1]] + 销售预算.loc[quarter[1] + '现金流入',quarter[1]]
销售预算['2025年合计'] = 销售预算['2025年第1季度'] + 销售预算['2025年第2季度'] + 销售预算['2025年第3季度'] + 销售预算['2025年第4季度']
销售预算.loc['销售价格','2025年合计'] = ''
销售预算.drop(columns = ['2026年第3季度'],inplace = True)
销售预算.to_excel(r'D:\数字化管理会计仿真实训\07-全面预算管理\销售预算-02.xlsx',sheet_name = 'Sheet1',float_format = '%.2f',index = True)
```

结果输出，如表7-7所示。

表7-7　　销售预算及销售活动现金预算　　单位：元

项　目	2025年第1季度	2025年第2季度	2025年第3季度	2025年第4季度	2026年第1季度	2026年第2季度	2025年合计
销售数量	22500	50000	30000	25000	15000	28000	127500
销售价格	7.5	7.5	7.5	7.5	7.5	7.5	
营业收入	168750	375000	225000	187500	112500	210000	956250
销售活动现金预算							
2024年年末应收账款	52150	0	0	0	0	0	52150

续表

项 目	2025 年第 1 季度	2025 年第 2 季度	2025 年第 3 季度	2025 年第 4 季度	2026 年第 1 季度	2026 年第 2 季度	2025 年合计
2025 年第 1 季度现金流入	118125	0	0	0	0	0	118125
2025 年第 1 季度末应收账款	0	42187. 5	0	0	0	0	42187. 5
2025 年第 2 季度现金流入	0	262500	0	0	0	0	262500
2025 年第 2 季度末应收账款	0	0	93750	0	0	0	93750
2025 年第 3 季度现金流入	0	0	157500	0	0	0	157500
2025 年第 3 季度末应收账款	0	0	0	56250	0	0	56250
2025 年第 4 季度现金流入	0	0	0	131250	0	0	131250
2025 年第 4 季度末应收账款	0	0	0	0	46875	0	0
2026 年第 1 季度现金流入	0	0	0	0	78750	0	0
2026 年第 1 季度末应收账款	0	0	0	0	0	28125	0
2026 年第 2 季度现金流入	0	0	0	0	0	147000	0
销售活动现金流入合计	170275	304687. 5	251250	187500	125625	175125	913712. 5

第三步：编制生产预算表。

```
Item = ['销售数量','加:期末产成品库存','产成品需求总量','减:期初产成品库存','本月生产数量']
生产预算 = pd.DataFrame(index = Item)
for i in range(0,6):
    生产预算.insert(i,'{}年第{}季度'.format(2025 + (i)//4,1 + i%4),0)
生产预算.insert(6,'2025 年合计',0)


生产预算.loc['销售数量'] = 销售预算.loc['销售数量']
生产预算.loc['减:期初产成品库存','2025 年第 1 季度'] = 期初产成品库存数量
for i in range(0,5):
    quarter = ['{}年第{}季度'.format(2025 + i//4,1 + i%4),'{}年第{}季度'.format(2025 + (i + 1)//4,2 + i%4 - (i%4 >= 3) * 4)]
    生产预算.loc['加:期末产成品库存',quarter[0]] = 生产预算.loc['销售数量',quarter[1]] * 期末产成品库存系数
    生产预算.loc['减:期初产成品库存',quarter[1]] = 生产预算.loc['加:期末产成品库存',quarter[0]]
生产预算.loc['产成品需求总量'] = 生产预算.loc['销售数量'] + 生产预算.loc['加:期末产成品库存']
生产预算.loc['本月生产数量'] = 生产预算.loc['产成品需求总量'] - 生产预算.loc['减:期初产成品库存']
Item = ['销售数量','产成品需求总量','本月生产数量']
for K in Item:
```

```
    生产预算.loc[K,'2025年合计'] =0
    for i in range(1,5):
        生产预算.loc[K,'2025年合计'] = 生产预算.loc[K,'2025年合计'] + 生产预算.loc[K,'2025年第{}季度'.format(i)]
生产预算.to_excel(r'D:\数字化管理会计仿真实训\07-全面预算管理\生产预算.xlsx', sheet_name = 'Sheet1',float_format = '%.2f',index = True)
```

结果输出，如表7-8所示。

表7-8 **生产预算** 单位：元

项　目	2025年第1季度	2025年第2季度	2025年第3季度	2025年第4季度	2026年第1季度	2026年第2季度	2025年合计
销售数量	22500	50000	30000	25000	15000	28000	127500
加：期末产成品库存	10000	6000	5000	3000	5600	0	0
产成品需求总量	32500	56000	35000	28000	20600	28000	151500
减：期初产成品库存	3600	10000	6000	5000	3000	5600	0
本月生产数量	28900	46000	29000	23000	17600	22400	126900

第四步：编制原材料采购及现金支出预算。

```
Item = ['生产数量','单位产品材料消耗','材料消耗总量','加:期末材料库存','材料需求总量','减:期初材料库存','材料采购总量','材料单位价格','材料采购总成本','材料采购现金预算','2024年第4季度末应付账款','2025年第1季度现金支出','2025年第1季度末应付账款','2025年第2季度现金支出','2025年第2季度末应付账款','2025年第3季度现金支出','2025年第3季度末应付账款','2025年第4季度现金支出','2025年第4季度末应付账款','材料采购现金支出合计']
原材料预算 = pd.DataFrame(index = Item)
for i in range(0,5):
    原材料预算.insert(i,'{}年第{}季度'.format(2025 + i//4,1 + i%4),0)
原材料预算.insert(5,'2025年合计',0)
原材料预算.loc['材料采购现金预算'] = ''

# 编制原材料预算表
原材料预算.loc['生产数量'] = 生产预算.loc['本月生产数量']
原材料预算.loc['单位产品材料消耗'] = 单位产品原材料消耗
原材料预算.loc['减:期初材料库存','2025年第1季度'] = 期初原材料库存
原材料预算.loc['材料消耗总量'] = 原材料预算.loc['生产数量'] * 原材料预算.loc['单位产品材料消耗']
for i in range(0,4):
    quarter = ['{}年第{}季度'.format(2025 + i//4,1 + i%4),'{}年第{}季度'.format(2025 + (i+1)//4,2 + i%4 - (i%4 ==3) * 4)]
```

```
    原材料预算.loc['加:期末材料库存',quarter[0]] = 原材料预算.loc['材料消耗总量',
    quarter[1]] * 期末材料库存系数
原材料预算.loc['材料需求总量'] = 原材料预算.loc['材料消耗总量'] + 原材料预算.loc
['加:期末材料库存']

for i in range(0,4):
    quarter = ['{}年第{}季度'.format(2025 + i//4,1 + i%4),'{}年第{}季度'.format
    (2025 + (i+1)//4,2 + i%4 - (i%4 ==3) * 4)]
    原材料预算.loc['减:期初材料库存',quarter[1]] = 原材料预算.loc['加:期末材料库
    存',quarter[0]]
原材料预算.loc['材料采购总量'] = 原材料预算.loc['材料需求总量'] - 原材料预算.loc
['减:期初材料库存']
原材料预算.loc['材料单位价格'] = 原材料单价
原材料预算.loc['材料采购总成本'] = 原材料预算.loc['材料采购总量'] * 原材料预算.
loc['材料单位价格']

原材料预算.loc['2024年第4季度末应付账款','2025年第1季度'] = 年初资产负债表.
loc['1. 应付账款','期初余额']
for i in range(0,4):
    quarter = ['{}年第{}季度'.format(2025 + i//4,1 + i%4),'{}年第{}季度'.format
    (2025 + (i+1)//4,2 + i%4 - (i%4 ==3) * 4)]
    原材料预算.loc[quarter[0] +'现金支出',quarter[0]] = 原材料预算.loc['材料采购
    总成本',quarter[0]] * 本季采购付现率
    原材料预算.loc[quarter[0] +'末应付账款',quarter[1]] = 原材料预算.loc['材料采
    购总成本',quarter[0]] * (1 - 本季采购付现率)
原材料预算.loc['材料采购现金支出合计'] =0
for i in range(3,7):
    quarter = ['{}年第{}季度'.format(2024 + i//4,1 + i%4),'{}年第{}季度'.format
    (2024 + (i+1)//4,2 + i%4 - (i%4 > =3) * 4)]
    原材料预算.loc['材料采购现金支出合计'] = 原材料预算.loc['材料采购现金支出合
    计'] + 原材料预算.loc[quarter[0] +'末应付账款'] + 原材料预算.loc[quarter[1] +'
    现金支出']
原材料预算.loc['材料采购现金支出合计'] = 原材料预算.loc['材料采购现金支出合
计'] + 原材料预算.loc['2025年第4季度末应付账款']

原材料预算['2025年合计'] =0
for J in ['生产数量','材料采购总成本','材料采购现金支出合计','材料消耗总量','材料采购总
量','2024年第4季度末应付账款','2025年第1季度现金支出','2025年第1季度末应付账
款','2025年第2季度现金支出','2025年第2季度末应付账款','2025年第3季度现金支出',
```

```
'2025年第 3 季度末应付账款','2025 年第 4 季度现金支出','2025 年第 4 季度末应付账款']:
    for K in ['2025 年第 1 季度','2025 年第 2 季度','2025 年第 3 季度','2025 年第 4 季度']:
        原材料预算.loc[J,'2025 年合计'] = 原材料预算.loc[J,'2025 年合计'] + 原材料预算.loc[J,K]
原材料预算.to_excel(r'D:\数字化管理会计仿真实训\07 - 全面预算管理\原材料预算.xlsx',sheet_name = 'Sheet1',float_format = '%.2f',index = True)
```

结果输出，如表 7-9 所示。

表 7-9　原材料采购及现金支出预算　单位：元

项　目	2025 年第 1 季度	2025 年第 2 季度	2025 年第 3 季度	2025 年第 4 季度	2026 年第 1 季度	2025 年合计
生产数量	28900	46000	29000	23000	17600	126900
单位产品材料消耗	5	5	5	5	5	0
材料消耗总量	144500	230000	145000	115000	88000	634500
加：期末材料库存	23000	14500	11500	8800	0	0
材料需求总量	167500	244500	156500	123800	88000	0
减：期初材料库存	13000	23000	14500	11500	0	0
材料采购总量	154500	221500	142000	112300	88000	630300
材料单位价格	0.4	0.4	0.4	0.4	0.4	0
材料采购总成本	61800	88600	56800	44920	35200	252120
材料采购现金预算						0
2024 年年末应付账款	14200	0	0	0	0	14200
2025 年第 1 季度现金支出	30900	0	0	0	0	30900
2025 年第 1 季度末应付账款	0	30900	0	0	0	30900
2025 年第 2 季度现金支出	0	44300	0	0	0	44300
2025 年第 2 季度末应付账款	0	0	44300	0	0	44300
2025 年第 3 季度现金支出	0	0	28400	0	0	28400
2025 年第 3 季度末应付账款	0	0	0	28400	0	28400
2025 年第 4 季度现金支出	0	0	0	22460	0	22460
2025 年第 4 季度末应付账款	0	0	0	0	22460	0
材料采购现金支出合计	45100	75200	72700	50860	22460	243860

第五步：编制直接人工预算。

```
Item = ['生产数量','单位产品人工工时','直接人工工时总量','直接人工工资率','直接人工工资总额','直接人工现金支出']
直接人工预算 = pd.DataFrame(index = Item)
for i in range(0,4):
```

```
    直接人工预算.insert(i,'{}年第{}季度'.format(2025+(i)//4,1+i%4),0)
直接人工预算.insert(4,'2025年合计',0)

直接人工预算.loc['生产数量']=生产预算.loc['本月生产数量']
直接人工预算.loc['单位产品人工工时']=单位产品人工工时
直接人工预算.loc['直接人工工时总量']=直接人工预算.loc['生产数量']*直接人工预算.loc['单位产品人工工时']
直接人工预算.loc['直接人工工资率']=直接人工工资率
直接人工预算.loc['直接人工工资总额']=直接人工预算.loc['直接人工工时总量']*直接人工预算.loc['直接人工工资率']
直接人工预算.loc['直接人工现金支出']=直接人工预算.loc['直接人工工资总额']
直接人工预算['2025年合计']=0
for J in ['生产数量','直接人工工时总量','直接人工工资总额','直接人工现金支出']:
    for K in ['2025年第1季度','2025年第2季度','2025年第3季度','2025年第4季度']:
        直接人工预算.loc[J,'2025年合计']=直接人工预算.loc[J,'2025年合计']+直接人工预算.loc[J,K]
直接人工预算.to_excel(r'D:\数字化管理会计仿真实训\07-全面预算管理\直接人工预算.xlsx',sheet_name='Sheet1',float_format='%.2f',index=True)
```

结果输出，如表7-10所示。

表7-10　直接人工预算　单位：元

项　目	2025年第1季度	2025年第2季度	2025年第3季度	2025年第4季度	2025年合计
生产数量	28900	46000	29000	23000	126900
单位产品人工工时	0.05	0.05	0.05	0.05	
直接人工工时总量	1445	2300	1450	1150	6345
直接人工工资率	10	10	10	10	
直接人工工资总额	14450	23000	14500	11500	63450
直接人工现金支出	14450	23000	14500	11500	63450

第六步：编制制造费用预算。

```
Item=['生产工时','变动制造费用率','变动制造费用总额','固定制造费用总额','其中:折旧','        其他','制造费用总金额','变动制造费用分配率','制造费用现金预算','制造费用总额','减:非付现制造费用','制造费用现金支出']
制造费用预算=pd.DataFrame(index=Item)
for i in range(0,4):
    制造费用预算.insert(i,'{}年第{}季度'.format(2025+(i)//4,1+i%4),0)
制造费用预算.insert(4,'2025年合计',0)
```

```
制造费用预算.loc['制造费用现金预算'] =''

制造费用预算.loc['生产工时'] = 直接人工预算.loc['直接人工工时总量']
制造费用预算.loc['变动制造费用率'] = 变动制造费用率
制造费用预算.loc['变动制造费用总额'] = 制造费用预算.loc['生产工时'] * 制造费用预算.loc['变动制造费用率']
for i in range(0,4):
    quarter = ['{}年第{}季度'.format(2025 + (i)//4,1 + i%4)]
    制造费用预算.loc['其中:折旧',quarter[0]] = (年初资产负债表.loc['(1)生产用固定资产','期初余额'] + (i! =0) * 50000) * 固定资产月折旧率

# 读取其他固定制造费用表
其他固定制造费用 = pd.read_excel(r'D:\数字化管理会计仿真实训\07 - 全面预算管理\表7 - 2 - 兴腾公司2025年其他固定制造费用表.xlsx',sheet_name = "Sheet1",header = 0)
其他固定制造费用.set_index('时间',drop = True,append = False,inplace = True,verify_integrity = False)
制造费用预算.loc['        其他'] = 其他固定制造费用.loc['其他固定制造费用']
制造费用预算.loc['固定制造费用总额'] = 制造费用预算.loc['其中:折旧'] + 制造费用预算.loc['        其他']
制造费用预算.loc['制造费用总金额'] = 制造费用预算.loc['变动制造费用总额'] + 制造费用预算.loc['固定制造费用总额']
制造费用预算.loc['变动制造费用分配率'] = 制造费用预算.loc['变动制造费用率']
制造费用预算.loc['制造费用总额'] = 制造费用预算.loc['制造费用总金额']
制造费用预算.loc['减:非付现制造费用'] = 制造费用预算.loc['其中:折旧']
制造费用预算.loc['制造费用现金支出'] = 制造费用预算.loc['制造费用总额'] - 制造费用预算.loc['减:非付现制造费用']
制造费用预算['2025年合计'] = 0
for J in ['生产工时','变动制造费用总额','固定制造费用总额','其中:折旧','        其他','制造费用总金额','制造费用总额','减:非付现制造费用','制造费用现金支出']:
    for K in ['2025年第1季度','2025年第2季度','2025年第3季度','2025年第4季度']:
        制造费用预算.loc[J,'2025年合计'] = 制造费用预算.loc[J,'2025年合计'] + 制造费用预算.loc[J,K]
for J in ['变动制造费用率','变动制造费用分配率','制造费用现金预算']:
    制造费用预算.loc[J,'2025年合计'] =''
制造费用预算.to_excel(r'D:\数字化管理会计仿真实训\07 - 全面预算管理\制造费用预算.xlsx',sheet_name = 'Sheet1',float_format = '%.2f',index = True)
```

结果输出，如表7 - 11所示。

表 7-11　　**制造费用预算**　　单位：元

项　目	2025 年第 1 季度	2025 年第 2 季度	2025 年第 3 季度	2025 年第 4 季度	2025 年合计
生产工时	1445	2300	1450	1150	6345
变动制造费用率	20	20	20	20	
变动制造费用总额	28900	46000	29000	23000	126900
固定制造费用总额	13250	13750	13250	13545	53795
其中：折旧	4000	4500	4500	4500	17500
其他	9250	9250	8750	9045	36295
制造费用总金额	42150	59750	42250	36545	180695
变动制造费用分配率	20	20	20	20	
制造费用现金预算					
制造费用总额	42150	59750	42250	36545	180695
减：非付现制造费用	4000	4500	4500	4500	17500
制造费用现金支出	38150	55250	37750	32045	163195

第七步：编制单位成本预算。

```
Item = ['直接材料','直接人工','变动制造费用','合计']
单位成本预算 = pd.DataFrame(index = Item)
单位成本预算.insert(0,'资源消耗量',0)
单位成本预算.insert(1,'单位资源成本',0)
单位成本预算.insert(2,'单项成本',0)

单位成本预算.loc['直接材料','资源消耗量'] = 原材料预算.loc['单位产品材料消耗','2025年第1季度']
单位成本预算.loc['直接材料','单位资源成本'] = 原材料预算.loc['材料单位价格','2025年第1季度']
单位成本预算.loc['直接人工','资源消耗量'] = 直接人工预算.loc['单位产品人工工时','2025年第1季度']
单位成本预算.loc['直接人工','单位资源成本'] = 直接人工预算.loc['直接人工工资率','2025年第1季度']
单位成本预算.loc['变动制造费用','资源消耗量'] = 直接人工预算.loc['单位产品人工工时','2025年第1季度']
单位成本预算.loc['变动制造费用','单位资源成本'] = 制造费用预算.loc['变动制造费用率','2025年第1季度']
单位成本预算['单项成本'] = 单位成本预算['资源消耗量'] * 单位成本预算['单位资源成本']
单位成本预算.loc['合计'] = 单位成本预算.loc['直接材料'] + 单位成本预算.loc['直接人工'] + 单位成本预算.loc['变动制造费用']
单位成本预算.loc['合计','资源消耗量'] = ''
```

```
单位成本预算.loc['合计','单位资源成本'] = ''
单位成本预算.to_excel(r'D:\数字化管理会计仿真实训\07-全面预算管理\单位成本预算.xlsx',sheet_name='Sheet1',float_format='%.2f',index=True)
```

结果输出，如表 7 - 12 所示。

表 7 - 12　　单位成本预算　　单位：元

项　目	资源消耗量	单位资源成本	单项成本
直接材料	5	0.4	2
直接人工	0.05	10	0.5
变动制造费用	0.05	20	1
合计			3.5

第八步：编制期末存货预算。

```
Item = ['原材料','产成品','合计']
期末存货预算 = pd.DataFrame(index = Item)
期末存货预算.insert(0,'数量',0)
期末存货预算.insert(1,'单位成本',0)
期末存货预算.insert(2,'总成本',0)
期末存货预算.loc['原材料','数量'] = 原材料预算.loc['加:期末材料库存','2025年第4季度']
期末存货预算.loc['原材料','单位成本'] = 原材料预算.loc['材料单位价格','2025年第1季度']
期末存货预算.loc['产成品','数量'] = 生产预算.loc['加:期末产成品库存','2025年第4季度']
期末存货预算.loc['产成品','单位成本'] = 单位成本预算.loc['合计','单项成本']
期末存货预算['总成本'] = 期末存货预算['数量'] * 期末存货预算['单位成本']
期末存货预算.loc['合计'] = 期末存货预算.loc['原材料'] + 期末存货预算.loc['产成品']
期末存货预算.loc['合计','数量'] = ''
期末存货预算.loc['合计','单位成本'] = ''
期末存货预算.to_excel(r'D:\数字化管理会计仿真实训\07-全面预算管理\期末存货预算.xlsx',sheet_name='Sheet1',float_format='%.2f',index=True)
```

结果输出，如表 7 - 13 所示。

表 7 - 13　　期末存货预算　　单位：元

项　目	数　量	单位成本	总成本
原材料	8800	0.4	3520
产成品	3000	3.5	10500
合计			14020

第九步：编制销售费用预算。

```
Item = ['销售数量','变动销售费用率','变动销售费用总额','固定销售费用总额','其中:折旧','          其他','销售费用总金额','销售费用现金预算','销售费用总额','减:非付现销售费用','销售费用现金支出']
销售费用预算 = pd.DataFrame(index = Item)
for i in range(0,4):
    销售费用预算.insert(i,'{}年第{}季度'.format(2025 + (i)//4,1 + i%4),0)
销售费用预算.insert(4,'2025 年合计',0)
销售费用预算.loc['销售费用现金预算'] = ''
销售费用预算.loc['销售数量'] = 销售预算.loc['销售数量']
销售费用预算.loc['变动销售费用率'] = 变动销售费用率
销售费用预算.loc['变动销售费用总额'] = 销售费用预算.loc['销售数量'] * 销售费用预算.loc['变动销售费用率']
销售费用预算.loc['其中:折旧'] = 年初资产负债表.loc['(2)销售&管理用固定资产','期初余额'] * 0.3 * 固定资产月折旧率
# 读取其他固定销售费用表
其他固定销售费用 = pd.read_excel(r'D:\数字化管理会计仿真实训\07 - 全面预算管理\表 7 - 3 - 兴腾公司 2025 年其他固定销售费用表.xlsx',sheet_name = "Sheet1",header = 0)
其他固定销售费用.set_index('时间',drop = True,append = False,inplace = True,verify_integrity = False)
销售费用预算.loc['          其他'] = 其他固定销售费用.loc['其他固定销售费用']
销售费用预算.loc['固定销售费用总额'] = 销售费用预算.loc['其中:折旧'] + 销售费用预算.loc['          其他']
销售费用预算.loc['销售费用总金额'] = 销售费用预算.loc['变动销售费用总额'] + 销售费用预算.loc['固定销售费用总额']
销售费用预算.loc['销售费用总额'] = 销售费用预算.loc['销售费用总金额']
销售费用预算.loc['减:非付现销售费用'] = 销售费用预算.loc['其中:折旧']
销售费用预算.loc['销售费用现金支出'] = 销售费用预算.loc['销售费用总额'] - 销售费用预算.loc['减:非付现销售费用']
销售费用预算['2025 年合计'] = 0
for J in ['销售数量','变动销售费用总额','固定销售费用总额','其中:折旧','          其他','销售费用总金额','销售费用总额','减:非付现销售费用','销售费用现金支出']:
    for K in ['2025 年第 1 季度','2025 年第 2 季度','2025 年第 3 季度','2025 年第 4 季度']:
        销售费用预算.loc[J,'2025 年合计'] = 销售费用预算.loc[J,'2025 年合计'] + 销售费用预算.loc[J,K]
for J in ['变动销售费用率','销售费用现金预算']:
    销售费用预算.loc[J,'2025 年合计'] = ''
销售费用预算.to_excel(r'D:\数字化管理会计仿真实训\07 - 全面预算管理\销售费用预算.xlsx',float_format = '%.2f',sheet_name = 'Sheet1',index = True)
```

结果输出，如表 7 - 14 所示。

表 7 - 14 **销售费用预算** 单位：元

项　目	2025 年第 1 季度	2025 年第 2 季度	2025 年第 3 季度	2025 年第 4 季度	2025 年合计
销售数量	22500	50000	30000	25000	127500
变动销售费用率	0.5	0.5	0.5	0.5	
变动销售费用总额	11250	25000	15000	12500	63750
固定销售费用总额	13025	13025	13025	13025	52100
其中：折旧	525	525	525	525	2100
其他	12500	12500	12500	12500	50000
销售费用总金额	24275	38025	28025	25525	115850
销售费用现金预算					
销售费用总额	24275	38025	28025	25525	115850
减：非付现销售费用	525	525	525	525	2100
销售费用现金支出	23750	37500	27500	25000	113750

第十步：编制管理费用预算。

```
Item = ['原材料存货价值','产成品存货价值','存货总价值','存货管理费用率','变动管理费用总额','固定管理费用总额','其中:折旧','        坏账','        其他','管理费用总金额','管理费用现金预算','管理费用总额','减:非付现管理费用','减:坏账','管理费用现金支出']
管理费用预算 = pd.DataFrame(index = Item)
for i in range(0,4):
    管理费用预算.insert(i,'{}年第{}季度'.format(2025 + (i)//4,1 + i%4),0)
管理费用预算.insert(4,'2025 年合计',0)
管理费用预算.loc['管理费用现金预算'] = ''


for i in range(0,4):
    quarter = ['{}年第{}季度'.format(2025 + (i)//4,1 + i%4)]
    管理费用预算.loc['原材料存货价值',quarter[0]] = 原材料预算.loc['加:期末材料库存',quarter[0]] * 原材料预算.loc['材料单位价格',quarter[0]]
    管理费用预算.loc['产成品存货价值',quarter[0]] = 生产预算.loc['加:期末产成品库存',quarter[0]] * 单位成本预算.loc['合计','单项成本']
管理费用预算.loc['存货总价值'] = 管理费用预算.loc['原材料存货价值'] + 管理费用预算.loc['产成品存货价值']
管理费用预算.loc['存货管理费用率'] = 0.2
管理费用预算.loc['变动管理费用总额'] = 管理费用预算.loc['存货总价值'] * 管理费用预算.loc['存货管理费用率']
管理费用预算.loc['其中:折旧'] = 年初资产负债表.loc['(2)销售 & 管理用固定资产','期
```

```
初余额'] * 0.7 * 固定资产月折旧率
管理费用预算.loc['       坏账'] = 销售预算.loc['营业收入'] * (1 - 本季收现率 - 下季收现率)

# 读取其他固定管理费用表
其他固定管理费用 = pd.read_excel(r'D:\数字化管理会计仿真实训\07 - 全面预算管理\表7-4-兴腾公司2025年其他固定管理费用表.xlsx',sheet_name = "Sheet1",header = 0)
其他固定管理费用.set_index('时间',drop = True,append = False,inplace = True,verify_integrity = False)
管理费用预算.loc['       其他'] = 其他固定管理费用.loc['其他固定管理费用']

管理费用预算.loc['固定管理费用总额'] = 管理费用预算.loc['其中:折旧'] + 管理费用预算.loc['       坏账'] + 管理费用预算.loc['       其他']
管理费用预算.loc['管理费用总金额'] = 管理费用预算.loc['变动管理费用总额'] + 管理费用预算.loc['固定管理费用总额']
管理费用预算.loc['管理费用总额'] = 管理费用预算.loc['管理费用总金额']
管理费用预算.loc['减:非付现管理费用'] = 管理费用预算.loc['其中:折旧']
管理费用预算.loc['减:坏账'] = 管理费用预算.loc['       坏账']
管理费用预算.loc['管理费用现金支出'] = 管理费用预算.loc['管理费用总额'] - 管理费用预算.loc['减:非付现管理费用'] - 管理费用预算.loc['减:坏账']
管理费用预算['2025年合计'] = 0
for J in ['原材料存货价值','产成品存货价值','存货总价值','存货管理费用率','变动管理费用总额','固定管理费用总额','其中:折旧','       坏账','       其他','管理费用总金额','管理费用总额','减:非付现管理费用','减:坏账','管理费用现金支出']:
    for K in ['2025年第1季度','2025年第2季度','2025年第3季度','2025年第4季度']:
        管理费用预算.loc[J,'2025年合计'] = 管理费用预算.loc[J,'2025年合计'] + 管理费用预算.loc[J,K]
for J in ['原材料存货价值','产成品存货价值','存货总价值','存货管理费用率','管理费用现金预算']:
    管理费用预算.loc[J,'2025年合计'] = ''
管理费用预算.to_excel(r'D:\数字化管理会计仿真实训\07 - 全面预算管理\管理费用预算.xlsx',sheet_name = 'Sheet1',float_format = '%.2f',index = True)
```

结果输出，如表 7-15 所示。

表 7-15 **管理费用预算** 单位：元

项　目	2025 年第 1 季度	2025 年第 2 季度	2025 年第 3 季度	2025 年第 4 季度	2025 年合计
原材料存货价值	9200	5800	4600	3520	
产成品存货价值	35000	21000	17500	10500	

续表

项　目	2025 年第 1 季度	2025 年第 2 季度	2025 年第 3 季度	2025 年第 4 季度	2025 年合计
存货总价值	44200	26800	22100	14020	
存货管理费用率	0.2	0.2	0.2	0.2	
变动管理费用总额	8840	5360	4420	2804	21424
固定管理费用总额	29662.5	39975	32475	30600	132712.5
其中：折旧	1225	1225	1225	1225	4900
坏账	8437.5	18750	11250	9375	47812.5
其他	20000	20000	20000	20000	80000
管理费用总金额	38502.5	45335	36895	33404	154136.5
管理费用现金预算					
管理费用总额	38502.5	45335	36895	33404	154136.5
减：非付现管理费用	1225	1225	1225	1225	4900
减：坏账	8437.5	18750	11250	9375	47812.5
管理费用现金支出	28840	25360	24420	22804	101424

第十一步：编制现金预算。

```
Item = ['一、期初现金余额','二、现金流入','1. 销售活动现金流入','三、可使用现金总量','四、现金支出','1. 材料采购现金支出','2. 直接工资现金支出','3. 制造费用现金支出','4. 销售费用现金支出','5. 管理费用现金支出','6. 缴纳所得税现金支出','7. 股利分配现金支出','8. 购置生产用固定资产现金支出','9. 股权投资现金支出','10. 支付长期借款利息','五、现金结余或短缺','六、短期融资计划','1. 短期借款','2. 归还短期借款本金','3. 支付短期借款利息','七、期末现金余额']
现金预算 = pd.DataFrame(index = Item)
for i in range(0,4):
    现金预算.insert(i,'{}年第{}季度'.format(2025 + (i)//4,1 + i%4),0)
现金预算.insert(4,'2025 年余额或合计',0)

现金预算.loc['1. 销售活动现金流入'] = 销售预算.loc['销售活动现金流入合计']
现金预算.loc['二、现金流入'] = 现金预算.loc['1. 销售活动现金流入']
现金预算.loc['1. 材料采购现金支出'] = 原材料预算.loc['材料采购现金支出合计']
现金预算.loc['2. 直接工资现金支出'] = 直接人工预算.loc['直接人工现金支出']
现金预算.loc['3. 制造费用现金支出'] = 制造费用预算.loc['制造费用现金支出']
现金预算.loc['4. 销售费用现金支出'] = 销售费用预算.loc['销售费用现金支出']
现金预算.loc['5. 管理费用现金支出'] = 管理费用预算.loc['管理费用现金支出']
现金预算.loc['6. 缴纳所得税现金支出','2025 年第 3 季度'] = 20000
现金预算.loc['6. 缴纳所得税现金支出','2025 年第 4 季度'] = 15000
现金预算.loc['7. 股利分配现金支出','2025 年第 1 季度'] = 84450
现金预算.loc['8. 购置生产用固定资产现金支出','2025 年第 2 季度'] = 50000
```

```
现金预算.loc['9. 股权投资现金支出','2025年第3季度'] = 30000
现金预算.loc['10. 支付长期借款利息'] = 年初资产负债表.loc['1. 长期借款','期初余额'] * 长期借款年利率/12

现金预算.loc['四、现金支出'] = 0
for K in ['1. 材料采购现金支出','2. 直接工资现金支出','3. 制造费用现金支出','4. 销售费用现金支出','5. 管理费用现金支出','6. 缴纳所得税现金支出','7. 股利分配现金支出','8. 购置生产用固定资产现金支出','9. 股权投资现金支出','10. 支付长期借款利息']:
    现金预算.loc['四、现金支出'] = 现金预算.loc['四、现金支出'] + 现金预算.loc[K]

短期融资余额 = 0
for i in range(3,7):
    quarter = ['{}年第{}季度'.format(2024 + i//4,1 + i%4),'{}年第{}季度'.format(2024 + (i+1)//4,2 + i%4 - (i%4 >= 3) * 4)]
    if quarter[1] == '2025年第1季度':
        现金预算.loc['一、期初现金余额',quarter[1]] = 年初资产负债表.loc['1. 现金及等价物','期初余额']
    else:
        现金预算.loc['一、期初现金余额',quarter[1]] = 现金预算.loc['七、期末现金余额',quarter[0]]
    现金预算.loc['三、可使用现金总量',quarter[1]] = 现金预算.loc['一、期初现金余额',quarter[1]] + 现金预算.loc['二、现金流入',quarter[1]]

    现金预算.loc['五、现金结余或短缺',quarter[1]] = 现金预算.loc['三、可使用现金总量',quarter[1]] - 现金预算.loc['四、现金支出',quarter[1]]
    if 现金预算.loc['五、现金结余或短缺',quarter[1]] < 30000:
        现金预算.loc['1. 短期借款',quarter[1]] = (3 - 现金预算.loc['五、现金结余或短缺',quarter[1]]//10000) * 10000
        现金预算.loc['六、短期融资计划',quarter[1]] = 现金预算.loc['1. 短期借款',quarter[1]]
        短期融资余额 = 短期融资余额 + 现金预算.loc['六、短期融资计划',quarter[1]]
        现金预算.loc['3. 支付短期借款利息',quarter[1]] = - 短期融资余额 * 短期借款年利率/4
    elif 现金预算.loc['五、现金结余或短缺',quarter[1]] >= 80000:
        现金预算.loc['3. 支付短期借款利息',quarter[1]] = - 短期融资余额 * 短期借款年利率/4
        if 现金预算.loc['五、现金结余或短缺',quarter[1]]//10000 * 10000 - 30000 < 短期融资余额:
            现金预算.loc['2. 归还短期借款本金',quarter[1]] = -(现金预算.loc
```

```
            ['五、现金结余或短缺',quarter[1]]//10000 * 10000 - 30000)
            else:
            现金预算.loc['2. 归还短期借款本金',quarter[1]] = - 短期融资余额
        短期融资余额 = 短期融资余额 + 现金预算.loc['2. 归还短期借款本金',quarter
        [1]]
    else:
        现金预算.loc['3. 支付短期借款利息',quarter[1]] = - 短期融资余额 * 短期借
        款年利率/4
    现金预算.loc['七、期末现金余额',quarter[1]] = 现金预算.loc['五、现金结余或短
    缺',quarter[1]] + 现金预算.loc['六、短期融资计划',quarter[1]] + 现金预算.loc
    ['2. 归还短期借款本金',quarter[1]] + 现金预算.loc['3. 支付短期借款利息',quar-
    ter[1]]

现金预算['2025 年余额或合计'] =0
for K in ['2025 年第 1 季度','2025 年第 2 季度','2025 年第 3 季度','2025 年第 4 季度']:
    现金预算['2025 年余额或合计'] = 现金预算['2025 年余额或合计'] + 现金预算[K]
现金预算.loc['一、期初现金余额','2025 年余额或合计'] = 现金预算.loc['一、期初现金余
额','2025 年第 1 季度']
现金预算.loc['三、可使用现金总量','2025 年余额或合计'] =''
现金预算.loc['五、现金结余或短缺','2025 年余额或合计'] =''
现金预算.loc['七、期末现金余额','2025 年余额或合计'] = 现金预算.loc['七、期末现金余
额','2025 年第 4 季度']
现金预算.to_excel(r'D:\数字化管理会计仿真实训\07 - 全面预算管理\现金预算.xlsx',
sheet_name = 'Sheet1', float_format = '%.2f', index = True)
```

结果输出，如表 7 - 16 所示。

表 7 - 16 **现金预算** 单位：元

项目	2025 年第 1 季度	2025 年第 2 季度	2025 年第 3 季度	2025 年第 4 季度	2025 年余额或合计
一、期初现金余额	55000.00	33868.33	65579.17	31792.50	55000.00
二、现金流入	170275.00	304687.50	251250.00	187500.00	913712.50
1. 销售活动现金流入	170275.00	304687.50	251250.00	187500.00	913712.50
三、可使用现金总量	225275.00	338555.83	316829.17	219292.50	
四、现金支出	241406.67	272976.67	233536.67	163875.67	911795.67
1. 材料采购现金支出	45100.00	75200.00	72700.00	50860.00	243860.00
2. 直接工资现金支出	14450.00	23000.00	14500.00	11500.00	63450.00
3. 制造费用现金支出	38150.00	55250.00	37750.00	32045.00	163195.00
4. 销售费用现金支出	23750.00	37500.00	27500.00	25000.00	113750.00

续表

项　目	2025 年 第 1 季度	2025 年 第 2 季度	2025 年 第 3 季度	2025 年 第 4 季度	2025 年 余额或合计
5. 管理费用现金支出	28840.00	25360.00	24420.00	22804.00	101424.00
6. 缴纳所得税现金支出	0.00	0.00	20000.00	15000.00	35000.00
7. 股利分配现金支出	84450.00	0.00	0.00	0.00	84450.00
8. 购置生产用固定资产现金支出	0.00	50000.00	0.00	0.00	50000.00
9. 股权投资现金支出	0.00	0.00	30000.00	0.00	30000.00
10. 支付长期借款利息	6666.67	6666.67	6666.67	6666.67	26666.67
五、现金结余或短缺	(16131.67)	64079.17	80292.50	52416.83	
六、短期融资计划	50000.00	0.00	0.00	0.00	50000.00
1. 短期借款	50000.00	0.00	0.00	0.00	50000.00
2. 归还短期借款本金	0.00	0.00	(50000.00)	0.00	(50000.00)
3. 支付短期借款利息	(1500.00)	(1500.00)	(1500.00)	0.00	(4500.00)
七、期末现金余额	32368.33	62579.17	28792.50	52416.83	52416.83

第十二步：编制预算利润表。

```
Item = ['一、营业收入','二、营业成本','三、变动期间费用','1. 变动销售费用','2. 变动管理费用','四、边际贡献总额','五、固定成本总额','1. 固定制造费用','2. 固定销售费用','3. 固定管理费用','4. 财务费用','六、利润总额','七、所得税','八、净利润']
预算利润表 = pd.DataFrame(index = Item)
预算利润表.insert(0,'2025 年',0)

预算利润表.loc['一、营业收入','2025 年'] = 销售预算.loc['营业收入','2025 年合计']
预算利润表.loc['二、营业成本','2025 年'] = 年初资产负债表.loc['4. 产成品存货','期初余额'] + (销售预算.loc['销售数量','2025 年合计'] - 生产预算.loc['减:期初产成品库存','2025年第 1 季度']) * 单位成本预算.loc['合计','单项成本']
预算利润表.loc['1. 变动销售费用','2025 年'] = 销售费用预算.loc['变动销售费用总额','2025年合计']
预算利润表.loc['2. 变动管理费用','2025 年'] = 管理费用预算.loc['变动管理费用总额','2025年合计']
预算利润表.loc['三、变动期间费用','2025 年'] = 预算利润表.loc['1. 变动销售费用','2025年'] + 预算利润表.loc['2. 变动管理费用','2025 年']
预算利润表.loc['四、边际贡献总额','2025 年'] = 预算利润表.loc['一、营业收入','2025 年'] - 预算利润表.loc['二、营业成本','2025 年'] - 预算利润表.loc['三、变动期间费用','2025 年']

预算利润表.loc['1. 固定制造费用','2025 年'] = 制造费用预算.loc['固定制造费用总额','2025年合计']
```

```
预算利润表.loc['2. 固定销售费用','2025 年'] = 销售费用预算.loc['固定销售费用总额','2025年合计']
预算利润表.loc['3. 固定管理费用','2025 年'] = 管理费用预算.loc['固定管理费用总额','2025年合计']
预算利润表.loc['4. 财务费用','2025 年'] = 现金预算.loc['10. 支付长期借款利息','2025年余额或合计'] + ( - 现金预算.loc['3. 支付短期借款利息','2025 年余额或合计'])
预算利润表.loc['五、固定成本总额','2025 年'] = 0
for K in ['1. 固定制造费用','2. 固定销售费用','3. 固定管理费用','4. 财务费用']:
    预算利润表.loc['五、固定成本总额','2025 年'] = 预算利润表.loc['五、固定成本总额','2025年'] + 预算利润表.loc[K,'2025 年']

预算利润表.loc['六、利润总额','2025 年'] = 预算利润表.loc['四、边际贡献总额','2025年'] - 预算利润表.loc['五、固定成本总额','2025 年']
预算利润表.loc['七、所得税','2025 年'] = 预算利润表.loc['六、利润总额','2025 年'] * 所得税税率
预算利润表.loc['八、净利润','2025 年'] = 预算利润表.loc['六、利润总额','2025 年'] - 预算利润表.loc['七、所得税','2025 年']
预算利润表.to_excel(r'D:\数字化管理会计仿真实训\07 - 全面预算管理\预算利润表.xlsx',sheet_name = 'Sheet1',float_format = '%.2f',index = True)
```

结果输出，如表 7－17 所示。

表 7－17 **预算利润表** 单位：元

项　目	2025 年
一、营业收入	956250
二、营业成本	451650
三、变动期间费用	85174
1. 变动销售费用	63750
2. 变动管理费用	21424
四、边际贡献总额	419426
五、固定成本总额	269774.17
1. 固定制造费用	53795
2. 固定销售费用	52100
3. 固定管理费用	132712.5
4. 财务费用	31166.67
六、利润总额	149651.83
七、所得税	37412.96
八、净利润	112238.87

第十三步：编制预算资产负债表。

预算资产负债表 = 年初资产负债表
预算资产负债表['期末余额'] = 0
预算资产负债表.loc['1. 现金及等价物','期末余额'] = 现金预算.loc['七、期末现金余额','2025 年余额或合计']
预算资产负债表.loc['2. 应收账款','期末余额'] = 销售预算.loc['2025 年第 4 季度末应收账款','2026 年第 1 季度']
预算资产负债表.loc['3. 原材料存货','期末余额'] = 期末存货预算.loc['原材料','总成本']
预算资产负债表.loc['4. 产成品存货','期末余额'] = 期末存货预算.loc['产成品','总成本']
预算资产负债表.loc['一、流动资产','期末余额'] = 预算资产负债表.loc['1. 现金及等价物','期末余额'] + 预算资产负债表.loc['2. 应收账款','期末余额'] + 预算资产负债表.loc['3. 原材料存货','期末余额'] + 预算资产负债表.loc['4. 产成品存货','期末余额']
预算资产负债表.loc['1. 土地使用权','期末余额'] = 预算资产负债表.loc['1. 土地使用权','期初余额']
预算资产负债表.loc['(1)生产用固定资产','期末余额'] = 预算资产负债表.loc['(1)生产用固定资产','期初余额'] + 现金预算.loc['8. 购置生产用固定资产现金支出','2025 年余额或合计'] - 制造费用预算.loc['其中:折旧','2025 年合计']
预算资产负债表.loc['(2)销售 & 管理用固定资产','期末余额'] = 预算资产负债表.loc['(2)销售 & 管理用固定资产','期初余额'] - 销售费用预算.loc['其中:折旧','2025 年合计'] - 管理费用预算.loc['其中:折旧','2025 年合计']
预算资产负债表.loc['2. 固定资产','期末余额'] = 预算资产负债表.loc['(1)生产用固定资产','期末余额'] + 预算资产负债表.loc['(2)销售 & 管理用固定资产','期末余额']
预算资产负债表.loc['3. 长期股权投资','期末余额'] = 预算资产负债表.loc['3. 长期股权投资','期初余额'] + 现金预算.loc['9. 股权投资现金支出','2025 年余额或合计']
预算资产负债表.loc['二、非流动资产','期末余额'] = 预算资产负债表.loc['1. 土地使用权','期末余额'] + 预算资产负债表.loc['2. 固定资产','期末余额'] + 预算资产负债表.loc['3. 长期股权投资','期末余额']
预算资产负债表.loc['三、资产合计','期末余额'] = 预算资产负债表.loc['一、流动资产','期末余额'] + 预算资产负债表.loc['二、非流动资产','期末余额']

预算资产负债表.loc['1. 应付账款','期末余额'] = 原材料预算.loc['2025 年第 4 季度末应付账款','2026 年第 1 季度']
预算资产负债表.loc['2. 应交税费','期末余额'] = 预算资产负债表.loc['2. 应交税费','期初余额'] - 现金预算.loc['6. 缴纳所得税现金支出','2025 年余额或合计'] + 预算利润表.loc['七、所得税','2025 年']
预算资产负债表.loc['3. 短期借款','期末余额'] = 现金预算.loc['1. 短期借款','2025 年余额或合计'] + 现金预算.loc['2. 归还短期借款本金','2025 年余额或合计']
预算资产负债表.loc['一、流动负债','期末余额'] = 预算资产负债表.loc['1. 应付账款','期末余额'] + 预算资产负债表.loc['2. 应交税费','期末余额'] + 预算资产负债表.loc['3. 短期借款','期末余额']

```
预算资产负债表.loc['1. 长期借款','期末余额'] = 预算资产负债表.loc['1. 长期借款','期初余额']
预算资产负债表.loc['二、非流动负债','期末余额'] = 预算资产负债表.loc['1. 长期借款','期末余额']
预算资产负债表.loc['1. 普通股','期末余额'] = 预算资产负债表.loc['1. 普通股','期初余额']
预算资产负债表.loc['2. 留存收益','期末余额'] = 预算资产负债表.loc['2. 留存收益','期初余额'] - 现金预算.loc['7. 股利分配现金支出','2025年余额或合计'] + 预算利润表.loc['八、净利润','2025年']
预算资产负债表.loc['三、所有者权益','期末余额'] = 预算资产负债表.loc['1. 普通股','期末余额'] + 预算资产负债表.loc['2. 留存收益','期末余额']
预算资产负债表.loc['四、负债与所有者权益合计','期末余额'] = 预算资产负债表.loc['一、流动负债','期末余额'] + 预算资产负债表.loc['二、非流动负债','期末余额'] + 预算资产负债表.loc['三、所有者权益','期末余额']

预算资产负债表.loc['资产'] = ''
预算资产负债表.loc['负债与所有者权益'] = ''
预算资产负债表.to_excel(r'D:\数字化管理会计仿真实训\07-全面预算管理\预算资产负债表.xlsx',sheet_name='Sheet1',float_format='%.2f',index=True)
```

结果输出，如表7-18所示。

表7-18　　预算资产负债表　　单位：元

项　目	期初余额	期末余额
资产		
一、流动资产	130350	113311.83
1. 现金及等价物	55000	52416.83
2. 应收账款	52150	46875
3. 原材料存货	5200	3520
4. 产成品存货	18000	10500
二、非流动资产	745000	800500
1. 土地使用权	150000	150000
2. 固定资产	575000	600500
（1）生产用固定资产	400000	432500
（2）销售 & 管理用固定资产	175000	168000
3. 长期股权投资	20000	50000
三、资产合计	875350	913811.83
负债与所有者权益		
一、流动负债	29200	39872.96
1. 应付账款	14200	22460

续表

项　目	期初余额	期末余额
2. 应交税费	15000	17412.96
3. 短期借款	0	0
二、非流动负债	500000	500000
1. 长期借款	500000	500000
三、所有者权益	346150	373938.88
1. 普通股	200000	200000
2. 留存收益	146150	173938.88
四、负债与所有者权益合计	875350	913811.83

四、虚拟案例演练

天隆公司是一家儿童玩具生产厂商，采取全面预算管理控制企业生产经营活动，需要编制明年的经营预算和财务预算，相关资料如下。

（1）根据市场部门预测，明年第1季度到第4季度预计销售量分别为800件、1200件、1800件、1500件，产品单价为245元。应收账款期初为40000元，每季度销售收入中有70%于本季度收到现金，剩下的30%现金下季度全部收回。

（2）天隆公司期末产成品存货量为下季度销售数量的15%，根据计划明年初持有存货100件，明年末计划留存120件。

（3）天隆公司按下一季度生产需用量的20%安排期末材料库存量。根据计划材料明年初库存量为1500千克，明年末库存量为1900千克。单位产品材料用量为10千克，计划单价为5元。根据采购协议，该公司材料采购的货款有50%在本季度付清，另外50%在下季度付清。预计明年初应付账款21000元。

（4）天隆公司生产过程的直接人工只有一个工种，单位产品的工时定额为6小时，单位工时工资率为20元。

（5）天隆公司变动制造费用中的间接人工、间接材料、修理费和水电费的标准成本分别为15元、20元、12元、7元，其费用根据预算生产量与标准成本的乘积可得。预计明年第1至第4季度的车间办公费分别为7000元、8140元、9000元、8900元，每季度车间折旧费均为8000元，每季度车间管理人员工资均为3200元，第1至第4季度车间低值易耗品费用分别为2750元、2785元、2810元和2790元。

（6）预计第1至第4季度发生的销售人员工资、广告费、包装和运输费、保管费分别为12000元、13500元、8000元、6700元；各季度管理人员工资、职工福利费、保险费、办公费和折旧费分别为14000元、8800元、7600元、8400元和2200元。

（7）预计明年第1季度的期初现金余额为65000元；第2至第4季度缴纳企业所得税均为14000元；第2季度购买设备支出80000元；第2和第4季度均支付现金股利65000元。

（8）天隆公司设置期末现金余额警戒线为50000元，若现金余额低于50000元，则向银行申请短期借款，年利率为 12%，最小借款单位为万元，若现金余额超过 100000 元，则考虑归还银行短期借款。假设当期借款发生在期初，当期还款发生在期末。

（9）已知土地使用权的年初数为 150000 元，长期借款的年初数为 90000 元，实收资本（或股本）的年初数为 200000 元，固定资产的年初数为 160000 元，未分配利润的年初数为 47250 元。

（10）公司固定资产的月折旧率为 1%。

（11）预计每个季度需要向银行支付长期借款利息，年利率为 16%。

（12）企业所得税税率为 25%。

（13）天隆公司采用变动成本法计算利润。

实训要求：

（1）请编制该公司的销售预算；

（2）请编制该公司的生产预算；

（3）请编制该公司的直接材料预算；

（4）请编制该公司的直接人工预算；

（5）请编制该公司的制造费用预算；

（6）请编制该公司的产品成本预算；

（7）请编制该公司的销售及管理费用预算；

（8）请编制该公司的现金预算；

（9）请编制该公司的预算利润表；

（10）请编制该公司的预算资产负债表。

第八单元

长期投资决策

一、实训目标

- 理解投资项目现金流量的概念和内容
- 理解估算项目现金流量应考虑的因素
- 掌握投资项目现金流量的估算
- 掌握运用 Python 的相应模块自动编制长期投资决策全部表格的技能
- 掌握运用 Python 的相应模块估算投资项目现金流量的技能
- 掌握运用 Python 的相应模块计算投资决策指标的技能
- 理解投资决策指标的含义、优缺点和适用情况

二、知识回顾

在长期投资项目决策中，需要考虑的经济指标是与投资项目相关的现金流入和流出的指标，不是利润指标，现金流量分析是长期投资项目决策的基础和中心环节。

（一）项目现金流量的概念

项目现金流量是指在投资项目评价中一个投资项目引起的企业现金流入量和现金流出量的统称，它们是计算项目投资决策评价指标的主要依据。现金流入量指凡是由于该项投资而引起的现金收入增加或现金支出节约额；凡是由于该项投资引起的现金收入减少和现金支出增加被称为现金流出量。一定时期内的现金流入量减去现金流出量的差额为现金净流量（Net Cash Flow，NCF）。这里的“现金”与会计学上所讲的现金不同，它指的是广义的现金，不仅包括各种货币资金，而且包括项目需要投入的企业拥有的非货币资源的机会成本或重置价值。例如，一个新项目需要使用原有的厂房、设备和材料等，则相关的现金流量是指它们的机会成本，而不是它们的账面成本。长期项目投资决策应该考察现金流量而不是会计利润。

（二）现金流量的内容

估计现金流量是投资项目分析中最重要也是最困难的步骤。通常项目投资的现金流量包括现金流出量、现金流入量和现金净流量。按照现金流发生的时点，现金流可以分为项目建设期的初始现金流量、项目建成投产营运期的经营现金流量和项目到期终止回收投资的现金流量。

1. 初始现金流量

初始现金流量是投资开始时至项目正常运行之前（主要指项目建设过程中）发生的现金流量，主要包括：

（1）固定资产投资支出，如设备购置费、运输费、安装费等。

（2）垫支的营运资本，是指项目投产前后分次或一次投放于流动资产上的资本增加额。其计算公式为：

某年营运资本增加额 = 本年营运资本需用额 - 截至上年的营运资本投资额

其中：本年营运资本需用额 = 该年流动资产需用额 - 该年流动负债需用额

（3）其他费用，是指不属于以上各项的投资费用，如投资项目的筹建费、职工培训费等。

（4）如果涉及旧资产变卖，则初始现金流量还应包括旧资产的变现净收入，即旧设备出售时的变卖收入与所得税税负损益和清理费用之差。

（5）所得税效应，是指固定资产更新时变卖收入的税负损益。按规定，出售资产（如旧设备）时，如果出售价高于原价或账面净值，应缴纳所得税，多缴的所得税构成现金流出量；出售资产时发生的损失（出售价低于账面净值）可以抵减当年所得税支出，少缴的所得税构成现金流入量。诸如此类由投资引起的税负变化，应在计算项目现金流量时加以考虑。

2. 经营现金流量

经营现金流量是指项目建成后，生产经营过程中发生的现金流量，这种现金流量一般是按年计算的。经营现金流量主要包括：

（1）增量净收入，是指投资项目投产后增加的现金收入（或成本费用节约额）。

（2）增量经营成本，是指在经营期内为满足正常生产经营而需以现金支付的各种成本费用，不包括固定资产折旧费以及无形资产摊销费等，又称付现成本。

（3）各种税金支出，是指项目投产后依法缴纳的，单独列示的各项税款，包括增值税、所得税等。

（4）其他现金流出，是指不包括在以上项目中的现金流出项目，如营业外净支出。

经营现金流量的确认可根据有关利润表的资料分析得出。其基本计算公式为：

经营期某年的净现金流量 = 该年收现销售收入 - 该年付现经营成本 - 该年所得税

其中，“付现经营成本”一般是指总成本减去固定资产折旧费、无形资产摊销费等不支付现金的费用后的余额。因此，该公式还可简化为：

经营期某年的净现金流量 = 该年收现销售收入 -（该年总成本 - 该年折旧 - 该年摊销）- 该年所得税 =（该年收现销售收入 - 该年总成本 - 该年所得税）+ 该年折旧 + 该年摊销 = 该年税后利润 + 该年折旧 + 该年摊销

3. 终结现金流量

终结现金流量是指项目经济寿命终了时发生的现金流量，主要包括经营现金流量和非经营现金流量。经营现金流量的计算同上，非经营现金流量主要包括以下两部分：

（1）垫支营运资本的收回。这部分资本不受税收因素的影响，税法把它视为资本的内部转移，就如同把存货和应收账款换成现金一样，因此，收回的营运资本仅仅是现金流量的增加。

（2）固定资产残值变卖收入以及出售时的税负损益。固定资产出售时税负损益的确定方法与初始投资时出售旧设备发生的税负损益相同。如果预计固定资产报废时残值收入大于税法规定的数额，应上缴所得税，形成一项现金流出量；反之，则可抵减所得税，形成现金流入量。

（三）估计现金流量应该注意的问题

1. 机会成本

在考虑投资现金流量时，不仅要考虑直接的现金流入流出，还要考虑没有直接现金交易的“机会成本”。例如，某企业进行投资需要占用空置的库房，这些库房的占用没有导致任何实际现金流出，但如果企业将其对外出租，每年都可以为企业创造一定量的现金流入。企业将其用于投资该项目之后，就丧失了可能获得的对外出租的租金收入。这部分损失就是将闲置库房投资的机会成本，应作为现金流出在投资决策中考虑。

2. 沉没成本

沉没成本是指已经使用而无法收回的资金。这一成本对企业当前的投资决策不产生任何影响。企业在进行投资决策时要考虑的是当前的投资是否有利可图，而不是过去已花掉了多少钱。如果因为觉得已经为这一项目付出了投资，不忍半途而废，而坚持要完成这一项目，则可能招致更大的损失。

如何正确对待投资决策中的沉没成本，是投资决策中常常被忽略的问题。许多已经被证实决策失误的项目之所以能够最终建成并一直在亏损中经营下去，其中的原因之一就是决策者总是念念不忘沉没成本。

3. 项目的外部性影响

当企业接受某个投资项目后，该项目可能对企业的其他部门产生影响，经济学家称之为外部性。例如，若新建车间生产的产品上市后，企业原有产品的销售可能减少，而整个企业的销售额也许不增加甚至减少。因此，企业在进行投资分析时，应扣除其他部门因新产品上市而减少的销售收入，以增量现金流量为分析依据。在考虑项目投资对本企业原有产品的影响时，不能忽略同行业其他竞争对手的存在。如果市场竞争非常激烈，则本企业若不推出新产品，其竞争对手也会推出新产品，挤占本企业老产品的市场。这时本企业新产品对老产品市场的挤占其实是在对老产品市场受竞争对手的挤压产生损失的挽回。此时新产品投资产生的现金流量无须扣除老产品减少的现金流量。

4. 对利息费用的考虑

在对投资项目分析时，项目各年的现金流量不应包括利息费用。因为我们对项目进行评估是按照项目的资本成本对其现金流量进行折现来计算的，资本成本是债务资本成本、优先股资本成本和普通股资本成本的加权平均数，是满足企业所有投资者（包括债权人和股东）

的报酬率。折现的过程还原了考虑项目资本成本的现金流量，如果在现金流量中先扣除了利息费用再进行现金流量折现将使债务成本被双重计算，因此，在确定项目的现金流量时不应该减去利息费用。

5. 所得税对现金流量的影响

由于企业承担着国家税收的义务，所得税是企业的一项现金流出，它对于项目的现金流量的影响往往很大，有时甚至会对项目的取舍产生决定性的作用，同样一个资本投资项目，如果不考虑所得税的因素，可能会被企业采纳，但考虑了所得税因素后却可能被企业否决。对资本预算而言，企业能够支配的现金流量必须是税后现金流量。企业应缴的所得税与企业当期的应纳税所得和税率高低息息相关。具体而言，所得税对现金流量的影响体现在以下两个方面。

（1）资产变现过程中的所得税影响。

按规定，出售资产（如旧设备）时，如果出售价高于原价或账面净值，应缴纳所得税，多缴的所得税构成现金流出量。而企业在处置出售资产时发生的损失（出售价低于账面净值）可以抵减当年应纳税所得额，少缴的所得税可视为现金流入量。诸如此类由资产变现损益引起的税负变化，应在计算项目现金流量时加以考虑。考虑所得税因素后企业变现资产过程中的现金流量可表示为：

变现资产现金流量 = 资产变现价格 + 资产变现损益 × 所得税税率

（2）营运过程中的所得税影响。

在项目运营的过程中，企业应缴的所得税与该项目经营产生的应纳税所得额密切相关。在其他条件相同的前提下，项目增加营业收入会导致企业应纳税所得额增加，由于所得税的作用，营业收入的一部分现金会流出项目，企业实际只增加了剔除所得税影响的税后现金流量。

税后收入 = 营业收入金额 ×（1 – 所得税税率）

同理，经营成本的发生会使企业少缴纳所得税，允许列支的税前费用越多，应缴税的所得额越少，应缴税金自然也就越少。因此，考虑所得税因素后企业成本可表示为：

税后成本 = 实际支出金额 ×（1 – 所得税税率）

加大成本可以使企业减少利润，从而使企业所得税相应减少。折旧是税法允许的一项重要的可抵减利润的成本项目，它可以起到减少所得税的作用，这种作用被称为“税收挡板”。

折旧抵税 = 折旧额 × 所得税税率

在允许企业加速折旧的情况下，由于企业选用不同的折旧方法，每年税前列支的折旧费用不同，因而会导致不同的纳税时间分布，实现延期纳税所带来的好处。

（四）非折现的项目投资决策方法

1. 会计收益率法

会计收益率（Accounting Rate of Return，ARR）指投资项目年平均会计净收益与该项目平均投资额的比率。其计算公式为：

$$ARR = \frac{Profit}{Investment} \times 100\%$$

其中：*ARR*——会计收益率；

Profit——年平均会计净收益，即项目投产之后各年的税后利润（净收益）的算术平均值；

Investment——年平均投资净额，即投入项目运行的固定资产账面价值和营运资本的算术平均值。

在运用会计收益率法进行决策时，要将各方案的会计收益率和企业要求的平均报酬率相比较，如果会计收益率大于企业要求的平均报酬率，则该投资项目是可以接受的，否则就不予接受。如果有多个项目的会计收益率高于企业要求的平均报酬率，且各个项目之间是相互独立的，则应该按照项目会计收益率高低确定投资顺序。

会计收益率的优点是计算简单、简明易懂，在一定程度上反映的是项目投资的增值速度。它的计算数据来源于会计系统，便于取得。

其缺点主要有：

第一，会计收益率没有考虑货币的时间价值和投资的风险价值，项目运行期间各年实现的净收益被看成等价的，显然这是不切实际的。

第二，会计收益率是按照投资项目的账面价值计算的，没有考虑项目的机会成本。在投资项目具有机会成本时，运用会计收益率法进行判断可能会与其他指标产生矛盾，甚至有时候会得出错误的结论，影响投资决策的正确性。因此会计收益率只能作为一种辅助的投资项目决策方法。

2. 投资回收期法

投资回收期是指项目投资带来的现金净流量累计到收回全部初始投资所需要的时间，通常以年为单位表示，它反映的是项目投资回收的速度。投资回收期法是通过比较各个项目实际的投资回收期长短进行决策的方法。

静态投资回收期法是通过计算一个项目所产生的未折现现金流量足以抵销初始投资额所需要的年限，即用项目回收的速度来衡量项目投资方案优劣的一种方法。静态投资回收期一般从建设年开始算起，也可以从投资年算起，但应予以注明。静态投资回收期一般是越短越好，其表达式为：

$$\sum_{t=0}^{P}(Inflow - Outflow)_t = 0$$

其中：*Inflow*——现金流入量；

Outflow——现金流出量；

P——静态投资回收期。

投资回收期的计算视经营期每年现金净流量的规则程度分两种情况进行。

如果初始投资额期初一次性支出，且经营期内每年现金净流量相等时，则计算公式为：

$$Payback = \frac{Investment}{AnnualCash}$$

其中：*Payback*——投资回收期；

Investment——初始投资额；

AnnualCash——年现金净流量。

若项目投产后每年现金净流量不相等（多数情况下如此），则需要计算现金净流量的累计数，通过与初始投资额的比较，达到两者相等的那个年度就是投资回收期。其计算公式为：

$$Payback = (n-1) + \frac{UncoverInv_{n-1}}{AnnualCash_n}$$

其中：$Payback$——投资回收期；

n——累计现金净流量第一次出现正数时所对应的年序数；

$UncoverInv_{n-1}$——第 n－1 年年末仍未收回的投资额；

$AnnualCash_n$——第 n 年的现金净流量。

静态投资回收期法的决策规则：

（1）若进行独立项目投资决策时，则必须设置基准投资回收期 T_c，当 $P_t \leq T_c$时，则项目可以考虑接受；当 $P_t > T_c$时，项目应予以拒绝。

（2）运用静态投资回收期法进行互斥投资项目决策时，应优先选择投资回收期短的方案。

静态投资回收期法具有计算简便、容易理解等优点，因而在实际工作中被广泛地采用。但是，该方法存在四个方面的缺陷：第一，没有考虑资金的时间价值。第二，没有考虑现金流量的时间序列。如果不同投资方案的回收期相等，很显然收回的大额现金流量相对靠前的方案更优，但相等的回收期无法体现该差别。第三，未能全面考虑项目计算期的全部现金流量，完全忽视了回收期以后的现金流量，这可能导致错误的投资决策。第四，回收期的标准确定主观性比较大。

尽管存在一些瑕疵，但由于回收期方法计算简单，它可以对投资方案进行初始评价，也可以作为折现评价方法的辅助工具，还可以用来筛选企业大量的小型投资项目。

（五）折现的项目投资决策方法

静态投资回收期和会计收益率计算简单，易于理解，但是这两种方法都存在一个重大的缺陷——没有考虑资金的时间价值，有时候甚至会导致决策错误。为了考虑资金的时间价值，我们可以借助于折现的项目评价指标，常用的折现指标包括净现值、内部收益率、盈利指数。

1. 净现值法

净现值（Net Present Value，NPV）指在整个生产经营期限内现金净流量的现值与建设周期初始投资额的现值之间的差额。根据资产定价理论，项目的市场价值取决于项目生命周期内现金净流量的现值，因此净现值反映的是投资项目的市场价值与其取得成本之间的差。换句话说，净现值是对一项投资所创造或增加的价值进行计量的尺度。企业的目标是实现企业价值最大化，因此项目决策的过程可以看作寻找正的净现值的投资。

净现值的计算可按照下列公式进行：

$$NPV = \sum_{t=1}^{n} \frac{Inflow_t}{(1+r)^t} - \sum_{t=1}^{n} \frac{Outflow_t}{(1+r)^t}$$

其中：NPV——净现值；

$Inflow_t$——第 t 年的现金流入量；

$Outflow_t$——第 t 年的现金流出量；

r——现金流折现率，即投资项目必要报酬率。

采用净现值法评价投资方案，一般采用以下步骤。

步骤1：估算投资方案建设期和营运期每年的现金流量。

步骤2：确定投资方案采用的折现率。一般而言，可以采用下列三种方法确定：①以企业平均资本成本率作为折现率；②根据替代公司的资本成本率确定折现率；③根据资本资产定价模型或因素模型确定股权资本成本后再加入财务杠杆求得折现率。

步骤3：按设定的折现率分别将每年的现金流量折算成现值。

步骤4：计算净现值，做出决策。

根据企业价值最大化的原则，利用净现值指标进行项目决策的原则是：如果 NPV 大于零，该项目投资获得的收益大于资本成本，或获得了与投资风险相适应的收益（而非零收益），则项目是可行的；如果 NPV 小于零，则项目的现金流量不能弥补初始投入的资金，则项目不可行。具体来讲，独立项目的决策准则是：接受所有净现值大于零的投资项目。

而对于两个互斥项目，则应该接受净现值相对高的投资项目。因为现金流入量的现值超出现金流出量的现值越多，项目的净现值越大，预期对企业价值的贡献就越大。

净现值法的优点主要有：第一，净现值包含了项目的全部现金流量；第二，净现值法对现金流量进行了合理的折现，体现了不同时点上货币的时间价值和投资的风险，这与企业价值最大化目标一致，在理论上比其他方法更为完善；第三，考虑了投资的风险性，因为风险不同，投资者要求的报酬率也不同，企业可以根据风险的大小设定不同的折现率。

其缺点主要体现在以下几方面：第一，净现值计算中的现金流量和相应的折现率的估计都依赖于净现值计算时所能获得的信息，忽略了随着时间的流逝会导致项目发生变化的因素；第二，净现值法只能说明投资项目的报酬率高于或低于预定的报酬率，而无法准确反映投资项目本身的报酬率；第三，净现值本身是个绝对数，不利于不同投资规模项目之间的比较。

2. 盈利指数法

净现值是项目现金流入量的现值减去项目现金流出量的现值，显然与项目的规模有关。真实报酬水平相等的两个项目，规模越大，项目的净现值一般也越大，因此根据项目的净现值不便于在不同规模的方案之间进行选择。一个可行的弥补办法就是考察投资项目的盈利指数（Profitability Index）。盈利指数也叫现值指数，它是投资项目未来现金流入量的现值和现金流出量现值的比率。即：

$$PI = \sum_{t=1}^{n} \frac{Inflow_t}{(1+r)^t} \div \sum_{t=1}^{n} \frac{Outflow_t}{(1+r)^t}$$

其中：PI——盈利指数；

$Inflow_t$——第 t 年的现金流入量；

$Outflow_t$——第 t 年的现金流出量；

r——现金流折现率，即投资项目必要报酬率。

由于盈利指数法使用的是折现之后的现金流量，所以它也考虑了资金的时间价值。实际上盈利指数本质上与净现值是一致的，盈利指数是项目现金流入量现值除以项目现金流出量现值的商，当盈利指数大于1时，也就是投资项目未来现金流入量的现值大于现金流出量现值，净现值大于0。

3. 内部收益率法

影响净现值的大小有两个因素：项目的现金流量和折现率。从净现值法的计算过程可以发现，在投资项目的现金流量相同的情况下，项目的净现值和折现率之间呈负相关，换句话说，当投资项目现金流量不变时，随着项目折现率的提高，投资项目的净现值逐步下降。

内部收益率（Internal Rate of Return，IRR）指正好使投资项目的净现值等于零的折现率，换句话说，就是让整个生产经营期限内现金净流量的现值与建设周期原始投资额的现值相等的折现率，因此它反映的是项目真实的收益水平，它只依赖投资项目的现金流量。

$$\sum_{t=1}^{n} \frac{Inflow_t}{(1+IRR)^t} - \sum_{t=1}^{n} \frac{Outflow_t}{(1+IRR)^t} = 0$$

其中：$Inflow_t$——第 t 年的现金流入量；

$Outflow_t$——第 t 年的现金流出量；

IRR——内部收益率。

当某投资项目内部收益率大于基准折现率时，表示项目收益率高于所要求的回报或者资本成本，该项目可以接受；否则不能接受该项目。内部收益率法应用很广泛，例如，由于内部收益率反映了项目真实的收益水平，它表示项目能承受的最大贷款利率，我们也可以将计算得出的项目的内部收益率与该项目的实际资本成本进行比较，确定项目在现实资本市场背景下的可行性。

当内部收益率大于必要报酬率的投资项目不止一个，且各个投资项目独立时，应该优先考虑内部收益率最高的投资项目。

当项目存在多期现金流量时，内部收益率的计算公式是一个一元高次方程，无法直接求解，只能借助计算机求解或者采用“内插法”求解近似的内部收益率。其计算步骤为：

步骤 1：采用多个不同的折现率，分别计算与之相对应的 NPV，并且保证与不同折现率对应的 NPV 中既有正值也有负值。

步骤 2：选择相邻的折现率 i_1 和 i_2（$i_1 < i_2$），使得 i_1 对应的 NPV_1 大于 0，使得 i_2 对应的 NPV_2 小于 0。

步骤 3：用内插法计算 IRR 的近似值，其公式如下：

$$IRR = i_1 + \frac{NPV_1}{NPV_1 + |NPV_2|}(i_2 - i_1)$$

由于上式 IRR 的计算误差与 i_1、i_2 之间的差额正相关，即 i_2 与 i_1 相差越大，IRR 误差也越大。为力求结果准确，i_1 与 i_2 之差一般不应超过 3%。

内部收益率的概念易于理解，既考虑了资金的时间价值，又全面地反映了投资项目在整个项目期间的真实报酬水平。但是内部收益率法计算复杂，特别是对于各年现金净流量不相等的投资项目，在没有计算机的情况下，一般要借助“内插法”才能计算出近似结果。对于互斥项目的选择，依据内部收益率进行决策可能会得出与净现值法相反的结论。此外，如果项目的现金净流量出现一次以上的正负交替，则项目可能会存在多个内部收益率。

（六）折现投资评价方法的比较

1. 净现值法和盈利指数法的比较

根据项目的净现值和盈利指数对有关投资项目（方案）进行经济评价，概念明确，操作简便，它既考虑了投资项目未来整个生命周期内的全部现金流量，也考虑了货币时间价值因素对投资项目预期效益的影响，比较客观，其科学性较强。但是在进行项目评价时，二者所得出的结论可能会有所不同。

（1）在评价单一项目可行性时，净现值法与盈利指数法所得的结论是一致的。

如前文所述，盈利指数本质上与净现值是一致的，净现值是项目现金流入量现值减去项目现金流出量现值的差额，当净现值大于 0 时，盈利指数一定会大于 1。

（2）对于多个不同规模项目评价优劣时，二者就可能会产生分歧。

净现值是一个绝对数，而盈利指数是一个相对数。因此，对于多个不同规模项目的比较，二者的结论可能会不一致。

此时的决策应该区别不同的情况进行处理：当项目之间互斥时，我们只能依靠净现值法进行决策。这是因为根据资产定价理论，市场对项目的定价取决于项目生命周期内现金净流量的现值，即项目现金流量净现值越大，其市场价值越高。因此在互斥方案之间选择时，应根据实现企业价值最大化的目标，选择净现值大的项目投资。而当各项目之间独立时，则应该以盈利指数高低作为优先考虑的决策依据。

2. 净现值法和内部收益率法的比较

一般来讲，净现值和内部收益率会导致相同的取舍结论。假定总流入量超过总流出量，并且净现金流出量之后所发生的现金流量都为净现金流入量，该项目在折现率等于零时净现值达到最大。当折现率为零时，净现值等于该项目的总现金流入量减去总现金流出量。随着折现率的提高，与现金流出量的现值相比，现金流入量的总现值越来越小，结果导致净现值下降。如果必要报酬率低于内部收益率，无论采用哪一种方法，我们都会接受该项目。如果必要报酬率高于内部收益率，无论采用哪种方法我们都会拒绝该方案。因此可以看出，内部收益率法和净现值法对于方案的取舍得出的答案是一致的。但是在一些特殊情况下，内部收益率法自身存在的缺陷可能会导致我们做出错误的决策。

（1）内部收益率的缺陷：多重内部收益率。

前面的分析过程我们假设在前期投资的时候出现负的现金净流量，而在以后各期出现的都是正的现金净流量，也就是说，现金净流量只发生一次变号。此时项目的内部收益率是唯一确定的，但是项目的现金净流量在某些时候可能会是正负交错的，如有些项目的投资是分为几期逐步投入的，或者某些对环境可能会造成破坏、污染的项目在项目结束的时候会发生大量的清理费用，这时候现金净流量在整个项目的有效期间会发生多次变号，该投资项目可能会有多于一个的内部收益率，我们无法用内插法进行内部收益率的求解。

根据笛卡尔符号法则，若现金净流量改变 n 次符号，则该项目最多可能会有 n 个内部收益率。但是在多个内部收益率中，没有一个内部收益率具有经济意义，因而必须采用其他分析方法。通常在这种情况下我们必须依靠净现值法则做出判断。

（2）独立项目的情况。

对于单个投资项目而言，运用净现值法和内部收益率法得出的结论一致。当一个投资项目的净现值大于零时，也就意味着该项目的内部收益率大于项目基准折现率，无论是从净现值还是内部收益率的角度考察，这个项目都是可以接受的。反之，则无论采用什么方法进行决策，都会得出拒绝项目的结论。

对于彼此独立的多项目决策而言，一个项目的接受与否对其他项目没有任何影响，因此彼此独立的多个项目的决策也就是单个投资项目决策的简单重复。因此，在对独立项目之间进行决策时，净现值法和内部收益率法总能得出一致的结论。

(3) 互斥项目的情况。

当投资项目之间存在互斥关系时，净现值法和内部收益率法可能得出一致的结论，但是在下列两种情况下，二者会得出相互矛盾的结论。

第一，投资项目规模不同时，净现值法和内部收益率法可能得出不一致的结论，那么在这种情况下，我们究竟应该采用哪种决策方法的结论呢？在回答这个问题之前，考察净现值的本质将有助于我们回答此问题。本质上，净现值是项目未来期间的现金流出量和流入量现值之间的差额，它是项目市场价值的来源。换句话说，投资者投资的项目净现值越高，其获取的价值增值就越大。因此，在互斥项目的选择时，应该选择净现值较大的项目。此外，我们还可以采取另外两个办法解决此问题。

方法1：检查两个项目的增量净现值是否大于零；

方法2：比较两个项目的增量内部收益率和必要报酬率的大小。

第二，投资项目现金流量的时间不同时，净现值法和内部收益率法可能得出不一致的结论。那么产生这种分歧的根本原因是什么呢？其根本原因在于这两种方法对再投资的报酬率的假设各不相同。净现值法假定公司将投资项目产生的现金流量再投资后所得到的报酬率等于该项目的资本成本；而内部收益率法假定公司能够按照投资项目的内部收益率将该项目产生的现金流量予以再投资。但对于大多数公司而言，它们较有可能按照投资方案的资本成本而非内部收益率将现金流量进行再投资，因此，一般来说，净现值法的再投资报酬率假设比内部收益率法的再投资假设要合理得多，我们认为净现值法优于内部收益率法。此外，检查两个项目的差异现金流量净现值是否大于零或者比较两个项目的差异现金流量内部收益率和必要报酬率的大小也是可行的补救办法。

三、仿真案例实训

案例背景介绍

万福化工股份有限公司是一家从事橡胶产品生产销售的大型企业，为了进一步拓展公司业务空间，该公司考虑投资新建一个轮胎制造项目。经过前期充分的调研，预计轮胎制造工厂需要投入的相关成本和可实现的销售收入情况如下。

1. 初始投资

根据轮胎制造的生产工艺和生产规模，该轮胎制造工厂总共需要固定资产投资161260000元和无形资产投资45000000元，合计206260000元。初始投资分三次投入，项目开工马上投入50%，接下来两年的投资比例分别为30%和20%，详细投资情况如表8-1所示。该公司现有部分旧资产可以变卖，预计可实现收入30000000元，这些旧资产账面价值为35000000元。

表 8－1　　项目初始投资估算表　　单位：元

项　目	购置费	安装工程费	建筑工程费	其他费用	合计
一、固定资产投资	75000000	11500000	70000000	4760000	161260000
（一）生产设备投资	60000000	10000000		3200000	73200000
1. 基本生产设备投资	50000000	8000000		2000000	60000000
2. 辅助生产设备投资	10000000	2000000		1200000	13200000
（二）管理用设备投资	6000000	600000		660000	7260000
（三）销售用设备投资	9000000	900000		900000	10800000
（四）房屋建筑物投资			70000000		70000000
1. 生产用房屋建筑物投资			40000000		40000000
2. 管理用房屋建筑物投资			12000000		12000000
3. 销售用房屋建筑物投资			18000000		18000000
二、无形资产投资	45000000				45000000
（一）土地使用权投资	30000000				30000000
（二）技术及专利投资	15000000				15000000
三、合计	120000000	11500000	70000000	4760000	206260000

该项目固定资产残值率为5%，均采用年限平均法计提折旧，机器设备折旧年限为12年，房屋建筑物折旧年限为25年。技术及专利费用分8年摊销。

2. 人员配备和薪酬福利

项目投入运营后，需要聘用相关人员数量及薪酬如表8－2所示。预计各年发生的职工福利费为薪酬总额的14%。

表 8－2　　人员配备与薪酬估算表　　单位：元

项　目	数　量
一、工人	
工人人数	600
工人平均工资	50000
二、技术人员	
技术人员人数	100
技术人员平均工资	80000
三、生产管理人员	
生产管理人员人数	50
生产管理人员平均工资	80000
四、一般管理人员	
一般管理人员人数	100
一般管理人员平均工资	90000
五、销售人员	

续表

项　目	数　量
销售人员人数	200
销售人员平均工资	100000

3. 单位产品材料、燃料和动力消耗

轮胎生产分为橡胶密炼、胶部件准备和高温蒸涨等几个主要工序，每只轮胎所需原材料和燃料动力资源情况如表 8－3 所示。

表 8－3　　单位产品材料、燃料和动力消耗　　单位：元

项　目	用量	单价	成本
材料 A	10	9	90
材料 B	11	11	121
材料合计			211
燃料	2	3. 5	7
动力	4	0. 8	3. 2
燃料和动力合计			10. 2

4. 项目运营达产销售情况

该项目设计运营周期为 8 年，年生产 1000000 只轮胎，预计每只轮胎的销售价格为 475 元。第 3 年开始投产，各年产能达成情况如表 8－4 所示。

表 8－4　　各年度达产率估算表　　单位：元

项　目	第 3 年	第 4 年	第 5 年	第 6 年	第 7 年至第 10 年
一、满负荷产能	1000000	1000000	1000000	1000000	1000000
二、达产率	70%	80%	90%	100%	100%

5. 其他资料

（1）第 3 年开始投产时，该项目需要一次性投入营运现金 8000000 元。

（2）预计该项目应收账款周转速度 5 次/年。

（3）预计该项目外购原材料周转速度 4 次/年。

（4）预计该项目外购燃料周转速度 5 次/年。

（5）预计该项目产成品周转速度 4 次/年。

（6）预计该项目应付账款周转速度 4 次/年。

（7）项目终结时，预计固定资产可实现变卖收入 40000000 元。

（8）该项目企业所得税税率为 25%。

（9）该项目资本成本率为 10%。

实训要求：

请帮助万福公司测算轮胎制造项目各年的现金流量，并计算该项目净现值和内部收益率。

实训操作示范

第一步：资料准备。

```
# 导入 Python 相应模块
import numpy as np
import pandas as pd
import numpy_financial as npf

销售价格 =475
固定资产残值率 =0.05
设备折旧年限 =12
房屋建筑物折旧年限 =25
技术及专利费用摊销年限 =8
应收账款周转次数 =5
外购原材料周转次数 =4
外购燃料周转次数 =5
产成品周转次数 =4
应付账款周转次数 =4
项目现金垫支 =8000000
第 0 年投资比例 =0.5
第 1 年投资比例 =0.3
第 2 年投资比例 =0.2
原有旧资产变卖收入 =30000000
原有旧资产账面价值 =35000000
项目终结资产变卖收入 =40000000
所得税税率 =0.25
折现率 =0.1

# 读取相关数据表
初始投资估算表 = pd.read_excel(r'D:\数字化管理会计仿真实训\08 - 长期投资决策数据\表 8 -1 - 项目初始投资估算表.xlsx',sheet_name = "Sheet1",header =0,index_col =0)
单位产品消耗表 = pd.read_excel(r'D:\数字化管理会计仿真实训\08 - 长期投资决策数据\表 8 -3 - 单位产品材料、燃料和动力消耗.xlsx',sheet_name = "Sheet1",header =0,index_col =0)
分年度达产率表 = pd.read_excel(r'D:\数字化管理会计仿真实训\08 - 长期投资决策数据\表 8 -4 - 各年度达产率估算表.xlsx',sheet_name = "Sheet1",header =0,index_col =0)
员工及工资情况表 = pd.read_excel(r'D:\数字化管理会计仿真实训\08 - 长期投资决策数据\表 8 -2 - 人员配备与薪酬估算表.xlsx',sheet_name = "Sheet1",header =0,index_col =0)
```

第二步：编制营业收入估算表。

```
Item = ['一、满负荷产能','二、达产率','三、销售数量','四、销售价格','五、营业收入']
营业收入估算表 = pd. DataFrame(index = Item)
for i in range(3,11):
    营业收入估算表 . insert(i - 3,'第{}年'. format(i),0)

营业收入估算表 . loc['一、满负荷产能'] = 分年度达产率表 . loc['一、满负荷产能']
营业收入估算表 . loc['二、达产率'] = 分年度达产率表 . loc['二、达产率']
营业收入估算表 . loc['三、销售数量'] = 营业收入估算表 . loc['一、满负荷产能'] * 营业收入估算表 . loc['二、达产率']
营业收入估算表 . loc['四、销售价格'] = 销售价格
营业收入估算表 . loc['五、营业收入'] = 营业收入估算表 . loc['三、销售数量'] * 营业收入估算表 . loc['四、销售价格']
营业收入估算表 . to_excel(r'D:\数字化管理会计仿真实训\08 - 长期投资决策数据\营业收入估算表 . xlsx',sheet_name = 'Sheet1',float_format = '% . 2f',index = True)
```

结果输出，如表 8 - 5 所示。

表 8 - 5　　营业收入估算表　　单位：元

项　目	第 3 年	第 4 年	第 5 年	第 6 年	第 7 年	第 8 年	第 9 年	第 10 年
一、满负荷产能	1000000	1000000	1000000	1000000	1000000	1000000	1000000	1000000
二、达产率	70%	80%	90%	100%	100%	100%	100%	100%
三、销售数量	700000	800000	900000	1000000	1000000	1000000	1000000	1000000
四、销售价格	475	475	475	475	475	475	475	475
五、营业收入	332500000	380000000	427500000	475000000	475000000	475000000	475000000	475000000

第三步：编制外购原材料估算表。

```
Item = ['一、生产数量','二、A 材料外购总额','(一)A 材料标准消耗','(二)A 材料消耗总额','(三)A 材料标准价格','三、B 材料外购总额','(一)B 材料标准消耗','(二)B 材料消耗总额','(三)B 材料标准价格','四、外购材料总额']
外购原材料估算 = pd. DataFrame(index = Item)
for i inrange(3,11):
    外购原材料估算 . insert(i - 3,'第{}年'. format(i),0)

外购原材料估算 . loc['一、生产数量'] = 营业收入估算表 . loc['三、销售数量']
for K in ['A','B']:
    外购原材料估算 . loc['(一){}材料标准消耗'. format(K)] = 单位产品消耗表 . loc
    ['材料{}'. format(K),'用量']
    外购原材料估算 . loc['(三){}材料标准价格'. format(K)] = 单位产品消耗表 . loc
    ['材料{}'. format(K),'单价']
```

```
    外购原材料估算.loc['(二){}材料消耗总额'.format(K)] = 外购原材料估算.loc
    ['一、生产数量'] * 外购原材料估算.loc['(一){}材料标准消耗'.format(K)]
外购原材料估算.loc['二、A材料外购总额'] = 外购原材料估算.loc['(二)A材料消耗总额'] * 外购原材料估算.loc['(三)A材料标准价格']
外购原材料估算.loc['三、B材料外购总额'] = 外购原材料估算.loc['(二)B材料消耗总额'] * 外购原材料估算.loc['(三)B材料标准价格']
外购原材料估算.loc['四、外购材料总额'] = 外购原材料估算.loc['二、A材料外购总额'] + 外购原材料估算.loc['三、B材料外购总额']
外购原材料估算.to_excel(r'D:\数字化管理会计仿真实训\08-长期投资决策数据\外购原材料估算.xlsx',sheet_name='Sheet1',float_format='%.2f',index=True)
```

结果输出，如表8-6所示。

表8-6　外购原材料估算表　单位：元

项　目	第3年	第4年	第5年	第6年	第7年	第8年	第9年	第10年
一、生产数量	700000	800000	900000	1000000	1000000	1000000	1000000	1000000
二、A材料外购总额	63000000	72000000	81000000	90000000	90000000	90000000	90000000	90000000
（一）A材料标准消耗	10	10	10	10	10	10	10	10
（二）A材料消耗总额	7000000	8000000	9000000	10000000	10000000	10000000	10000000	10000000
（三）A材料标准价格	9	9	9	9	9	9	9	9
三、B材料外购总额	84700000	96800000	108900000	121000000	121000000	121000000	121000000	121000000
（一）B材料标准消耗	11	11	11	11	11	11	11	11
（二）B材料消耗总额	7700000	8800000	9900000	11000000	11000000	11000000	11000000	11000000
（三）B材料标准价格	11	11	11	11	11	11	11	11
四、外购材料总额	147700000	168800000	189900000	211000000	211000000	211000000	211000000	211000000

第四步：编制外购燃料与动力估算表。

```
Item = ['一、生产数量','二、外购燃料总额','(一)燃料消耗标准','(二)燃料消耗总额','(三)燃料标准价格','三、外购动力总额','(一)动力消耗标准','(二)动力消耗总额','(三)动力标准价格','四、合计']
外购燃料与动力估算 = pd.DataFrame(index = Item)
for i inrange(3,11):
    外购燃料与动力估算.insert(i-3,'第{}年'.format(i),0)

外购燃料与动力估算.loc['一、生产数量'] = 营业收入估算表.loc['三、销售数量']
for K in ['燃料','动力']:
    外购燃料与动力估算.loc['(一){}消耗标准'.format(K)] = 单位产品消耗表.loc
    ['{}'.format(K),'用量']
    外购燃料与动力估算.loc['(三){}标准价格'.format(K)] = 单位产品消耗表.loc
    ['{}'.format(K),'单价']
```

```
    外购燃料与动力估算.loc['(二){}消耗总额'.format(K)] = 外购燃料与动力估算.
    loc['一、生产数量'] * 外购燃料与动力估算.loc['(一){}消耗标准'.format(K)]
外购燃料与动力估算.loc['二、外购燃料总额'] = 外购燃料与动力估算.loc['(二)燃料消
耗总额'] * 外购燃料与动力估算.loc['(三)燃料标准价格']
外购燃料与动力估算.loc['三、外购动力总额'] = 外购燃料与动力估算.loc['(二)动力消
耗总额'] * 外购燃料与动力估算.loc['(三)动力标准价格']
外购燃料与动力估算.loc['四、合计'] = 外购燃料与动力估算.loc['二、外购燃料总额'] +
外购燃料与动力估算.loc['三、外购动力总额']
外购燃料与动力估算.to_excel(r'D:\数字化管理会计仿真实训\08-长期投资决策数据\
外购燃料与动力估算.xlsx',sheet_name='Sheet1',float_format='%.2f',index=True)
```

结果输出，如表 8-7 所示。

表 8-7　　外购燃料与动力估算表　　单位：元

项　目	第 3 年	第 4 年	第 5 年	第 6 年	第 7 年	第 8 年	第 9 年	第 10 年
一、生产数量	700000	800000	900000	1000000	1000000	1000000	1000000	1000000
二、外购燃料总额	4900000	5600000	6300000	7000000	7000000	7000000	7000000	7000000
(一) 燃料消耗标准	2	2	2	2	2	2	2	2
(二) 燃料消耗总额	1400000	1600000	1800000	2000000	2000000	2000000	2000000	2000000
(三) 燃料标准价格	3.5	3.5	3.5	3.5	3.5	3.5	3.5	3.5
三、外购动力总额	2240000	2560000	2880000	3200000	3200000	3200000	3200000	3200000
(一) 动力消耗标准	4	4	4	4	4	4	4	4
(二) 动力消耗总额	2800000	3200000	3600000	4000000	4000000	4000000	4000000	4000000
(三) 动力标准价格	0.8	0.8	0.8	0.8	0.8	0.8	0.8	0.8
四、合计	7140000	8160000	9180000	10200000	10200000	10200000	10200000	10200000

第五步：编制工资及福利费用估算表。

```
Item = ['一、工资总额','(一)工人工资','1. 工人人数','2. 工人平均工资','(二)技术人员工
资','1. 技术人员人数','2. 技术人员平均工资','(三)生产管理人员工资','1. 生产管理人
员人数','2. 生产管理人员平均工资','(四)一般管理人员工资','1. 一般管理人员人数',
'2. 一般管理人员平均工资','(五)销售人员工资','1. 销售人员人数','2. 销售人员平均工
资','二、福利费总额','三、工资及福利费总额']
工资及福利费用估算 = pd.DataFrame(index = Item)
for i inrange(3,11):
    工资及福利费用估算.insert(i-3,'第{}年'.format(i),0)

for K in [['(一)','工人'],['(二)','技术人员'],['(三)','生产管理人员'],['(四)','一般管
理人员'],['(五)','销售人员']]:
    工资及福利费用估算.loc['1.{}人数'.format(K[1])] = 员工及工资情况表.loc['{}
    人数'.format(K[1]),'数量']
```

```
    工资及福利费用估算.loc['2.{}平均工资'.format(K[1])] = 员工及工资情况表.loc['{}平均工资'.format(K[1]),'数量']
    工资及福利费用估算.loc['{}{}工资'.format(K[0],K[1])] = 工资及福利费用估算.loc['1.{}人数'.format(K[1])] * 工资及福利费用估算.loc['2.{}平均工资'.format(K[1])]

工资及福利费用估算.loc['一、工资总额'] = 0
for K in ['(一)工人工资','(二)技术人员工资','(三)生产管理人员工资','(四)一般管理人员工资','(五)销售人员工资']:
    工资及福利费用估算.loc['一、工资总额'] = 工资及福利费用估算.loc['一、工资总额'] + 工资及福利费用估算.loc[K]

工资及福利费用估算.loc['二、福利费总额'] = 工资及福利费用估算.loc['一、工资总额'] * 0.14
工资及福利费用估算.loc['三、工资及福利费总额'] = 工资及福利费用估算.loc['一、工资总额'] + 工资及福利费用估算.loc['二、福利费总额']
工资及福利费用估算.to_excel(r'D:\数字化管理会计仿真实训\08-长期投资决策数据\工资及福利费用估算.xlsx',sheet_name='Sheet1',float_format='%.2f',index=True)
```

结果输出，如表 8-8 所示。

表 8-8　工资及福利费用估算表　单位：元

项　目	第 3 年	第 4 年	第 5 年	第 6 年	第 7 年	第 8 年	第 9 年	第 10 年
一、工资总额	71000000	71000000	71000000	71000000	71000000	71000000	71000000	71000000
（一）工人工资	30000000	30000000	30000000	30000000	30000000	30000000	30000000	30000000
1. 工人人数	600	600	600	600	600	600	600	600
2. 工人平均工资	50000	50000	50000	50000	50000	50000	50000	50000
（二）技术人员工资	8000000	8000000	8000000	8000000	8000000	8000000	8000000	8000000
1. 技术人员人数	100	100	100	100	100	100	100	100
2. 技术人员平均工资	80000	80000	80000	80000	80000	80000	80000	80000
（三）生产管理人员工资	4000000	4000000	4000000	4000000	4000000	4000000	4000000	4000000
1. 生产管理人员人数	50	50	50	50	50	50	50	50
2. 生产管理人员平均工资	80000	80000	80000	80000	80000	80000	80000	80000
（四）一般管理人员工资	9000000	9000000	9000000	9000000	9000000	9000000	9000000	9000000
1. 一般管理人员人数	100	100	100	100	100	100	100	100
2. 一般管理人员平均工资	90000	90000	90000	90000	90000	90000	90000	90000
（五）销售人员工资	20000000	20000000	20000000	20000000	20000000	20000000	20000000	20000000
1. 销售人员人数	200	200	200	200	200	200	200	200
2. 销售人员平均工资	100000	100000	100000	100000	100000	100000	100000	100000
二、福利费总额	9940000	9940000	9940000	9940000	9940000	9940000	9940000	9940000
三、工资及福利费总额	80940000	80940000	80940000	80940000	80940000	80940000	80940000	80940000

第六步：编制固定资产折旧费用估算表。

```
Item = ['一、基本生产设备投资','(一)基本生产设备原值','(二)基本生产设备当期折旧费','(三)基本生产设备净值','二、辅助生产设备投资','(一)辅助生产设备原值','(二)辅助生产设备当期折旧费','(三)辅助生产设备净值','三、管理用设备投资','(一)管理用设备原值','(二)管理用设备当期折旧费','(三)管理用设备净值','四、销售用设备投资','(一)销售用设备原值','(二)销售用设备当期折旧费','(三)销售用设备净值','五、生产用房屋建筑物投资','(一)生产用房屋建筑物原值','(二)生产用房屋建筑物当期折旧费','(三)生产用房屋建筑物净值','六、管理用房屋建筑物投资','(一)管理用房屋建筑物原值','(二)管理用房屋建筑物当期折旧费','(三)管理用房屋建筑物净值','七、销售用房屋建筑物投资','(一)销售用房屋建筑物原值','(二)销售用房屋建筑物当期折旧费','(三)销售用房屋建筑物净值','八、当期固定资产折旧费合计','九、当期固定资产净值合计']
固定资产折旧费用估算 = pd.DataFrame(index = Item)
for i inrange(3,11):
    固定资产折旧费用估算.insert(i-3,'第{}年'.format(i),0)

for K in [['1. ','基本生产设备'],['2. ','辅助生产设备'],['(二)','管理用设备'],['(三)','销售用设备']]:
    固定资产折旧费用估算.loc['(一){}原值'.format(K[1])] = 初始投资估算表.loc['{}{}投资'.format(K[0],K[1]),'合计']
    固定资产折旧费用估算.loc['(二){}当期折旧费'.format(K[1])] = 固定资产折旧费用估算.loc['(一){}原值'.format(K[1])] * (1 - 固定资产残值率)/设备折旧年限
    固定资产折旧费用估算.loc['(三){}净值'.format(K[1]),'第3年'] = 固定资产折旧费用估算.loc['(一){}原值'.format(K[1]),'第3年'] - 固定资产折旧费用估算.loc['(二){}当期折旧费'.format(K[1]),'第3年']
    for i in range(4,11):
        固定资产折旧费用估算.loc['(三){}净值'.format(K[1]),'第{}年'.format(i)] = 固定资产折旧费用估算.loc['(三){}净值'.format(K[1]),'第{}年'.format(i-1)] - 固定资产折旧费用估算.loc['(二){}当期折旧费'.format(K[1]),'第{}年'.format(i)]

for K in [['1. ','生产用房屋建筑物'],['2. ','管理用房屋建筑物'],['3. ','销售用房屋建筑物']]:
    固定资产折旧费用估算.loc['(一){}原值'.format(K[1])] = 初始投资估算表.loc['{}{}投资'.format(K[0],K[1]),'合计']
    固定资产折旧费用估算.loc['(二){}当期折旧费'.format(K[1])] = 固定资产折旧费用估算.loc['(一){}原值'.format(K[1])] * (1 - 固定资产残值率)/房屋建筑物折旧年限
    固定资产折旧费用估算.loc['(三){}净值'.format(K[1]),'第3年'] = 固定资产折旧
```

```
费用估算.loc['(一){}原值'.format(K[1]),'第3年'] - 固定资产折旧费用估算.loc['(二){}当期折旧费'.format(K[1]),'第3年']
    for i in range(4,11):
        固定资产折旧费用估算.loc['(三){}净值'.format(K[1]),'第{}年'.format(i)] = 固定资产折旧费用估算.loc['(三){}净值'.format(K[1]),'第{}年'.format(i - 1)] - 固定资产折旧费用估算.loc['(二){}当期折旧费'.format(K[1]),'第{}年'.format(i)]

固定资产折旧费用估算.loc['八、当期固定资产折旧费合计'] = 0
for K in ['(二)基本生产设备当期折旧费','(二)辅助生产设备当期折旧费','(二)管理用设备当期折旧费','(二)销售用设备当期折旧费','(二)生产用房屋建筑物当期折旧费','(二)管理用房屋建筑物当期折旧费','(二)销售用房屋建筑物当期折旧费']:
    固定资产折旧费用估算.loc['八、当期固定资产折旧费合计'] = 固定资产折旧费用估算.loc['八、当期固定资产折旧费合计'] + 固定资产折旧费用估算.loc[K]

固定资产折旧费用估算.loc['九、当期固定资产净值合计'] = 0
for K in ['基本生产设备','辅助生产设备','管理用设备','销售用设备','生产用房屋建筑物','管理用房屋建筑物','销售用房屋建筑物']:
    固定资产折旧费用估算.loc['九、当期固定资产净值合计'] = 固定资产折旧费用估算.loc['九、当期固定资产净值合计'] + 固定资产折旧费用估算.loc['(三){}净值'.format(K)]

for K in ['一、基本生产设备投资','二、辅助生产设备投资','三、管理用设备','四、销售用设备','五、生产用房屋建筑物投资','六、管理用房屋建筑物投资','七、销售用房屋建筑物投资']:
    固定资产折旧费用估算.loc[K] = ''

固定资产折旧费用估算.to_excel(r'D:\数字化管理会计仿真实训\08 - 长期投资决策数据\固定资产折旧费用估算.xlsx',sheet_name = 'Sheet1',float_format = '%.2f',index = True)
```

结果输出，如表8-9所示。

表8-9　固定资产折旧费用估算表　单位：元

项　目	第3年	第4年	第5年	第6年	第7年	第8年	第9年	第10年
一、基本生产设备投资								
（一）基本生产设备原值	60000000	60000000	60000000	60000000	60000000	60000000	60000000	60000000
（二）基本生产设备当期折旧费	4750000	4750000	4750000	4750000	4750000	4750000	4750000	4750000
（三）基本生产设备净值	55250000	50500000	45750000	41000000	36250000	31500000	26750000	22000000

续表

项　目	第 3 年	第 4 年	第 5 年	第 6 年	第 7 年	第 8 年	第 9 年	第 10 年
二、辅助生产设备投资								
（一）辅助生产设备原值	13200000	13200000	13200000	13200000	13200000	13200000	13200000	13200000
（二）辅助生产设备当期折旧费	1045000	1045000	1045000	1045000	1045000	1045000	1045000	1045000
（三）辅助生产设备净值	12155000	11110000	10065000	9020000	7975000	6930000	5885000	4840000
三、管理用设备投资								
（一）管理用设备原值	7260000	7260000	7260000	7260000	7260000	7260000	7260000	7260000
（二）管理用设备当期折旧费	574750	574750	574750	574750	574750	574750	574750	574750
（三）管理用设备净值	6685250	6110500	5535750	4961000	4386250	3811500	3236750	2662000
四、销售用设备投资								
（一）销售用设备原值	10800000	10800000	10800000	10800000	10800000	10800000	10800000	10800000
（二）销售用设备当期折旧费	855000	855000	855000	855000	855000	855000	855000	855000
（三）销售用设备净值	9945000	9090000	8235000	7380000	6525000	5670000	4815000	3960000
五、生产用房屋建筑物投资								
（一）生产用房屋建筑物原值	40000000	40000000	40000000	40000000	40000000	40000000	40000000	40000000
（二）生产用房屋建筑物当期折旧费	1520000	1520000	1520000	1520000	1520000	1520000	1520000	1520000
（三）生产用房屋建筑物净值	38480000	36960000	35440000	33920000	32400000	30880000	29360000	27840000
六、管理用房屋建筑物投资								
（一）管理用房屋建筑物原值	12000000	12000000	12000000	12000000	12000000	12000000	12000000	12000000
（二）管理用房屋建筑物当期折旧费	456000	456000	456000	456000	456000	456000	456000	456000
（三）管理用房屋建筑物净值	11544000	11088000	10632000	10176000	9720000	9264000	8808000	8352000
七、销售用房屋建筑物投资								
（一）销售用房屋建筑物原值	18000000	18000000	18000000	18000000	18000000	18000000	18000000	18000000
（二）销售用房屋建筑物当期折旧费	684000	684000	684000	684000	684000	684000	684000	684000
（三）销售用房屋建筑物净值	17316000	16632000	15948000	15264000	14580000	13896000	13212000	12528000
八、当期固定资产折旧费合计	9884750	9884750	9884750	9884750	9884750	9884750	9884750	9884750
九、当期固定资产净值合计	151375250	141490500	131605750	121721000	111836250	101951500	92066750	82182000

第七步：编制无形资产摊销估算表。

Item = ['一、技术及专利投资','(一)技术及专利投资原值','(二)技术及专利投资当期摊销费','(三)技术及专利投资净值','二、无形资产当期摊销费合计','三、无形资产当期净值合计']

```
无形资产摊销估算 = pd.DataFrame(index = Item)
for i inrange(3,11):
    无形资产摊销估算.insert(i-3,'第{}年'.format(i),0)

无形资产摊销估算.loc['(一)技术及专利投资原值'] = 初始投资估算表.loc['(二)技术及专利投资','合计']
for i inrange(3,11):
    无形资产摊销估算.loc['(二)技术及专利投资当期摊销费','第{}年'.format(i)] = 无形资产摊销估算.loc['(一)技术及专利投资原值','第{}年'.format(i)]/技术及专利费用摊销年限
无形资产摊销估算.loc['(三)技术及专利投资净值','第3年'] = 无形资产摊销估算.loc['(一)技术及专利投资原值','第3年'] - 无形资产摊销估算.loc['(二)技术及专利投资当期摊销费','第3年']
for i in range(4,11):
    无形资产摊销估算.loc['(三)技术及专利投资净值','第{}年'.format(i)] = 无形资产摊销估算.loc['(三)技术及专利投资净值','第{}年'.format(i-1)] - 无形资产摊销估算.loc['(二)技术及专利投资当期摊销费','第{}年'.format(i)]
无形资产摊销估算.loc['二、无形资产当期摊销费合计'] =0
for K in ['(二)技术及专利投资当期摊销费']:
    无形资产摊销估算.loc['二、无形资产当期摊销费合计'] = 无形资产摊销估算.loc['二、无形资产当期摊销费合计'] + 无形资产摊销估算.loc[K]
无形资产摊销估算.loc['三、无形资产当期净值合计'] =0
for K in ['技术及专利投资']:
    无形资产摊销估算.loc['三、无形资产当期净值合计'] = 无形资产摊销估算.loc['三、无形资产当期净值合计'] + 无形资产摊销估算.loc['(三){}净值'.format(K)]
for K in ['一、技术及专利投资']:
    无形资产摊销估算.loc[K] =''

无形资产摊销估算.to_excel(r'D:\数字化管理会计仿真实训\08-长期投资决策数据\无形资产摊销估算.xlsx',sheet_name = 'Sheet1',float_format = '%.2f',index = True)
```

结果输出，如表 8-10 所示。

表 8-10　　　　无形资产摊销估算表　　　　单位：元

项　目	第3年	第4年	第5年	第6年	第7年	第8年	第9年	第10年
一、技术及专利投资								
(一) 技术及专利投资原值	15000000	15000000	15000000	15000000	15000000	15000000	15000000	15000000
(二) 技术及专利投资当期摊销费	1875000	1875000	1875000	1875000	1875000	1875000	1875000	1875000

续表

项　目	第3年	第4年	第5年	第6年	第7年	第8年	第9年	第10年
（三）技术及专利投资净值	13125000	11250000	9375000	7500000	5625000	3750000	1875000	0
二、无形资产当期摊销费合计	1875000	1875000	1875000	1875000	1875000	1875000	1875000	1875000
三、无形资产当期净值合计	13125000	11250000	9375000	7500000	5625000	3750000	1875000	0

第八步：编制制造费用估算表。

```
Item = ['一、燃料费用','二、动力费用','三、人员工资及福利费','四、折旧费','(一)基本生产设备折旧费','(二)辅助生产设备折旧费','(三)生产用房屋建筑物折旧费','五、合计']
制造费用估算 = pd.DataFrame(index = Item)
for i inrange(3,11):
    制造费用估算.insert(i-3,'第{}年'.format(i),0)

制造费用估算.loc['一、燃料费用'] = 外购燃料与动力估算.loc['二、外购燃料总额']
制造费用估算.loc['二、动力费用'] = 外购燃料与动力估算.loc['三、外购动力总额']
制造费用估算.loc['三、人员工资及福利费'] = (工资及福利费用估算.loc['(二)技术人员工资'] + 工资及福利费用估算.loc['(三)生产管理人员工资']) * (1 +0.14)
制造费用估算.loc['(一)基本生产设备折旧费'] = 固定资产折旧费用估算.loc['(二)基本生产设备当期折旧费']
制造费用估算.loc['(二)辅助生产设备折旧费'] = 固定资产折旧费用估算.loc['(二)辅助生产设备当期折旧费']
制造费用估算.loc['(三)生产用房屋建筑物折旧费'] = 固定资产折旧费用估算.loc['(二)生产用房屋建筑物当期折旧费']
制造费用估算.loc['四、折旧费'] =0
for K in ['(一)基本生产设备折旧费','(二)辅助生产设备折旧费','(三)生产用房屋建筑物折旧费']:
    制造费用估算.loc['四、折旧费'] = 制造费用估算.loc['四、折旧费'] + 制造费用估算.loc[K]
制造费用估算.loc['五、合计'] =0
for K in ['一、燃料费用','二、动力费用','三、人员工资及福利费','四、折旧费']:
    制造费用估算.loc['五、合计'] = 制造费用估算.loc['五、合计'] + 制造费用估算.loc[K]

制造费用估算.to_excel(r'D:\数字化管理会计仿真实训\08 - 长期投资决策数据\制造费用估算.xlsx',sheet_name = 'Sheet1',float_format = '%.2f',index = True)
```

结果输出，如表8-11所示。

表 8-11 制造费用估算表 单位：元

项 目	第3年	第4年	第5年	第6年	第7年	第8年	第9年	第10年
一、燃料费用	4900000	5600000	6300000	7000000	7000000	7000000	7000000	7000000
二、动力费用	2240000	2560000	2880000	3200000	3200000	3200000	3200000	3200000
三、人员工资及福利费	13680000	13680000	13680000	13680000	13680000	13680000	13680000	13680000
四、折旧费	7315000	7315000	7315000	7315000	7315000	7315000	7315000	7315000
（一）基本生产设备折旧费	4750000	4750000	4750000	4750000	4750000	4750000	4750000	4750000
（二）辅助生产设备折旧费	1045000	1045000	1045000	1045000	1045000	1045000	1045000	1045000
（三）生产用房屋建筑物折旧费	1520000	1520000	1520000	1520000	1520000	1520000	1520000	1520000
五、合计	28135000	29155000	30175000	31195000	31195000	31195000	31195000	31195000

第九步：编制总生产成本估算表。

```
Item = ['一、生产数量','二、生产成本总额','(一)直接材料','(二)直接人工','(三)制造费用','1. 折旧费','2. 付现成本']
总生产成本估算 = pd.DataFrame(index = Item)
for i inrange(3,11):
    总生产成本估算.insert(i-3,'第{}年'.format(i),0)

总生产成本估算.loc['一、生产数量'] = 营业收入估算表.loc['三、销售数量']
总生产成本估算.loc['(一)直接材料'] = 外购原材料估算.loc['四、外购材料总额']
总生产成本估算.loc['(二)直接人工'] = 工资及福利费用估算.loc['(一)工人工资'] * (1 +0.14)
总生产成本估算.loc['1. 折旧费'] = 制造费用估算.loc['四、折旧费']
总生产成本估算.loc['2. 付现成本'] = 制造费用估算.loc['一、燃料费用'] + 制造费用估算.loc['二、动力费用'] + 制造费用估算.loc['三、人员工资及福利费']
总生产成本估算.loc['(三)制造费用'] = 总生产成本估算.loc['1. 折旧费'] + 总生产成本估算.loc['2. 付现成本']
总生产成本估算.loc['二、生产成本总额'] = 总生产成本估算.loc['(一)直接材料'] + 总生产成本估算.loc['(二)直接人工'] + 总生产成本估算.loc['(三)制造费用']
总生产成本估算.to_excel(r'D:\数字化管理会计仿真实训\08-长期投资决策数据\总生产成本估算.xlsx',sheet_name = 'Sheet1',float_format = '%.2f',index = True)
```

结果输出，如表 8-12 所示。

表 8-12 总生产成本估算表 单位：元

项 目	第3年	第4年	第5年	第6年	第7年	第8年	第9年	第10年
一、生产数量	700000	800000	900000	1000000	1000000	1000000	1000000	1000000
二、生产成本总额	210035000	232155000	254275000	276395000	276395000	276395000	276395000	276395000

续表

项　目	第3年	第4年	第5年	第6年	第7年	第8年	第9年	第10年
(一) 直接材料	147700000	168800000	189900000	211000000	211000000	211000000	211000000	211000000
(二) 直接人工	34200000	34200000	34200000	34200000	34200000	34200000	34200000	34200000
(三) 制造费用	28135000	29155000	30175000	31195000	31195000	31195000	31195000	31195000
1. 折旧费	7315000	7315000	7315000	7315000	7315000	7315000	7315000	7315000
2. 付现成本	20820000	21840000	22860000	23880000	23880000	23880000	23880000	23880000

第十步：编制管理费用估算表。

```
Item = ['一、人员工资及福利费','二、折旧费','(一)管理用设备折旧费','(二)管理用房屋建筑物折旧费','三、摊销费','四、合计']
管理费用估算 = pd. DataFrame(index = Item)
for i inrange(3,11):
    管理费用估算 . insert(i - 3,'第{}年'. format(i),0)

管理费用估算 . loc['一、人员工资及福利费'] = 工资及福利费用估算 . loc['(四)一般管理人员工资'] * (1 +0. 14)
管理费用估算 . loc['(一)管理用设备折旧费'] = 固定资产折旧费用估算 . loc['(二)管理用设备当期折旧费']
管理费用估算 . loc['(二)管理用房屋建筑物折旧费'] = 固定资产折旧费用估算 . loc['(二)管理用房屋建筑物当期折旧费']
管理费用估算 . loc['二、折旧费'] = 管理费用估算 . loc['(一)管理用设备折旧费'] + 管理费用估算 . loc['(二)管理用房屋建筑物折旧费']
管理费用估算 . loc['三、摊销费'] = 无形资产摊销估算 . loc['二、无形资产当期摊销费合计']
管理费用估算 . loc['四、合计'] = 管理费用估算 . loc['一、人员工资及福利费'] + 管理费用估算 . loc['二、折旧费'] + 管理费用估算 . loc['三、摊销费']
管理费用估算 . to_excel(r'D:\数字化管理会计仿真实训\08 - 长期投资决策数据\管理费用估算 . xlsx',sheet_name = 'Sheet1',float_format = '%. 2f',index = True)
```

结果输出，如表 8 - 13 所示。

表 8 - 13　　管理费用估算表　　单位：元

项　目	第3年	第4年	第5年	第6年	第7年	第8年	第9年	第10年
一、人员工资及福利费	10260000	10260000	10260000	10260000	10260000	10260000	10260000	10260000
二、折旧费	1030750	1030750	1030750	1030750	1030750	1030750	1030750	1030750
(一) 管理用设备折旧费	574750	574750	574750	574750	574750	574750	574750	574750
(二) 管理用房屋建筑物折旧费	456000	456000	456000	456000	456000	456000	456000	456000
三、摊销费	1875000	1875000	1875000	1875000	1875000	1875000	1875000	1875000
四、合计	13165750	13165750	13165750	13165750	13165750	13165750	13165750	13165750

第十一步：编制销售费用估算表。

```
Item = ['一、人员工资及福利费','二、折旧费','(一)销售用设备折旧费','(二)销售用房屋建筑物折旧费','三、合计']
销售费用估算 = pd.DataFrame(index = Item)
for i inrange(3,11):
    销售费用估算.insert(i - 3,'第{}年'.format(i),0)

销售费用估算.loc['一、人员工资及福利费'] = 工资及福利费用估算.loc['(五)销售人员工资'] * (1 +0.14)
销售费用估算.loc['(一)销售用设备折旧费'] = 固定资产折旧费用估算.loc['(二)销售用设备当期折旧费']
销售费用估算.loc['(二)销售用房屋建筑物折旧费'] = 固定资产折旧费用估算.loc['(二)销售用房屋建筑物当期折旧费']
销售费用估算.loc['二、折旧费'] = 销售费用估算.loc['(一)销售用设备折旧费'] + 销售费用估算.loc['(二)销售用房屋建筑物折旧费']
销售费用估算.loc['三、合计'] = 销售费用估算.loc['一、人员工资及福利费'] + 销售费用估算.loc['二、折旧费']
销售费用估算.to_excel(r'D:\数字化管理会计仿真实训\08 - 长期投资决策数据\销售费用估算.xlsx',sheet_name = 'Sheet1',float_format = '%.2f',index = True)
```

结果输出，如表 8 - 14 所示。

表 8 - 14　　销售费用估算表　　单位：元

项　目	第 3 年	第 4 年	第 5 年	第 6 年	第 7 年	第 8 年	第 9 年	第 10 年
一、人员工资及福利费	22800000	22800000	22800000	22800000	22800000	22800000	22800000	22800000
二、折旧费	1539000	1539000	1539000	1539000	1539000	1539000	1539000	1539000
（一）销售用设备折旧费	855000	855000	855000	855000	855000	855000	855000	855000
（二）销售用房屋建筑物折旧费	684000	684000	684000	684000	684000	684000	684000	684000
三、合计	24339000	24339000	24339000	24339000	24339000	24339000	24339000	24339000

第十二步：编制营运资本估算表。

```
Item = ['一、流动资产','(一)现金','(二)应收账款','(三)存货','1. 外购原材料','2. 外购燃料','3. 产成品','二、流动负债','(一)应付账款','三、营运资本','四、营运资本增加额']
营运资本估算 = pd.DataFrame(index = Item)
for i inrange(3,11):
    营运资本估算.insert(i - 3,'第{}年'.format(i),0)

营运资本估算.loc['(一)现金'] = 项目现金垫支
```

```
营运资本估算.loc['(二)应收账款'] = 营业收入估算表.loc['五、营业收入']/应收账款周转次数
营运资本估算.loc['1. 外购原材料'] = 外购原材料估算.loc['四、外购材料总额']/外购原材料周转次数
营运资本估算.loc['2. 外购燃料'] = 外购燃料与动力估算.loc['二、外购燃料总额']/外购燃料周转次数
营运资本估算.loc['3. 产成品'] = 总生产成本估算.loc['二、生产成本总额']/产成品周转次数
营运资本估算.loc['(三)存货'] = 营运资本估算.loc['1. 外购原材料'] + 营运资本估算.loc['2. 外购燃料'] + 营运资本估算.loc['3. 产成品']
营运资本估算.loc['一、流动资产'] = 营运资本估算.loc['(一)现金'] + 营运资本估算.loc['(二)应收账款'] + 营运资本估算.loc['(三)存货']
营运资本估算.loc['(一)应付账款'] = (外购原材料估算.loc['四、外购材料总额'] + 外购燃料与动力估算.loc['四、合计'])/应付账款周转次数
营运资本估算.loc['二、流动负债'] = 营运资本估算.loc['(一)应付账款']
营运资本估算.loc['三、营运资本'] = 营运资本估算.loc['一、流动资产'] - 营运资本估算.loc['二、流动负债']
营运资本估算.loc['四、营运资本增加额','第3年'] = 营运资本估算.loc['三、营运资本','第3年']
for i in range(4,11):
    营运资本估算.loc['四、营运资本增加额','第{}年'.format(i)] = 营运资本估算.loc['三、营运资本','第{}年'.format(i)] - 营运资本估算.loc['三、营运资本','第{}年'.format(i-1)]
营运资本估算.to_excel(r'D:\数字化管理会计仿真实训\08-长期投资决策数据\营运资本估算.xlsx',sheet_name='Sheet1',float_format='%.2f',index=True)
```

结果输出，如表8-15所示。

表8-15　营运资本估算表　单位：元

项　目	第3年	第4年	第5年	第6年	第7年	第8年	第9年	第10年
一、流动资产	164913750	185358750	205803750	226248750	226248750	226248750	226248750	226248750
（一）现金	8000000	8000000	8000000	8000000	8000000	8000000	8000000	8000000
（二）应收账款	66500000	76000000	85500000	95000000	95000000	95000000	95000000	95000000
（三）存货	90413750	101358750	112303750	123248750	123248750	123248750	123248750	123248750
1. 外购原材料	36925000	42200000	47475000	52750000	52750000	52750000	52750000	52750000
2. 外购燃料	980000	1120000	1260000	1400000	1400000	1400000	1400000	1400000
3. 产成品	52508750	58038750	63568750	69098750	69098750	69098750	69098750	69098750
二、流动负债	38710000	44240000	49770000	55300000	55300000	55300000	55300000	55300000

续表

项　目	第 3 年	第 4 年	第 5 年	第 6 年	第 7 年	第 8 年	第 9 年	第 10 年
（一）应付账款	38710000	44240000	49770000	55300000	55300000	55300000	55300000	55300000
三、营运资本	126203750	141118750	156033750	170948750	170948750	170948750	170948750	170948750
四、营运资本增加额	126203750	14915000	14915000	14915000	0	0	0	0

第十三步：编制项目投资现金流量表，并绘制现金流量图。

```
# 编制项目投资现金流量表
Item = ['一、初始投资现金流量','(一)初始投资现金流出量','1. 建设投资','2. 垫支营运资本','(二)初始投资现金流入量','1. 旧资产变卖','2. 旧资产变卖抵税(缴税)','初始投资现金净流量合计','二、经营期现金流量','(一)营业收入','(二)营业成本','1. 付现成本','2. 非付现成本','(三)期间费用','1. 付现期间费用','2. 非付现期间费用','(四)利润总额','(五)所得税','(六)净利润','经营期现金净流量合计','三、项目终结现金流量','(一)资产出售所得','(二)资产出售所得抵税(缴税)','(三)回收营运资本','项目终结现金净流量合计','四、税后净现金净流量','五、累计税后净现金净流量','时期','折现因子','六、折现税后净现金净流量','七、累计折现税后净现金净流量']
项目投资现金流量 = pd.DataFrame(index = Item)
for i in range(0,11):
    项目投资现金流量.insert(i,'第{}年'.format(i),0)

# 各年现金流量估算
项目投资现金流量.loc['1. 建设投资','第0年'] = -初始投资估算表.loc['三、合计','合计'] * 第0年投资比例
项目投资现金流量.loc['1. 建设投资','第1年'] = -初始投资估算表.loc['三、合计','合计'] * 第1年投资比例
项目投资现金流量.loc['1. 建设投资','第2年'] = -(初始投资估算表.loc['三、合计','合计'] + 项目投资现金流量.loc['1. 建设投资','第0年'] + 项目投资现金流量.loc['1. 建设投资','第1年'])
for i in range(3,11):
    项目投资现金流量.loc['2. 垫支营运资本','第{}年'.format(i)] = -营运资本估算.loc['四、营运资本增加额','第{}年'.format(i)]
项目投资现金流量.loc['(一)初始投资现金流出量'] = 项目投资现金流量.loc['1. 建设投资'] + 项目投资现金流量.loc['2. 垫支营运资本']

项目投资现金流量.loc['1. 旧资产变卖','第0年'] = 原有旧资产变卖收入
项目投资现金流量.loc['2. 旧资产变卖抵税(缴税)','第0年'] = (原有旧资产账面价值 - 项目投资现金流量.loc['1. 旧资产变卖','第0年']) * 所得税税率
项目投资现金流量.loc['(二)初始投资现金流入量'] = 项目投资现金流量.loc['1. 旧资产变卖'] + 项目投资现金流量.loc['2. 旧资产变卖抵税(缴税)']
```

```
项目投资现金流量.loc['初始投资现金净流量合计'] = 项目投资现金流量.loc['(一)初始投资现金流出量'] + 项目投资现金流量.loc['(二)初始投资现金流入量']

for i inrange(3,11):
    项目投资现金流量.loc['(一)营业收入','第{}年'.format(i)] = 营业收入估算表.loc['五、营业收入','第{}年'.format(i)]
    项目投资现金流量.loc['1. 付现成本','第{}年'.format(i)] = 总生产成本估算.loc['(一)直接材料','第{}年'.format(i)] + 总生产成本估算.loc['(二)直接人工','第{}年'.format(i)] + 总生产成本估算.loc['2. 付现成本','第{}年'.format(i)]
    项目投资现金流量.loc['2. 非付现成本','第{}年'.format(i)] = 总生产成本估算.loc['1. 折旧费','第{}年'.format(i)]
    项目投资现金流量.loc['(二)营业成本','第{}年'.format(i)] = 项目投资现金流量.loc['1. 付现成本','第{}年'.format(i)] + 项目投资现金流量.loc['2. 非付现成本','第{}年'.format(i)]
    项目投资现金流量.loc['1. 付现期间费用','第{}年'.format(i)] = 管理费用估算.loc['一、人员工资及福利费','第{}年'.format(i)] + 销售费用估算.loc['一、人员工资及福利费','第{}年'.format(i)]
    项目投资现金流量.loc['2. 非付现期间费用','第{}年'.format(i)] = 管理费用估算.loc['二、折旧费','第{}年'.format(i)] + 管理费用估算.loc['三、摊销费','第{}年'.format(i)] + 销售费用估算.loc['二、折旧费','第{}年'.format(i)]
    项目投资现金流量.loc['(三)期间费用','第{}年'.format(i)] = 项目投资现金流量.loc['1. 付现期间费用','第{}年'.format(i)] + 项目投资现金流量.loc['2. 非付现期间费用','第{}年'.format(i)]
    项目投资现金流量.loc['(四)利润总额','第{}年'.format(i)] = 项目投资现金流量.loc['(一)营业收入','第{}年'.format(i)] - 项目投资现金流量.loc['(二)营业成本','第{}年'.format(i)] - 项目投资现金流量.loc['(三)期间费用','第{}年'.format(i)]
    项目投资现金流量.loc['(五)所得税','第{}年'.format(i)] = 项目投资现金流量.loc['(四)利润总额','第{}年'.format(i)] * 所得税税率
    项目投资现金流量.loc['(六)净利润','第{}年'.format(i)] = 项目投资现金流量.loc['(四)利润总额','第{}年'.format(i)] - 项目投资现金流量.loc['(五)所得税','第{}年'.format(i)]
    项目投资现金流量.loc['经营期现金净流量合计','第{}年'.format(i)] = 项目投资现金流量.loc['(六)净利润','第{}年'.format(i)] + 项目投资现金流量.loc['2. 非付现成本','第{}年'.format(i)] + 项目投资现金流量.loc['2. 非付现期间费用','第{}年'.format(i)]

项目投资现金流量.loc['(一)资产出售所得','第10年'] = 项目终结资产变卖收入
项目投资现金流量.loc['(二)资产出售所得抵税(缴税)','第10年'] = (固定资产折旧费用估算.loc['九、当期固定资产净值合计','第10年'] - 项目投资现金流量.loc['(一)资产
```

```
出售所得','第 10 年'])*所得税税率
项目投资现金流量.loc['(三)回收营运资本','第 10 年']=0
for i in range(0,11):
    项目投资现金流量.loc['(三)回收营运资本','第 10 年']=项目投资现金流量.loc
    ['(三)回收营运资本','第 10 年']-项目投资现金流量.loc['2. 垫支营运资本','第{}
    年'.format(i)]
项目投资现金流量.loc['项目终结现金净流量合计','第 10 年']=项目投资现金流量.loc
['(一)资产出售所得','第 10 年']+项目投资现金流量.loc['(二)资产出售所得抵税(缴
税)','第10 年']+项目投资现金流量.loc['(三)回收营运资本','第 10 年']

项目投资现金流量.loc['四、税后净现金净流量']=项目投资现金流量.loc['初始投资现
金净流量合计']+项目投资现金流量.loc['经营期现金净流量合计']+项目投资现金流
量.loc['项目终结现金净流量合计']
项目投资现金流量.loc['五、累计税后净现金净流量','第 0 年']=项目投资现金流量.loc
['四、税后净现金净流量','第 0 年']
for i in range(1,11):
    项目投资现金流量.loc['五、累计税后净现金净流量','第{}年'.format(i)]=项目投
    资现金流量.loc['五、累计税后净现金净流量','第{}年'.format(i-1)]+项目投资现
    金流量.loc['四、税后净现金净流量','第{}年'.format(i)]

for i in range(0,11):
    项目投资现金流量.loc['时期','第{}年'.format(i)]=i
    项目投资现金流量.loc['折现因子','第{}年'.format(i)]=(1+折现率)**i
项目投资现金流量.loc['六、折现税后净现金净流量']=项目投资现金流量.loc['四、税后
净现金净流量']/项目投资现金流量.loc['折现因子']
项目投资现金流量.loc['七、累计折现税后净现金净流量','第 0 年']=项目投资现金流
量.loc['六、折现税后净现金净流量','第 0 年']
for i in range(1,11):
    项目投资现金流量.loc['七、累计折现税后净现金净流量','第{}年'.format(i)]=项
    目投资现金流量.loc['七、累计折现税后净现金净流量','第{}年'.format(i-1)]+项
    目投资现金流量.loc['六、折现税后净现金净流量','第{}年'.format(i)]

for K in ['一、初始投资现金流量','二、经营期现金流量','三、项目终结现金流量']:
    项目投资现金流量.loc[K]=''
项目投资现金流量.to_excel(r'D:\数字化管理会计仿真实训\08-长期投资决策数据\项
目投资现金流量.xlsx',sheet_name='Sheet1',float_format='%.2f',index=True)
```

结果输出，如表 8-16 所示。

表 8－16　　项目投资现金流量表　　单位：元

项　目	第0年	第1年	第2年	第3年	第4年	第5年	第6年	第7年	第8年	第9年	第10年
一、初始投资现金流量											
（一）初始投资现金流出量	－103130000	－61878000	－41252000	－126203750	－14915000	－14915000	－14915000	0	0	0	0
1. 建设投资	－103130000	－61878000	－41252000	0	0	0	0	0	0	0	0
2. 垫支营运资本	0	0	0	－126203750	－14915000	－14915000	－14915000	0	0	0	0
（二）初始投资现金流入量	31250000	0	0	0	0	0	0	0	0	0	0
1. 旧资产变卖	30000000	0	0	0	0	0	0	0	0	0	0
2. 旧资产变卖抵税（缴税）	1250000	0	0	0	0	0	0	0	0	0	0
初始投资现金净流量合计	－71880000	－61878000	－41252000	－126203750	－14915000	－14915000	－14915000	0	0	0	0
二、经营期现金流量											
（一）营业收入	0	0	0	332500000	380000000	427500000	475000000	475000000	475000000	475000000	475000000
（二）营业成本	0	0	0	210035000	232155000	254275000	276395000	276395000	276395000	276395000	276395000
1. 付现成本	0	0	0	202720000	224840000	246960000	269080000	269080000	269080000	269080000	269080000
2. 非付现成本	0	0	0	7315000	7315000	7315000	7315000	7315000	7315000	7315000	7315000
（三）期间费用	0	0	0	37504750	37504750	37504750	37504750	37504750	37504750	37504750	37504750
1. 付现期间费用	0	0	0	33060000	33060000	33060000	33060000	33060000	33060000	33060000	33060000
2. 非付现期间费用	0	0	0	4444750	4444750	4444750	4444750	4444750	4444750	4444750	4444750

续表

项 目	第 0 年	第 1 年	第 2 年	第 3 年	第 4 年	第 5 年	第 6 年	第 7 年	第 8 年	第 9 年	第 10 年
（四）利润总额	0	0	0	84960250	110340250	135720250	161100250	161100250	161100250	161100250	161100250
（五）所得税	0	0	0	21240062.5	27585062.5	33930062.5	40275062.5	40275062.5	40275062.5	40275062.5	40275062.5
（六）净利润	0	0	0	63720187.5	82755187.5	101790187.5	120825187.5	120825187.5	120825187.5	120825187.5	120825187.5
经营期现金净流量合计	0	0	0	75479937.5	94514937.5	113549937.5	132584937.5	132584937.5	132584937.5	132584937.5	132584937.5
三、项目终结现金流量											
（一）资产出售所得	0	0	0	0	0	0	0	0	0	0	40000000
（二）资产出售所得抵税（缴税）	0	0	0	0	0	0	0	0	0	0	10545500
（三）回收营运资本	0	0	0	0	0	0	0	0	0	0	170948750
项目终结现金净流量合计	0	0	0	0	0	0	0	0	0	0	221494250
四、税后净现金净流量	-71880000	-61878000	-41252000	-50723812.5	79599937.5	98634937.5	117669937.5	132584937.5	132584937.5	132584937.5	354079187.5
五、累计税后净现金净流量	-71880000	-133758000	-175010000	-225733812.5	-146133875	-47498937.5	70171000	202755937.5	335340875	467925812.5	822005000
六、折现税后净现金净流量	-71880000	-56252727.27	-34092561.98	-38109551.09	54367828.36	61244535.89	66421612.07	68037037.03	61851851.85	56228956.23	136512854.7
七、累计折现税后净现金净流量	-71880000	-128132727.3	-162225289.3	-200334840.4	-145967012	-84722476.09	-18300864.02	49736173.01	111588024.9	167816981.1	304329835.8

```
#绘制项目投资现金流量图
app = xw. App( visible = True, add_book = False)
workbook = app. books. add( )
workbook. save( r'D:\数字化管理会计仿真实训\08 - 长期投资决策数据\项目投资现金流量图 . xlsx')

figure = plt. figure( )
plt. rcParams[ 'font. sans - serif'] = 'SimHei'
plt. rcParams[ 'axes. unicode_minus'] = False
x = 项目投资现金流量 . loc[ '时期']
y = 项目投资现金流量 . loc[ '五、累计税后净现金净流量']
plt. plot( x, y, color = 'green', label = '累计项目投资现金流')
x = 项目投资现金流量 . loc[ '时期']
y = 项目投资现金流量 . loc[ '四、税后净现金净流量']
plt. bar( x, y, color = 'blue', label = '项目投资现金流')
plt. xlabel( '时期\n\n 图 8 - 1: 项目投资现金流量图', fontdict = { 'family': 'KaiTi', 'color': 'black', 'size': 15} , labelpad = 10)
plt. ylabel( '现金流', fontdict = { 'family': 'KaiTi', 'color': 'black', 'size': 15} , labelpad = 10)
plt. legend( loc = 'upper right', fontsize = 10)
plt. grid( b = True, axis = 'y', color = 'black', linestyle = 'dashed', linewidth = 1)
plt. xlim( - 1, 11)
plt. ylim( - 3e + 08, 1. 1e + 09)
plt. show( )

worksheet = workbook. sheets. add( '项目投资现金流量图')
worksheet. pictures. add( figure, top = 50, left = 100)
workbook. save( r'D:\数字化管理会计仿真实训\08 - 长期投资决策数据\项目投资现金流量图 . xlsx')
workbook. close( )
app. quit( )
```

结果输出，如图 8 - 1 所示。

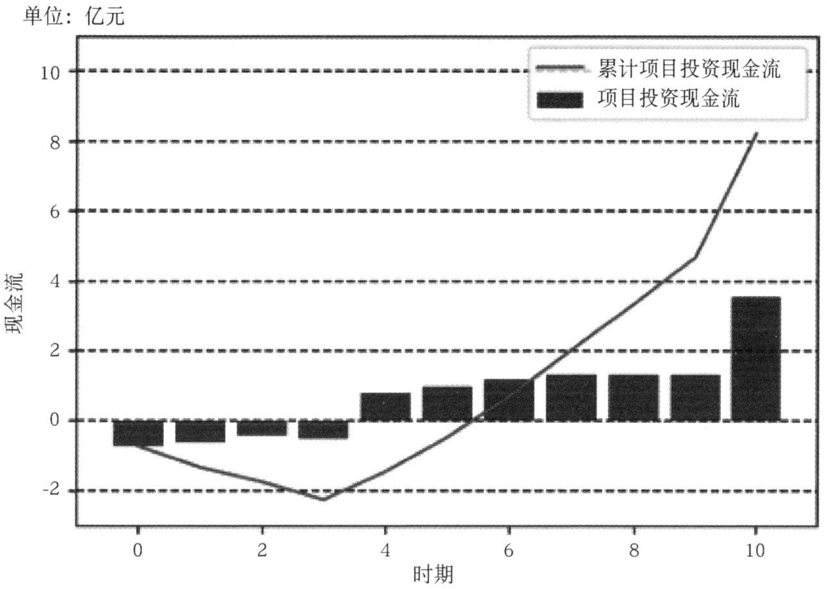

图 8－1　项目投资现金流量图

第十四步：计算长期投资项目决策指标。

```
税后净现金净流量 = np. array(项目投资现金流量 . loc['四、税后净现金净流量'])
净现值 = npf. npv(折现率,税后净现金净流量)
内部收益率 = npf. irr(税后净现金净流量) * 100
print('经测算,本项目长期投资决策指标:')
print('{}为{:. 2f}元'. format('净现值',净现值))
print('{}为{:. 2f}%'. format('内部收益率',内部收益率))
```

结果输出：

经测算，本项目长期投资决策指标：

净现值为 304329835. 75 元

内部收益率为 28. 24%

四、虚拟案例演练

安固股份公司是一家生产家用防盗门的中型企业，该企业产品质地优良，价格合理，市场销售形势良好，为了扩大生产能力，安固公司准备对原有废弃生产线进行升级改造，经过调查研究，得到如下相关预测资料。

该生产线升级改造的固定资产原始投资额为 8000000 元，第 1 年年初投入 5000000 元，第 2 年年初投入 3000000 元。固定资产详细投资如表 8－17 所示。

表 8-17 单位产品材料消耗标准 单位：元

项 目	购置费	安装费	其他费用	合计
一、生产设备投资				
1. 基本生产设备投资	4500000	800000	200000	5500000
2. 辅助生产设备投资	700000	200000	100000	1000000
二、房屋建筑物投资				
生产用房屋建筑物投资		1500000		1500000
三、合计	5200000	2500000	300000	8000000

该项目固定资产残值率为 5%，均采用年限平均法计提折旧，机器设备折旧年限为 10 年，房屋建筑物折旧年限为 25 年。

该项目现有部分旧资产可以变卖，预计可实现收入 2000000 元，这些旧资产账面价值为 3500000 元。

该生产线需要聘用生产工人 60 人，平均年薪 50000 元；技术人员 5 人，平均年薪 80000 元；生产管理人员 3 人，平均年薪 80000 元。安固公司预计发生的职工福利费为薪酬总额的 14%。

该项目生产防盗门所需原材料、低值易耗品和动力资源情况如表 8-18 所示。

表 8-18 单位产品材料消耗标准 单位：元

项 目	用量	单价	成本
主要材料 A	20	8	160
主要材料 B	8	15	120
辅助材料	2.5	4	10
材料合计			290

第 2 年年末生产线升级改造后投产运行，可以每年增加生产防盗门 10000 扇。每扇防盗门的销售价格为 500 元。生产线投产时需要垫支现金 500000 元。

其他相关资料如下：

（1）预计该项目应收账款周转速度 5 次/年。

（2）预计该项目外购原材料周转速度 4 次/年。

（3）预计该项目产成品周转速度 4 次/年。

（4）该生产线预计可使用 8 年，8 年后固定资产预计可以变卖残值 1000000 元。

（5）该项目企业所得税税率为 25%。

（6）该项目资本成本率为 10%。

实训要求：

请帮助安固公司测算该生产线升级改造的现金流量，并计算该项目净现值和内部收益率。

主要参考文献

雷·H. 加里森（Ray H. Garrison），埃里克·W. 诺琳（Eric W. Noreen）等，2018. 管理会计（原书第16版）[M]. 王满，等，译. 北京：机械工业出版社.

李跃升，2019. 成本管理会计与企业决策分析 [M]. 北京：人民邮电出版社.

马慧东，董浩，等，2022. 管理会计实务 [M]. 北京：清华大学出版社.

孙茂竹，支晓强，戴璐，等，2020. 管理会计学（第9版·立体化数字教材版）[M]. 北京：中国人民大学出版社.

王国平，等，2020. Python 数据可视化之 Matplotlib 与 Pyecharts [M]. 北京：清华大学出版社.

王华，等，2019. 管理会计 [M]. 北京：中国财政经济出版社.

王雄元，等，2019. 成本会计 [M]. 北京：中国财政经济出版社.

王秀文，郭明鑫，王宇韬，等，2020. 超简单：用 Python 让 Excel 飞起来 [M]. 北京：机械工业出版社.

余本国，2022. Python 数据分析与可视化案例教程（微课版）[M]. 北京：人民邮电出版社.

中华人民共和国财政部，2019. 管理会计应用指引 [M]. 上海：立信会计出版社.